华侨大学教材建设资助项目
高等学校酒店管理专业本科系列教材

酒店康乐服务与管理

JIUDIAN KANGLE FUWU YU GUANLI （第2版）

◎主　编　黄安民　吴耿安

◎副主编　黄丽娟　魏丽娜

◎参　编　李　昊　王立进　陈衡民

李　颖　黄　祥　李　实

重庆大学出版社

内容提要

本书主要阐述了康乐业的历史沿革、康乐的基础理论概述、酒店康乐部的职能与项目设置、酒店康乐部的服务与规范、酒店康乐部的经营模式、酒店康乐部的组织管理、酒店康乐部的人力资源管理、酒店康乐部的服务质量管理、酒店康乐部的财务管理、酒店康乐部的安全与卫生管理、酒店康乐部的物资设备管理、酒店康乐部的营销及公关管理以及酒店康乐部的投诉与处理等方面的内容,共计13章。

本书可作为高等学校旅游管理专业、酒店管理专业教材,也可作为相关专业人员的参考用书。

图书在版编目(CIP)数据

酒店康乐服务与管理 / 黄安民,吴耿安主编. -- 2
版. -- 重庆:重庆大学出版社,2023.2
高等学校酒店管理专业本科系列教材
ISBN 978-7-5689-3588-3

Ⅰ. ①酒… Ⅱ. ①黄… ②吴… Ⅲ. ①饭店—文娱活
动—商业服务—高等学校—教材 ②饭店—文娱活动—商业
管理—高等学校—教材 Ⅳ. ①F719. 2

中国版本图书馆 CIP 数据核字(2022)第 213912 号

高等学校酒店管理专业本科系列教材

酒店康乐服务与管理

(第2版)

主 编 黄安民 吴耿安
副主编 黄丽娟 魏丽娜
策划编辑:沈 静

责任编辑:姜 凤 版式设计:沈 静
责任校对:王 倩 责任印制:张 策

*

重庆大学出版社出版发行
出版人:饶帮华
社址:重庆市沙坪坝区大学城西路 21 号
邮编:401331
电话:(023) 88617190 88617185(中小学)
传真:(023) 88617186 88617166
网址:http://www.cqup.com.cn
邮箱:fxk@ cqup. com. cn(营销中心)
全国新华书店经销
重庆升光电力印务有限公司印刷

*

开本:787mm×1092mm 1/16 印张:12.25 字数:286 千
2016 年 3 月第 1 版 2023 年 2 月第 2 版 2023 年 2 月第 5 次印刷
印数:10 001—13 000
ISBN 978-7-5689-3588-3 定价:35.00 元

系列教材编委会

总　序

　　旅游业已经发展成为全球市场经济中产业规模最大、发展势头最强的产业,其强劲的产业带动力受到全球众多国家的高度重视,促使众多区域将旅游业作为发展当地经济的支柱产业和先导产业。酒店业作为旅游业的三大支柱产业之一,在良好的旅游转型升级发展背景下,需要我们抓住旅游新常态机遇应对激烈的市场挑战。酒店业在国际竞争国内化、国内竞争国际化的强竞争环境中,已从酒店间的竞争发展到酒店产业链与产业链之间、一个地区和另一个地区之间的线面竞争,酒店业发展总体呈现出酒店数量增长快、酒店主题多元化发展、酒店国际化程度高和融入科技元素实现智慧酒店的四大特征。为了更好地满足大众化酒店消费时代下的个性化需求,酒店集团开始转变酒店层次布局,更加注重差异化产品和独特品位酒店产品打造,转型升级酒店产品以应对市场化竞争。因此,酒店业发展应充分结合市场需求,实现新时代下酒店业的完美转型升级。

　　面对酒店业良好的发展态势,酒店人才的需求与培育已成为酒店业界和高校教育界亟待解决的问题,酒店人才培养成为高等院校的核心重点。从酒店管理本科人才培养情况来看,2007 年全国本科院校首次开设酒店管理专业,相对于旅游管理专业的开办而言起步较晚,但在这 10 多年的发展中,特别是 2012 年教育部首次将酒店管理本科专业列入《普通高等学校本科专业目录(2012 年)》以来,酒店管理本科教育得到快速发展,2022 年全国共有 260 所本科院校开设了酒店管理专业,人才培养规模紧跟行业发展速度。正是在我国酒店业逐步实现稳步转型发展和对酒店应用型人才需求的背景下,整合酒店教育资源,积极反映近几年来酒店管理本科教育教学与改革的新变化、新发展和新成果,为我国酒店业发展提供供需匹配的酒店人才支持,促进我国酒店管理教育进入稳定发展阶段。如此,规划出版一套具有前瞻性和新颖性的"高等学校酒店管理专业本科系列规划教材"已成为全国高等院校酒店教育的迫切需要和历史必然。

　　本套教材由教育部高等学校旅游管理类专业教学指导委员会副主任、国家"万人计划"教学名师、湖北大学旅游发展研究院院长马勇教授组织策划,担任编委会主任,自 2012年启动选题调研与组织编写,历时多年,汇聚了一批全国知名酒店院校,定位于酒店产业发展人才需求层次较高的本科教育,根据教育部《旅游管理类本科专业(酒店管理专业)教学质量国家标准》,在对我国酒店教育人才培养方向、培养目标和教育特色等方面的把握以及对酒店发达国家酒店教育学习借鉴的基础上精心编撰而成的,具有较强的前瞻性、系统性和完整性。

本套教材主要体现以下四大特色。

第一，体系完整科学。本套教材围绕"融前沿、成体系、出精品"的核心理念展开，将酒店行业的新动态、新业态及管理职能、关系管理等都融于教材之中，将理论与实践相结合，实现多角度、多模块组合，形成完整的教材体系，出版精品之作。

第二，内容新颖前沿。本套教材尽可能地将当前国内外酒店产业发展的前沿理论和热点、焦点问题吸收进来以适应酒店业的现实发展需要，并突出酒店教育的中国特色。

第三，引用交叉融合。本套教材在保持本学科基本内容的基础上，注重处理好与相邻及交叉学科的关系，有重点、有关联地恰当引用其他相关学科的理论知识，以更广阔的视野来构建本学科的知识体系。

第四，作者队伍水平高。本套教材的作者很多都是中国酒店教育的知名专家，学历层次高、涉及领域广，包括诸多具有博士学位的经济学、管理学和工程学等多方面的专家和学者，并且还有酒店行业高水平的业界精英人士。我们力求通过邀请优秀知名的专业作者来保证所出教材拥有较高的水平。

在酒店教育新背景、新形势和新需求下，编写一套有特色、高质量的酒店管理专业教材是一项复杂的系统工程，需要专家学者、业界、出版社等的广泛支持与集思广益。本套教材在组织策划和编写出版过程中，得到了酒店业内专家、学者以及业界精英的广泛支持与积极参与，在此一并表示衷心的感谢！希望这套教材能够满足酒店本科教育新形势下的新要求，能够为中国酒店教育及教材建设的开拓创新贡献力量。

编委会

2023 年 2 月 23 日

第2版前言

　　经过改革开放40多年的发展,我国的综合国力和人民群众的生活水平有了显著提升。2010年,我国已成为世界第二大经济体,人均GDP超过5 000美元,公共假期已有115天,达到了中等发达国家的休闲度假水平。2019年我国GDP接近100万亿元人民币,人均GDP迈上1万美元的台阶。因此,老百姓的旅游需求快速增长,旅游业进入大众化发展的新阶段。2012年,我国已经形成近30亿人次的国内旅游市场规模,位居世界第一;2019年全年国内游客60.1亿人次,继续位居世界第一。我国旅游的国际地位显著提高,国际影响力持续增强。2012年中国出境旅游人数已超过8 000万人次,成为全球第三大出境旅游客源国,入境过夜旅游人数已达到5 772万人次,继续位居世界第三(祝善忠,2013)。2019年8月,国家统计局发布了《国际地位显著提高国际影响力持续增强——新中国成立70周年经济社会发展成就系列报告之二十三》。该报告指出,我国出境旅游人数2013年首次跃居世界第1位,2014—2017年稳居世界第1位,是全球最大的出境游市场。我国出境旅游支出2013年居世界第2位,2014年跃居世界第1位。我国接待入境旅游人数稳步增长,国际旅游收入大幅增加。1995年,我国入境旅游人数居世界第7位。2013—2017年稳居世界第4位。2018年,我国国际旅游收入达1 271亿美元。此后,我国入境旅游人数、出境旅游人数均持续增长,根据《中华人民共和国2019年国民经济和社会发展统计公报》,2019年入境游客14 531万人次,增长2.9%。其中,国外游客3 188万人次,增长4.4%;在入境游客中,过夜游客6 573万人次,增长4.5%。国际旅游收入1 313亿美元。国内居民出境旅游16 921万人次,增长4.5%,继续位居世界第一。

　　为顺应大众旅游休闲时代的到来,2013年2月2日国务院颁布《国民旅游休闲纲要(2013—2020年)》,2014年8月21日,国务院提出强化全社会依法休假理念,印发了《关于促进旅游业改革发展的若干意见》,2015年9月,国务院办公厅印发《关于进一步促进旅游投资和消费的若干意见》,其中关于优化调整休假安排的"周末两天半休假制度"引起热烈讨论,带薪休假再次受到社会关注。2020年,我国全面建成小康社会取得伟大历史性成就,决战脱贫攻坚取得决定性胜利。在庆祝中国共产党成立100周年大会上,习近平总书记代表党和人民庄严宣告:"经过全党全国各族人民持续奋斗,我们实现了第一个百年奋斗目标,在中华大地上全面建成了小康社会,历史性地解决了绝对贫困问题,正在意气风发向着全面建成社会主义现代化强国的第二个百年奋斗目标迈进。"不断满足人民群众对美好生活的向往是中国共产党的初心和使命,这些发展背景必将使我国的休闲生活进入新的常态,成为人们日常生活的重要组成部分。

因此,随着社会的发展、人们生活水平的提高、生活观念的改变、国家对国民休闲的支持,人们对精神生活的追求越来越高于对物质生活的追求。在享受休息的同时,更加注重身心的健康与压力的释放,要求酒店能够提供释放压力的设施设备,而康乐部就是这个设施设备的承担者。基于这一点,强调休闲度假的酒店就更不能忽视康乐部在酒店的地位与作用。

2019 年 12 月暴发的新冠疫情给全球的旅游业带来了沉重的打击,疫情期间形成的休闲市场积累和人们在疫情期间对生活方式的反思将给疫情后的酒店康乐带来新的机遇,疫情过后的休闲娱乐和旅游业将得以恢复,康乐消费将会不断增长,这将为酒店康乐业的发展带来不断增长的消费市场。

酒店康乐服务产品是酒店三大支柱(客房、餐饮和康乐)产品之一,酒店康乐服务收入是酒店三大收入之一。酒店康乐服务产品不仅服务酒店的客人,也是城市市民休闲娱乐消费的重要选择,融入地方文化,具有地方特色的酒店康乐产品,往往成为地方休闲文化的标识和城市文化形象产品,成为城市文化软实力的重要组成要素。现代康乐活动是人类物质文明和精神文明高度发展的结果,也是人们文化水平提高的必然要求,酒店康乐部是提供住店客人康体、娱乐、休闲、保健等活动场所的部门,是酒店满足客人多样化消费的需要、吸引客人来此消费、提高酒店社会效益和经济效益的重要部门,也是酒店档次和品质的重要象征。酒店康乐服务产品不仅提供于住店客人,而且日益成为城市居民日常休闲生活的需要。

本书是为了适应高等院校旅游管理专业和酒店管理专业教学的需要编写的,吸收了国内外休闲与娱乐研究方面的最新理论成果和实践研究成果,在编写过程中,参考了国内出版的多种《酒店康乐服务与管理》方面的教材。作为本科层次的教材,为了体现教材一定的理论性、学术性和知识体系的完整性,本书相对于国内同类教材增加了酒店康乐服务与管理方面的支撑理论。本书按照教材的编写体例进行编写,每章之前列出了学习目标、学习重点、主要内容,每章内容后附有复习思考题和案例分析题,也采用了大量的案例研究成果,体现了高校教材的特点,适合作为高校教材。每章后面附有丰富的学习资料,如参考书、文献、案例分析等,适合学生自学。本书既具有一定的理论深度,又具有极强的可操作性和实用性。

自本书第一版出版发行以来,国内外形势发生了很大变化。随着我国经济的增长、社会的发展、技术的进步和人们消费观念的改变,人们的休闲娱乐和旅游消费方式发生了很大变化,酒店康乐产品、康乐服务及管理的方式方法也发生了很大改变。为了适应以上这些变化,本书进行了系统修订。

同时,近些年国家十分重视本科教育和人才培养模式的改革,积极推进一流学科和一流本科课程建设,推进"新文科"和课程思政建设。2019 年教育部发布《教育部关于一流本科课程建设的实施意见》(教高〔2019〕8 号)提出建设一流课程体系,教材建设是一流课程体系建设的重要支撑条件之一。2021 年 3 月 2 日,教育部发布《教育部办公厅关于推荐新文科研究与改革实践项目的通知》(教高厅函〔2021〕10 号),提出全面推进新文科建设,构建世界水平、中国特色的文科人才培养体系。因此本书在修订过程中,充分体现了教育部这一改革的精神,对教材内容进行了提升和完善。

　　本书由华侨大学旅游学院、河南大学文化产业与旅游管理学院、武夷学院旅游学院、上海工商外国语职业学院部分教师共同撰写,黄安民、吴耿安担任主编,黄丽娟、魏丽娜担任副主编,李昊、王立进、陈衡民、李颖、黄祥、李实等参与本书章节的编写和讨论。全书由黄安民、吴耿安统稿。

　　本书在本次修订过程中得到了华侨大学旅游学院、河南大学文化产业与旅游管理学院、武夷学院旅游学院、上海工商外国语职业学院、重庆电子工程职业学院智慧健康学院及相关酒店康乐部的热心帮助和大力支持,在此一并表示感谢。本书不足之处敬请广大读者赐教以期改进。

黄安民

2022 年 8 月 19 日于华侨大学

目 录

第1章　康乐业的历史沿革

康乐是人类社会古老的梦想,早在原始社会时期,就有了康乐活动的萌芽,它伴随着人类的生产和生活发展而产生。随着社会的不断进步以及人们对美好生活的追求,人们的康乐需求越来越多,因此康乐不仅成为一个颇为流行的词汇,更成为现代人们不可或缺的一种生活方式。

1.1　康乐业的产生与发展

1.1.1　康乐活动的含义与特点

(1)康乐活动的含义

康乐,即康体、娱乐,能满足人们康体和娱乐的一系列活动,是伴随着人类社会的发展而产生和发展的。在我国,康乐的词源含义可追溯到前秦时期,在《楚辞·离骚》中就已提到"日康娱以自忘兮",其"康娱"即为欢娱安乐的意思。近年来,随着康乐成为人们生活中不可或缺的一部分,人们对其认识不只停留在康体活动和娱乐活动上,更涉及休闲活动、保健活动、文艺活动、美容活动等多项内容。因此,康乐活动是指人们为追求肉体和心灵的放松,为达到身心健康愉悦,以一定的设施设备和活动场所为基础,以优美的环境和个性化的服务为依托,在闲暇时间进行康体保健类、运动健身类、娱乐休闲类等快乐消遣性活动的各种行为方式总和。

（2）康乐活动的特点

随着新型价值观逐步取代传统价值观,人们的生活不再为工作服务;相反,工作是为了追求更好生活而开展的。随着"休闲时代"的到来,人们收入水平和闲暇时间逐渐增多,人类科学技术的迅速发展,康乐设施设备逐步完善以及越来越多样化和科技化,康乐活动成为现代人们生活中不可缺少的重要组成部分。同时,现代社会生活节奏加快,工作竞争激烈,人们迫切需要通过一定的方式调节身心,消除疲劳,从而恢复身心平衡,达到身心愉悦。康乐活动内容涉及人们生活的方方面面,因此,也具有多维度的特点和性质。

1）康乐活动的保健性

康乐活动具有保健性是因为人们借助一定的康体设备和环境,自身积极参与康乐活动,使活动具有康体健身、养生保健、减轻压力、放松身心、陶冶情操等保健作用。康乐活动能满足人们在康体健身等方面的心理需求,达到身体健康和心理健康的和谐统一。

2）康乐活动的适应性

康乐活动的内容形式多样,适合各类人群参与其中。例如,老年人可选择门球、棋牌等节奏较慢的康乐活动,青年可选择歌舞、蹦极、过山车等刺激性的康乐活动,儿童可选择摩天轮、儿童戏水池等康乐活动。

3）康乐活动的新颖性

随着社会的进步和科技的发达,康乐活动也随之越来越具有新颖性。PTV 是在 KTV 的基础上发展起来的,配置更专业的演出灯光和音响,顾客不仅能看到自己与碟片中音乐背景融合在一起,还可以看到自己与原唱歌手同台的情景,给顾客带来一场生动的视觉盛宴;VR 游戏,则是利用虚拟仿真开发类似于过山车、高尔夫等虚拟运动休闲类康乐活动场景,让人们在小空间里感受游乐场及高尔夫运动等情景。

4）康乐活动的运动性

康乐活动包含各类运动项目,但不同于专项体育项目,是一些具有运动性、代表性、趣味性,不超过身体承受能力的运动。酒店健身房、游泳池可承载的运动项目,是人们依托酒店设施设备,以提高身体素质、放松心情为目的的各类活动。

5）康乐活动的刺激性

康乐活动不乏攀岩、跳伞、山地滑雪、潜水和过山车等极具刺激性的活动项目,让人们挑战自己的极限。以户外休闲康乐活动为主,酒店根据自身所处地区而组织开展各类康乐活动,如阿尔卑斯山的酒店,会开发山地滑雪和跳伞活动等活动,而依托游乐园则有过山车、蹦极等活动,海滨酒店则会开发潜水等海洋活动。

1.1.2 康乐活动的产生与发展

康乐活动的产生可追溯到原始社会时期,伴随着人类的发展而发展,自人类产生以来,就有了不同程度和形式的康乐需求与康乐活动。总结康乐活动的发展过程,可以将其分为萌芽时期、自发展时期、普及发展时期和专业化时期。

（1）康乐活动的萌芽时期

早在原始时期,人类就记录和总结走、跑、跳、掷、攀登、爬越、游泳、涉猎等生产劳作和生活技能,并传授给下一代。这些人类早期的生存技能便为康乐活动的萌芽奠定了基础。

（2）康乐活动的自发展时期

随着人类的进步,人们更积极地寻求快乐、追求精神愉悦。原始社会时期,人们的康乐活动包括唱歌、舞蹈、在崖壁上绘画、在陶器上刻画虫鱼鸟兽等,例如,在广西壮族自治区宁明县花山崖壁上刻画的乐舞场面和云南沧源地区崖画上的舞蹈形象,记载了最早的一种原生态的康乐活动项目。到了封建社会时期,康乐活动的内容和形式也逐渐丰富起来,例如马球、杂技、狩猎、行宫、赛马、放风筝、斗蟋蟀、下棋、弹琴等多种活动,其中斗蟋蟀和斗鸡活动是我国康乐活动走向多元化的重要转折点,并沿用至今。

（3）康乐活动的普及发展时期

20世纪科学技术飞速发展,人类从繁重的体力劳动中解放出来,并且一些西方国家开始实行8小时工作制,我国自1995年5月起,开始实行5天工作制,人们开始拥有充裕的闲暇时间,并随着可自由支配收入的提高以及人们对精神生活的不断追求,各种俱乐部、歌舞厅、球馆、洗浴中心等快速发展起来,康乐项目种类迅速增加,人民大众逐渐参与其中,康乐活动得到了普及和发展。

（4）康乐活动的专业化时期

随着社会的进步,生产力得到极大提高,到20世纪90年代,人们已经拥有41%的时间享受各种消遣活动[1]。随着物质生活水平的极大提高,人们对康乐活动也提出了更高的要求。随着经济、科技、文化、交通、休闲等方面发展奠定的基础,康乐活动消费的大市场也已形成。康乐设施和康乐服务向多功能、配套化、专业化、系列化、个性化方向发展。康乐产业逐渐成为国民经济新的增长点,各酒店也将康乐部作为重要部门经营,为顾客提供专业化的优质服务,在满足顾客康乐需求的同时也增加了酒店的收入。

随着人们对康乐的不断需求,不完全相同于酒店康乐部的不同规模、不同设施的康乐场所也应运而生。例如,遍布中国各个大小城市的健身房、俱乐部、歌舞厅、室外游乐场、美容美发沙龙、桑拿洗浴中心、足底按摩等独立于酒店的康乐场所。此外,还有很多专营或主营康乐项目的大型机构,如上海迪士尼主题乐园、深圳的东部华侨城、香港海洋公园以及各大型游乐场,其中不仅包括各种运动性、刺激性、观赏性、新颖性的康乐娱乐项目,有些甚至还涵盖了酒店住宿、餐饮美食、休闲购物、康体养生等多项内容。康乐活动逐步走向了高端化、专业化、科技化、系列化、普及化的发展阶段,康乐活动的经营与服务业随之趋于综合化和多样化。

[1]李仲广,卢昌崇.基础休闲学[M].北京:社会科学文献出版社,2004.

1.1.3　酒店康乐活动的产生与发展

康乐活动最早在酒店只是作为一些附属项目而存在,有些酒店将其归属于前厅部、客房部或者餐饮部。随着顾客对康乐的需求和要求的不断提高,尤其是在西方发达国家,人们认为高级酒店应该包罗万象,应有尽有。人们足不出户就可以享受各种生活乐趣。为了满足顾客的需求,西方国家的酒店率先设立了康乐部或康乐中心,康乐部为酒店盈利贡献着自己的力量。同时,伴随着康乐项目的不断增加,康乐设施的不断完善,康乐部的盈利越来越多,康乐部在酒店的经营和管理中占据着越来越重要的地位,这使得康乐部不仅从隶属的部门中独立出来,更成为一个专业化且与客房部、餐饮部平行的重要部门。现在绝大多数三星级以上的酒店都设有独立的康乐部。

酒店的康乐活动主要在室内进行,起初是一些较为单一独立的活动项目,如健身房、游泳池、桑拿洗浴、夜总会等单体项目。随着人们对康乐需求的不断增多、康乐要求的不断提高,以及康乐设施设备的不断完善,酒店康乐活动的内容也开始变得丰富起来,逐步形成康体保健类、运动健身类、娱乐休闲类三大活动类型,其中又包含各种子项目。例如,当桑拿洗浴不能满足人们日益提高的康体保健需求时,酒店开始增加温泉水疗、足底按摩、美容美发、日光浴等多种保健项目为顾客服务。同时,随着康乐活动走向高端化的趋势,有些酒店开始增设户外康乐类项目,如高尔夫球、海上冲浪、潜水活动等项目。

1.2　康乐活动的主要类型

1.2.1　按空间位置划分

（1）室内康乐产品

存在于室内的各种形式的康乐活动,如依托于俱乐部、健身中心、歌舞厅、保龄球室、棋牌室、电子游戏厅、室内旅游池、文娱室、桑拿按摩室、美容美体厅、温泉水疗中心等地点的康乐活动产品。

（2）户外康乐产品

存在于户外的各种形式的康乐活动,如依托于主题公园、游乐场、靶场、高尔夫球场、海水浴场和滑雪场等运动休闲类的康乐活动。甚至更刺激的康乐活动——极限运动,如蹦极、攀岩、滑雪、卡丁车、滑翔伞、野外生存、定向运动、匹特博、潜水等也以户外为活动场所。

1.2.2　按活动场所划分

（1）专项康乐活动

依托于单体的康乐场所,主要是提供单项的康乐活动产品,仅满足人们某一方面需求的专项康乐活动,如桑拿洗浴、电子游戏、美容美体、酒吧消费,以及台球、乒乓球、高尔夫球等球类运动。

目前市面上的单体康乐场所众多,如 KTV、洗浴中心、单体酒吧等,它们以单项康乐活动为依托,突出其专业性,让顾客在其场所体验到更专业的康乐活动。这类型的康乐场所,在场地和经营成本上较综合性康乐活动场所更轻松,因此有更多的经营者愿意从事该产业,从而丰富和繁荣了专项康乐活动。

（2）综合康乐活动

综合康乐活动主要依托于大型、综合的康乐活动场所,汇总多种康乐活动项目,为顾客提供综合多样的康乐产品,同时满足顾客不同的康乐需求,如主题公园、游乐场、欢乐谷等。

目前,很多主题公园都推出了一些综合性的康乐产品,如深圳东部华侨城主题公园,为顾客提供集休闲娱乐、户外运动、科普教育、生态探险、文化演艺等多种主题于一体的综合性康乐设施和康乐服务。在未来的一定时间尺度内,主题公园在产品内容上将更加追求娱乐性。随着文化的多元化、技术的现代化以及娱乐需求的多样化,主题公园将在导游系统、餐饮系统、购物系统、表演系统、乘骑系统、氛围营造系统等方面丰富表演性内容、强化参与性内容、增加互动性内容,甚至推出创新性内容,康乐活动的内容将日益丰富,更加精彩。

1.2.3　按康乐功能划分

按照酒店康乐活动的功能可将康乐活动主要分为三大类:康体保健类、运动健身类、娱乐休闲类。

（1）康体保健类

康体保健类主要是指通过提供一定的设施设备,在优美舒适的环境中,通过服务作用于人体,使顾客放松身心、消除疲劳、恢复体力、美容养颜、陶冶情操等各种类型的活动项目。

（2）运动健身类

人们借助特定的运动健身类设施设备,在舒适的环境中,通过自己的积极参与和适度的运动量,达到锻炼身体、增强体质、释放压力、身心平衡的活动项目。

（3）娱乐休闲类

康乐部为顾客提供一定的环境设施和服务,顾客积极主动全身心投入,得到精神满足的活动项目。

三者是有区别的,康体保健类被动享受服务,使身心两个方面都得到促进;运动健身类则是主动参与使用设施设备,让身心健康得到促进;娱乐休闲类也是主动参与,但只是在精神方面得到满足。

对于三个项目的具体内容将在后文详细阐述。

1.3 康乐业的发展现状和趋势

1.3.1 康乐业的地位

康乐是人类物质文明和精神文明高度发展的结果,也是人们精神生活水平提高的必然要求。20世纪80年代,我国康乐业开始出现,随后以较快的速度发展。近年来,随着我国居民可自由支配的时间和收入增多,以及越来越多的工作和生活压力使人们更渴望获得身心自由,康乐成为人们生活中必不可少的重要组成部分;康乐活动逐渐成为一种生活时尚;康乐场所逐渐成为文化交流之地,并随之出现"康乐文化";康乐消费也逐渐成为一种高雅的文化消费,并且在很多国家,康乐产业已经成为本国国民经济新的增长点。党的十九大报告指出,"中国特色社会主义进入新时代,我国社会主要矛盾已经转化为人民日益增长的美好生活需要和不平衡不充分的发展之间的矛盾"。我国社会主要矛盾的转化标志着中国特色社会主义发展进入了新阶段。康乐业迎来了更好的发展时期,康乐业不仅成为推动经济社会发展的重要因素之一,而且对提高全民体系素质和文化修养具有重要的推动作用,是完善社会文明建设的重要措施之一。

1.3.2 康乐业的发展现状

(1)国际康乐行业的发展现状

康乐业的兴起和发展是与国家工业化和人们生活水平的改善密切相连的。"休闲时代"的到来,人们对康乐活动日趋重视,使当今康乐业的发展呈现出一片欣欣向荣的景象。特别是在第二次世界大战后,随着生活方式的日趋多样化、科技发展和经济繁荣,形成了主题公园的康乐创新概念。"童话乐园""探险乐园""野生动物园""假日乐园"等相继在欧美等地发展起来。1955年美国在洛杉矶建立起第一个现代意义的主题公园后,以主题公园为代表的康乐、娱乐业在世界各地得到广泛发展,从规模到科技和文化含量都有较大突破。目前,美国的大型主题公园已有40余个,加上50多个年接待量为50万~100万人次的中型主题公园,美国的主题公园年接待量达1.2亿人次,总收入近45亿美元,其中两个迪士尼主题公园早在20世纪90年代初期观众就均超过每年1000万人次,收入15亿美元。欧洲现代化大型主题公园共19个,年收入约15亿美元。日本目前已有主题公园29个,年接待量7500万人次,收入15亿美元。

欧美、日本等经济发达的国家,康乐业已发展到一定程度并走向成熟,一直引领着世界康乐业发展的新潮流。其中,国际康乐产业发展的现状特征主要表现在以下几个方面。

1)康乐项目不断推陈出新

为满足人们日益增多的康乐需求,康乐经营需要不断自我更新。目前,世界新兴的康乐项目绝大多数是由西方国家开发的,他们不断推出新项目,以促进康乐业的可持续发展。例如,为改变高尔夫球由于自身条件而不宜推广的限制,开发出了迷你高尔夫和电子模拟高尔夫练习场;从传统保健的桑拿浴陆续开发出日光浴、蒸汽浴、泥浴、牛奶浴等,以及新兴的室内攀岩、滑草、沙滩冲浪等项目,为康乐行业不断注入新的活力。

2)康乐项目社会普及化

康乐项目多种多样,但一些诸如高尔夫球、保龄球、网球、美容美体等高消费的项目还是会使中低层消费者"望而却步"。但是,在一些西方发达国家,这些康乐项目和消费场所都不同程度地实现了社会化,推广普及率较高,为大众所享受。例如,美国在1979年参加高尔夫球活动就有1 600万人,占美国总人口的7%,各个康乐项目的参与人数以每年9%的速度增长,传统棋牌、健身器材、美容美发等项目都已直接进入家庭[1]。

3)康乐项目设计水平先进

西方国家凭借先进的科学技术水平,将高科技成果应用于康乐设施设备的开发制造,开发出了丰富多彩的户外项目产品(表1.1)、多功能健身器、各种电子模拟模型、仿自然室内海滨浴场等多种先进性的康乐设施设备。同时,康乐的环境也更加趋于豪华、舒适、科学。

表1.1　康乐项目产品形态的概念创新[2]

形　态	产品范例	支持技术	演进方向
滑管索道类	激流勇进	机械技术 虚拟技术	高度更高,坡度更大,变道更多,场景更真实,刺激性更强
摇摆翻转类	天旋地转	机电技术	转速更快,幅度更大,眩晕感更强
垂直升降类	太空梭	电气化技术	多组合,速度更快,刺激性更强
快速固定轨道类	过山车	机电技术	悬挂式,高度更高,俯冲感更强,可逆向运行,速度挑战生命极限
暗室乘骑类	老金矿	机械技术 虚拟技术	虚拟现实更真实,惊险感更强
表演类	剧场	声光电技术 虚拟技术	场景化,运动性更大,惊险感更强
影视类	四维电影	虚拟技术	错觉感更突出,互动性更强
智能类	智能游戏	智能技术 虚拟技术	知识性、趣味性、挑战性更鲜明

4)康乐活动文化色彩浓厚

随着人们对康乐活动的要求越来越高,康乐不仅是人们康体健身的需要,更是人们精神文化生活的享受。在西方经济发达国家,康乐行业发展已进入成熟阶段,康乐场所成为人们文化交流的重要场所,并产生"康乐文化",形成具有代表性、特色的文化色彩。例如,高尔夫球场上高雅的环境,使人们不自觉地注意自己的行为言谈,表现得彬彬有礼、举止

[1]万光铃,曲壮杰.康乐经营与管理[M].沈阳:辽宁科学技术出版社,1996.

[2]董观志.主题公园发展的战略性趋势研究[J].人文地理,2005,20(2):43-46.

优雅;浓厚的童话文化色彩,则是风靡世界的迪士尼乐园的标签。

（2）国内康乐行业的发展现状

相对于国际,特别是欧美经济发达国家已经成熟的康乐业,我国的康乐业起步较晚,发展水平较低。但随着改革开放和经济的腾飞,特别是20世纪90年代以来,我国康乐业的发展速度非常快,其投资规模和经营项目、种类都有了长足进步,呈现出一片欣欣向荣的景象。

1）康乐行业规模逐步扩大

我国经济飞速发展的同时也带动了康乐业的快速发展,其经营主体和康乐设施的数量大幅度增加,康乐经营的主体已不仅限于高星级酒店,而逐步向康乐中心、度假村、专营或主营康乐项目的企业扩展。

2）康乐项目日益丰富

随着社会和科学技术的进步,康乐设施设备的先进化和项目的推陈出新,我国康乐活动的项目越来越多,并且更加科学、舒适。例如,在传统康乐保健项目桑拿按摩的基础上,现已逐步拥有足底按摩、药力按摩、水力按摩、日光浴、瀑布浴、蒸汽浴等多种形式,项目和种类日益丰富。

3）康乐活动社会普及化,收费水平趋于合理

随着经济和大众文化水平的提高,人们的康乐需求也在不断提高,越来越多的人希望在自己的闲暇之余能参与一些有益于身心健康的康乐活动。据不完全统计,中国的苏州乐园在1995年开业初期平均每天接待游客1万人左右。另外,康乐需求的扩大促进了康乐服务人员的增加,而康乐服务人员的增加又有力地证明了参与康乐活动的人数越来越多。中国很多高等旅游院校开设了康乐经营与管理专业,这些学校为康乐业扩大经营输送了大量人才。

同时,很多康乐场所和企业也根据我国居民的实际收入水平,降低收费标准,使人民大众能够享受现代康乐项目带来的精神乐趣。在过去,康乐项目的收费不太合理,有些项目的消费水平很高。但随着市场经济的发展和人们消费观念的转变,康乐业的收费水平越来越合理。大多数康乐企业都能从我国消费者的实际收入情况出发,制订合理的收费标准,采取降低收费的经营策略,为广大中、低收入的消费者提供了享受现代生活、感受现代康乐项目所带来乐趣的机会和条件。这样,一些原来属于"贵族"的康乐项目开始大规模地走向寻常百姓。例如台球,中国百姓在改革开放以前只能在外国电影里看到,在其传入中国的初期也只是高档酒店才有。当时,许多经营者看到了发展契机,大规模拓展台球经营,使台球活动很快普及,其经营场所也从高档酒店走向街头路边,其收费也从每小时50元降到每小时5元甚至更低。又如保龄球,10年前的消费价格是每局30元左右,如按时间消费则每小时300元左右。现在的价格是旺季时每局10元,淡季时则降为每局3元,这种价格完全是工薪价格,趋于大众化。

4）逐步引入高端刺激的康乐项目

随着中国与世界接轨,我国很多青年更加具有挑战精神,国外一些具有刺激性和挑战

性的康乐项目也受到我国青年的热捧,例如蹦极、赛车、冲浪、摩托艇、模拟飞机、飞盘活动等项目,同时,高尔夫球、保龄球、沙狐球等高端项目在我国的建设和经营规模也在迅速扩大。

5)主题性康乐活动异军突起

随着个性化消费的发展,原有的康乐项目和设施设备已无法满足人们的需求,康乐经营者开始意识到除了保持设施设备的先进性以及扩大经营规模,更重要的是要寻求活动的主题性,这种理念在美国的迪士尼乐园得到了最佳诠释。我国从1989年深圳锦绣中华公园的开放和成功运营之后,进入了主题公园时代,并随后掀起了一股建设主题公园的热潮。此外,我国还分布着很多以某个主题为特色的夜总会、娱乐中心,主题经营的理念得到了充分重视和实践。

6)康乐设施和经营主体大幅增加

随着世界经济的不断发展,发展中国家的康乐业也在不断发展。我国经济近20年来的发展速度一直高于世界同期速度,经济的高速发展带动了康乐业的快速发展。康乐设施和经营主体大幅增加,主要表现在以下几个方面。

①经营的主体增加。随着人们对康乐活动需求的增加,经营康乐项目的主体已从高星级饭店向度假村、康乐中心扩展,还出现了许多专营康乐项目的企业。以室外水上乐园为例,10年前只有北京康乐宫一家,现在许多城市都建设了这类项目,例如,哈尔滨的"梦幻乐园"、石家庄的"天天水上乐园"、济南的"齐天水上乐园"、南京的"太阳宫水上乐园"等。并且出现了一些大规模的综合康乐企业,我国的康乐业出现了百舸争流的局面。

②经营的规模扩大。无论从国际方面还是国内方面来看,康乐经营的规模都在不断扩大。20年前,国际上最大的室内水上乐园的面积只有几千平方米,现在已经发展到几万平方米甚至几十万平方米。日本宫崎新建了一个名叫"海洋巨蛋"的室内水上乐园,面积约20万平方米,其海滩横跨4个街区。它的大厅相当于10个奥运游泳池的面积,大厅上部由4片活动的屋顶组成,能够按照要求打开或者关闭,每片屋顶有4个网球场大小。它的餐厅也很大,能够在短时间内提供几万份套餐。国内的室内水上乐园虽然没有前面所述的那样大,但与国际水平的差距变得越来越小。

不仅室内水上乐园是这样,其他项目也是如此。十几年前,国际主题游乐场在我国非常少见,主要还是以香港迪士尼为主,而近几年即使在疫情影响下,仍然有上海迪士尼和北京环球影城主题乐园开园迎客。以上事例都能够说明康乐经营的规模不断扩大,这对康乐经营市场潜力的挖掘是大有益处的。

7)疫情下康乐产业经历自然淘汰,服务内容及质量将成关键

疫情下,消费者的观念会发生改变,康乐产业自然会发生洗牌,去粗存精。不少康乐企业顺势而为,重新审视自身及产业机会,根据防疫措施构建一个完整的服务体系,更新康乐服务流程,提升技术服务、服务质量以及服务管理等标准。康乐企业可以趁着这股东风,进行更大范围的宣传,倡导全民健身,传递正能量,为疫情结束后的康乐事业造势。同时要注意善于利用主题活动调动客人参与,做到被动参与和主动参与有机结合,客人在消费体验中有张有弛,相得益彰。

（3）酒店康乐部的发展现状

康乐业的发展首先反映在酒店康乐部的建立和发展上，之后再出现独立于酒店的专营或主营的康乐企业。随着康乐业的发展，康乐部在酒店已经逐渐成为一个举足轻重的业务部门，对增加客源、扩大酒店服务范围、提高酒店的星级等级具有重要的促进作用。目前酒店康乐部发展具有良好的前景，其发展现状主要表现在以下几个方面。

1）康乐项目设置类别增多

康乐活动起初是酒店其他部门的一些附属活动，例如单体的桑拿洗浴、歌舞厅等。随着康乐业的发展和酒店服务的专业化、高端化，康乐活动的项目日趋增多，类别设置多种多样，顾客不出酒店就可享受到各种生活乐趣。目前，酒店康乐部康乐项目设置的基本类型一般包括康体保健类、运动健身类、娱乐休闲类，其中各类又包含多种子项目。

2）康乐设备高科技化

为了提高服务质量，提供高标准的服务，一些高星级酒店引入国际先进的康乐设施设备，如电脑高尔夫球练习器、多功能健身设备、VR设备、碳纤维材质的网球拍和壁球拍等，不仅高质量地满足顾客的康乐需求，而且体现了酒店的高星级和高标准的服务与管理。

3）康乐项目扩展到室外

起初我国酒店康乐部的康乐活动大多数在室内进行，如桑拿、按摩、美容美体、健身等室内项目。随着酒店的发展，为了更好地满足顾客的康乐需求，有些酒店将康乐活动扩展到室外，例如，不少高端酒店都带有高尔夫球练习场，还有滨海度假型酒店设有水上摩托车、冲浪、滑翔伞、潜水、沙滩排球、沙滩摩托车等水上运动和沙滩项目。

4）康乐消费取决于客源结构

康乐消费不同于酒店餐饮和住宿消费，作为人们精神生活的一部分，其消费具有很大的弹性。据统计，在酒店业中，20%的合资和外资酒店的营业收入占整个酒店业的80%，其垄断了90%的国际商务客和其他类型的海外旅游者，这些顾客除住宿和餐饮消费外，康乐、购物的消费能力也较强，酒店的经营设施能够得到充分利用；而80%的内资酒店，则以国内客源为主，其在酒店主要是进行餐饮、住宿等基本消费，康乐消费则较低，酒店客源结构决定了消费能力。因此，酒店的康乐消费同时也受到客源结构的很大影响[1]。

5）康乐项目选择影响酒店盈利

国家标准《酒店星级的划分与评定》对酒店康乐项目的设置只规定了健身房、游泳池、美容美发等必备的项目，而其他项目则为加分项目，这就为酒店在康乐项目的设置上提供了很大的选择权。酒店根据自身条件，因地制宜地选择适合酒店发展的康乐项目，实现资源的优化配置，形成自己的经营特色，有利于促进酒店盈利。相反，有些酒店却盲目跟随市场潮流，设置一些不适合的康乐项目，从而造成了酒店经营的亏损。

6）康乐项目的特色逐渐成为酒店品牌

康乐部是高星级酒店的重要标志之一，康乐项目彰显了酒店的经营特色和个性风格，

[1]陈秀忠.康乐服务与管理[M].北京：旅游教育出版社，2006.

体现了酒店的经营趋势,有利于逐渐形成酒店的品牌特色,并得到市场的认可,如现代化歌剧院就是杭州国际大厦 Radisson 广场酒店经营的独特品牌。

虽然康乐部在酒店的作用越来越重要,其地位也越来越高,但在其发展过程中还存在不少问题:

①康乐设施项目有限,分布不均。虽然我国酒店康乐部的康乐项目在不断增加,康乐设施在不断完善,但相对于西方欧美发达国家,或是外资和合资酒店,我国内资酒店的康乐服务设施和康乐项目形式仍然较为单一和乏味,并且拥有较为丰富康乐活动的星级酒店主要集中在北京、上海、广州、深圳、香港等经济发达的城市,相比之下,中西部地区则比较欠缺,呈现出空间上的不均衡。

②康乐服务质量有待提高。为顾客提供优质的服务质量是酒店获得良好声誉和形象、不断提高经济效益的保障。优质的服务质量包括硬件质量和软件质量。硬件质量主要是指康乐服务设施设备的配置;软件质量主要是指康乐部服务员提供的康乐服务。优质的服务质量是酒店康乐部的生命线。目前,我国很多酒店仍然还存在着康乐设施设备落后,环境卫生不符合标准,完善的服务规范欠缺以及管理与服务质量不高等现象。

③经营特色有待加强。康乐活动是酒店经营特色的体现,推出不同于竞争对手的特色产品是酒店差异化经营战略的关键。例如,北京老舍茶馆,体现了以京剧及曲艺为特色的中国传统文化形象;杭州国际大厦 Radisson 广场酒店,成功树立了一个现代化歌剧院的独特品牌形象。但是目前,我国不少高星级酒店却普遍存在康乐产品统一化、缺乏个性,康乐活动没有突出的品牌形象等现象,紧跟时代潮流和市场需求的步伐还有待加快。

④康乐文化内涵不够深厚。酒店的竞争不仅仅靠硬件,还要靠文化软实力。顾客对康乐产品的需求已上升到精神文化的层次,酒店康乐部的经营就不仅仅要考虑设施设备的提供和改善,更要塑造一种高雅、具有文化氛围和历史气息的文化环境。目前,酒店普遍存在康乐文化氛围不够浓厚,文化层次不够高雅的现象,没有树立自己独特的文化形象。

⑤人们对康乐认识仍然存在偏差。虽然康乐已经成为人们生活中不可或缺的一部分,但一些高端的康乐项目仍然被人们认为一种奢侈性的消费而拒绝,甚至会对酒店某些康乐项目具有抵触情绪,有些人会误认为酒店桑拿洗浴、夜总会、歌舞厅等项目具有色情色彩,加剧了对酒店康乐活动的一些误解和偏见。

⑥防疫措施对康乐场所的限流影响客流。新冠病毒的高传染性,使得我国采用了较为严格的防控措施,限制公共场所人流,降低人群在有限空间中的人口密度,这都对酒店康乐部门带来极大的挑战。

1.3.3 康乐业的发展趋势

(1)国际竞争日趋激烈

康乐业在我国发展具有广阔的市场和良好的前景,但与此同时,也面临着国际市场的激烈竞争。我国康乐业经营的项目规模、经济投入、科技含量、管理水平、服务质量等方面还有待提高,并且随着一些国际知名的康乐企业大批涌入我国,必定对我国同类型项目或综合性项目的康乐企业在竞争中构成威胁。

(2)康乐设备的科技含量将会不断增加

随着科技的进步和市场需求的增加,康乐设备的科技含量会越来越高。设备的现代化会使原有的康乐项目日趋完善。例如,模拟高尔夫球场,早期的场景是用幻灯机投射出来的,而现代的场景则是由高清晰度的投影电视机投射出来的。卡拉OK设备从录音机到录像机,又从LD影碟机到DVD影碟机,再从单碟机到可同时存放上百张影碟的多碟机。电子游艺机已经凝聚了较多的科技含量,现在又诞生了更新一代的电子游艺机。这是融合了计算机模拟、自动化控制、人机交流等多门先进技术而研制的电子游艺机,这种游艺机在中国科技馆的展厅中占有一席之地。另外,很多较简单的康乐设备在发展中虽然没有明显的外形变化,但其制造材料却在不断提高科技含量。例如,制造网球拍和壁球拍的材料已经由木材到金属再到高分子材料,现在已经使用了碳纤维,这种碳纤维最早是航天飞机上用的高科技材料。可以预见,随着科学技术的进步和康乐事业的发展,康乐设备的科技含量将不断增加。

(3)康乐服务和管理水平将会明显提高

随着康乐业的发展,康乐服务和康乐管理也不断由不规范向比较规范发展。在康乐业形成的初期,服务水平和管理水平很低,这是因为康乐服务员和经营管理人员缺乏康乐项目的专业知识,而大多数康乐项目的操作、服务都具有较强的专业性,如果缺乏这方面的知识就很难使康乐业走上正轨。同时,由于缺少相关的政策、法规,出现了立法滞后的现象。现在,我国的康乐业已经有了长足的发展,康乐管理也开始由经验型向科学管理型的方向转变。其主要表现在以下几个方面。

①经常举办康乐服务和管理培训班。

②中职、高职、高等院校开始设置康乐服务和管理专业。

③关于康乐服务和管理的教材不断更新,使康乐管理趋于规范化和系统化。

④关于康乐经营的政策、法规不断完善,为经营者合法经营规定了方向等。

(4)康乐经营在经济活动中所占的比例将会增加

从世界角度来看,康乐业进入经济活动始于西方经济发达国家,后来又逐步发展并占据了比较重要的经济地位。我国康乐业的发展是随着改革开放的大潮以及国民经济的发展而发展的,在国民经济中也占有一定的位置。

我国虽然是一个发展中国家,人均收入水平不高,与西方发达国家相比还有很大的差距,我国国内生产总值(GDP)在国际经济大家庭中所占的地位还不是很高。这种情况使我国康乐业的发展受到一定的影响。但是改革开放以来,我国经济的发展突飞猛进,与发达国家之间的距离正在缩小。经济的高速发展促进了康乐业的发展,使其成为一项新兴的产业,并使其在国民经济中占有越来越重要的地位。据不完全统计,1987年,我国游乐园(场)的年营业收入约为6 000万元,到1996年,年营业收入达3亿元,10年翻了5倍。另外,从我国游艺机年产值发展中也可以看出,1987年国产游艺机年产值约为人民币4 000万元,1996年上升到7亿元,到2000年已超过13亿元,并且从1996年以来累计出口创汇300多万美元。以上数据表明:改革开放以来,我国的康乐行业从无到有、从小到大,得到了迅猛发展,取得了辉煌的成绩,其在国民经济中所处的地位越来越重要。

（5）康乐消费在人们生活消费中所占的比例将会增长

在我国,随着物质生活水平的提高,人们的消费观念和消费结构都在发生着变化。我国经济近几年来一直保持较快的发展速度,国民收入的增加也在加快。从人口统计学的角度看,我国现实的社会群体根据出生年代的差异可以划分为解放一代、"文革"一代、"文革"后一代、E时代。这4个时代的群体在价值观和消费特征方面具有明显的差异。以主题公园消费群体为例,不同时代的消费者消费特征存在巨大的差异,付款刷卡的便捷性,使人们的康乐消费也越来越超市化(表1.2)。

表1.2　主题公园消费群体的时代差异[1]

出生年代	人　口	向　导	消费特征
1946—1964	约3亿	报刊	生育高峰的一代,经济负担重,在子女教育上舍得花钱
1965—1975	约2亿	电影	收入和消费的顶峰年龄,追求所谓五子登科:妻子、孩子、房子、票子、车子
1976—1989	约4亿	电视	大多为独生子女,生活富裕,自我意识强烈,追求个人品位,最具市场开发潜力
1990—2010[2]	约2.5亿	互联网	坚持己见,积极为自己的主张辩护,求新求变,注重选择的自主性、个性化、多样性、效用性、互动性

随着"休闲时代"的到来、社会的进一步开放和生活方式的多元化,以及人们已经具备了可自由支配收入和时间两个基本要素,康乐活动正在成为人们的自觉行为,成为人们日常生活中的重要组成部分,"花钱买健康"成为一种消费意识,康乐活动将成为服务行业最大的消费热点,康乐活动的需求将进一步扩大。

（6）疫情常态化下,康乐业发展有机遇也有挑战

2019年年底,一场突如其来的疫情把人类弄得措手不及,人们的生活方式因疫情的常态化而发生改变。新冠肺炎疫情使人们的思想观念和生活方式发生了新的变化,人们更加注重饮食健康、日常休息和运动健身,促进了健康水平提高。人们更加关注健康保健,消费更加理性,在健康保健方面的消费需求会有所增长[3]。这势必给康乐业,特别是以促进健康为主的康乐活动产业带来更多的机遇。

2021年,一场约2000名观众的演出因为出现新冠确诊病例而被推向风口浪尖,这就是"张家界·魅力湘西",其成为那波疫情传播的引爆点,这也让人们聚焦在演艺类康乐活动的转型升级上。国内目前的演艺活动产品往往是"重资产"型,但在疫情的反复下,该类

[1]董观志.主题公园发展的战略性趋势研究[J].人文地理,2005（2）:43-46.

[2]2010年第六次人口普查显示,我国人口达到13.7亿。

[3]余晓艳,盛文明.新冠肺炎疫情常态化背景下人们生活方式变化的研究[J].西安建筑科技大学学报(社会科学版),2021,40(3):42-47.

型极易受到影响,所以向"小体量"转型,似乎是演艺行业未来值得尝试的道路。此事件后,多地出台演艺限制措施,这对演艺康乐活动是一个巨大的冲击。防疫措施下,人们进行聚集性的消费行为明显减少,因此康乐业必须进行调整,要利用科技及专业水平,走小而精线路,以适应疫情的常态化带来的挑战。

本章问题及讨论

1. 什么是康乐?
2. 简述酒店康乐活动的类型。
3. 结合个人见解,从社会、经济、文化的角度谈谈康乐业的地位。
4. 论述疫情防控常态化下,康乐业的发展过程以及将来的发展前景。
5. 论述疫情结束康乐业的发展机遇与趋势。

第2章 康乐的基础理论概述

【学习目标】

通过本章的学习,熟悉康乐业相关的基础理论知识,了解休闲学的相关知识,掌握什么是动机理论、需要层次理论、体验理论、畅爽理论、休闲空间理论和西方康乐伦理理论。

【学习重点】

掌握休闲、动机理论、需要层次理论、体验理论、畅爽理论、休闲空间理论和西方康乐伦理理论的基础知识是本章学习的重点。

【主要内容】

1. 休闲的本质
2. 动机理论
3. 需要层次理论
4. 体验理论
5. 畅爽理论
6. 休闲空间理论
7. 西方康乐伦理理论

康乐,顾名思义是健康娱乐的意思,是人类休闲的一部分。近年来,康乐业的迅速发展离不开"休闲时代"到来的大背景。

2.1 休闲理论

中国正处在向后工业化过渡的阶段,新型的价值观逐步取代传统价值观,生活不再是为工作服务,相反,工作是为了生活。人们正走入一个全新的"休闲时代",休闲成了生活中不可或缺的一部分,专门提供休闲的产业将会主导劳务市场,新技术和其他一些趋势可以让人把生命中的时间用于休闲。

2.1.1 休闲的概念

休闲(Leisure)是指从工作的压力中解脱出来,使个体能够以自己喜欢、感到有价值的方式休息和消遣,培养与谋生无关的智能、自发地参加社会活动和自由活动的总称。其本质就是从事职业以外活动的恢复身心、发展自我、充实精神的生活体验。休闲的最大特点是人文性、文化性、社会性、创造性,它对提高人的生活质量和生命质量,对人的全面发展具有十分重要的意义。旅游休闲、娱乐休闲、运动休闲、度假休闲、文化休闲等丰富多样的休闲生活方式,对促进经济发展、社会进步具有十分重要的作用。休闲已经成为具有普遍社会意义的人类发展和提高生活质量的大事情,成为基本的社会需求。

欧美国家关于休闲的几种概念,代表性的观点有[1]:

①休闲作为工作之余可支配的时间,即闲暇[2]。

②休闲作为实现某种社会目标的手段和工具,如康体活动、技能提高、兴趣培养等[3]。

③休闲作为个体的一种思想状态,具有很强的主观性,常被称为"A State of Freedom"或"A State of Mind"[4]。

④休闲本身作为一种生活方式或一种终极目标,即休闲不从属于劳动或工作,而是一种自我表现或自我实现[5]。

⑤休闲作为一种人们在活动中找到的乐趣,即常言的经验或经历质量——Quality of Experience,或人们在工作中找到的乐趣,这种理解不把工作和休闲两者看作绝对对立[6]。

⑥休闲作为在闲暇时间开展的任何有益身心健康的活动。

在这些意义上,Recreation主要用来指代那些(通常是对人体,包括大脑)具有"修复"作用或"恢复"作用的活动,如户外活动、体育运动等。在历史上,北美的Recreation是伴随着国家公园制度而出现的。每位纳税的市民、居民有权在国家公园、省立公园、市立公园享受各种娱乐活动,他们不需要买门票,因为这些公园就是为他们而设计的。人们离开自己的住家所在地到别处的省立、市立公园享受娱乐活动,这些户外活动便具备了游憩的特征。旅游的概念出现后,依照离开住家所在地距离的远近(虽然WTO有比较划一的标准,这个距离因国甚至省而不同),游憩在很多情况下就是国民开展的国内旅游。

梁颖在《娱乐设施经营管理》一书中提出,休闲是"有计划地暂时停止日常工作,以刻意安排参加各种与本职工作完全不同或毫无关系的活动摆脱日常工作、劳动带来的各种精神压力,并利用这些活动与日常工作的极大差异性恢复消耗的体力和精神,弥补智力磨

———————————

[1]黄安民.休闲与旅游学概论[M].北京:机械工业出版社,2007.

[2]THORSTEINV. The Theory of the Leisure Class[M]. 2nd Edition. New York:New American Library, 1953.

[3]KAPLAN M. Leisure:Theory and Policy[M]. New York:John Wiley,1975.

[4]MURPHY J. Concepts of Leisure:Philosophical Implications[M]. New Jersey:Prentice-Hall, 1974.

[5]KELLY J. Leisure[M]. 3rd edition. Boston, MA:Allyn & Bacon,1996.

[6]KELLY J G G. The Sociology of Leisure[M].PA:Venture Publishing, 1992.

损,获得新的知识和新的灵感,增强创造力"[1]。法国社会学家杜马兹迪埃在《走向休闲的社会》一书中指出:"所谓休闲,就是个人从工作岗位、家庭、社会义务中解脱出来,为了休息,为了消遣,或为了培养与谋生无关的智能,以及为了自发地参加社会活动和自由发挥创造力,是随心所欲的总称。"从以上论述可以得出这样的结论:休闲是个人闲暇时间的总称,也是人们对可自由支配时间的一种科学和合理使用;休闲活动虽然与人们所从事的日常工作毫无关系,但与劳动并不冲突;休闲活动是人们自我发展和完善的载体。

作为世界范围内的新兴社会现象和事业,休闲无疑还是一个尚需进一步界定的概念。理论界除了对休闲进行研究思路上的确定外,真正普遍性概念的提出还需要一段探讨路程。以最先将休闲从隐问题凸现为显问题的美国学者为例,他们有的认为:"休闲一般被定义为空闲时间,即除了工作和其他责任之外的时间。"[2]也有人认为,休闲普遍是一种自由的状态,是一种"在摆脱义务责任的同时对具有自身意义和目的的活动选择"[3]。这些普遍的看法表明,休闲主要被看作一种摆脱责任的生存方式,或者确切地说,是一种摆脱工作责任的方式[4]。

2.1.2　西方思想史中的休闲

亚里士多德提出:"休闲才是一切事物环绕的中心。"在古希腊,多把休闲与真善美,与美德、幸福和愉快联系在一起。古罗马前期,人们视财富为身外之物,主张无论贫富,人人都可过一种愉快和有道德的生活;金钱除了使人做诸如帮助他人、支持公益事业等善行,别无价值。基督教的兴起,劳动成为尊崇上帝的绝对活动,而休闲则是必须忏悔的罪恶。近代大学使希腊休闲一语变成学校和教养。文艺复兴造就了一个庞大的"休闲阶层",孕育了历史上的巨人,为人类文明作出了不朽的贡献。宗教改革后,清教主义则从反面表明,如果拥有了充裕的时间和财富,自由选择的休闲就居于中心地位,责任感就至关重要了。20世纪天主教哲学家皮普尔认为,休闲是从容纳取,是默默地接受,是淡然处之,是爱,且作为上帝的惠赐,与安息日结合在一起是一件礼物。人们承受此礼,感受到的是巨大的社会责任——科学、哲学、文明的进步尽在其中。凯恩斯说,解除经济忧患之后如何利用自由,如何休闲以使自己"理智地、舒适地和更好地"生活,这才是真正永久性的问题。发达国家在物质主义、消费主义的误导下,人的全面丰富性遭到空前压抑,人退化为单向度的怪物,不仅如此,人的自然环境正在遭受空前剥蚀,万物正在被人所消费、吞噬。胡塞尔、列菲弗尔、赫勒、马尔库塞、奈斯比特等都发出过警告,要求人们寻求新的生存模式,与自然协调,进而使人的灵肉和谐。而这场生存模式的革命恰恰来自对休闲的追求。

[1]梁颖.娱乐设施经营管理[M].杭州:浙江摄影出版社,1998.

[2]托马斯·古德尔,杰弗瑞·戈比.人类思想史中的休闲[M].昆明:云南人民出版社,2000.

[3]约翰·凯利.走向自由:休闲社会学新论[M].赵冉,译.昆明:云南人民出版社,2000.

[4]许斗斗.休闲、消费与人的价值存在:经济的和非经济的考察[J].自然辩证法研究,2001,17(5):50-53.

2.1.3 中国思想史中的休闲

中国的休闲思想,没有在物质上纠缠过多。休闲的汉语意义非常丰富,"人倚木而休",得娴静、纯洁与安宁,使身心得到休整与颐养,以至天人合一之境,赋有限生命以永恒。中国的休闲观念始自老子,人要活得自然、自在,心性要悠然散淡;孔子则是积极进取,却又视富贵如浮云,"从心所欲不逾矩";诸葛亮"淡泊明志,宁静致远";陶渊明"采菊东篱下,悠然见南山"等,道出了中国休闲的境界。中国古代先贤们常将休闲与自然哲学、人格修养、审美情趣、文学艺术、养生延年紧密结合起来,出现了养鸟、垂钓、猜谜、楹联、诗社、书院、风筝、打拳、舞剑、云游、品茗、园林、曲艺、国画、丝竹、书法等丰富多彩的休闲形式;休闲是中国人心灵的驿站,人人可借此驱除劳顿,净化灵魂,提升人格。休闲是一种人性的境界观,不仅是人与自然的和谐、人与社会关系的和谐,更是人自身肉体和灵魂的和谐。而这一旦成为一种人生态度和社会生活方式,必将对人的异化和自然的隐退起到恢复和扬弃的作用,因而休闲可以成为一种全新的文化理念和文明形式。

2.2 动机理论

康乐需求产生康乐动机,康乐动机指引康乐行为,康乐行为满足康乐需求,从而产生新的康乐需求。

2.2.1 康乐动机的界定

康乐动机是指引起、引导和整合个人康乐活动,并引导该康乐活动朝向某一目标的内在心理过程。

康乐活动产生的原因很多,康乐动机是产生康乐行为的多个约束变量中最为关键的一个。动机既可能是自动产生的,也可能是被迫产生的。康乐动机主要包括"拉力"和"推力"这两个方面。这两种力量也是人们为什么休闲、康乐,选择何种方式康乐,利用哪些资源进行康乐的根本动因。

动机本身无法直接观察,只能依据动机引起的行为和行为表现推理,而行为表现多种多样,有的与生存有关,有的与生活有关,但总体而言可分为两大类。

①生理性动机,指某种行为是由个体生理变化而产生的内在需求导致的,如饥、渴、性等较为原始的动机,多是与生俱来的。

②心理性动机,引起个体各种行为的内在心理性原因,大多是经由学习而获得的。

2.2.2 康乐意识

康乐意识是随着时代的发展而变化的。在古代,生活必需时间和劳动时间占人们生活的主要部分,剩余时间才可能用于康乐。但那时的康乐还不是有意义和有意识的活动,只是在维持人们的生存和生活方面发挥着辅助性作用。在那个时代,康乐活动只是特权阶层的"专利",我们称为统治阶级型康乐。

近代都市的市民和劳动者认识到了康乐的必要性。康乐时间虽然能从劳动和生活必需时间中独立出来,但作为扩大再生产的手段,最终还是为劳动服务的,生活必需时间也是为劳动作准备。因此,近代社会是一个重视生产、重视物质的劳动支配型社会,处于自然、康乐的阶段。

现代社会是一个大众社会,这个社会中的每一个人都必须为工作而疲于奔命,同时还要承受各种各样的外部压力和孤独感的折磨。因此,与劳动相比,现代人主动重视康乐,为了寻找劳动和生活必需时间之外的轻松愉悦,他们也愿意为此而付出代价。这是滋生康乐意识及康乐行为的土壤,现代社会正在向休闲支配型的社会迈进。

2.3　需要层次理论

在生产力不发达、人类还需要为生存而疲于奔命的早期社会,生理需要的满足就成了生活中的要事甚至是全部,能促发上述需要形成的心理动机仅仅是个别的,或者是属于特权阶级的。只有在社会进入较为富裕的阶段,并能赋予个人一定的自由时间,尤其是步入后工业化社会,康乐的需要开始"内生于"人类的需要系统,康乐由此也成为解决困扰现代人的创造现代人心理匮乏、为现代人创造新的机会的一种重要生活方式。这是因为:第一,经济的发展为现代人提供了休闲的外部条件,即经济能力与自由时间;第二,社会的发展使人类社会的需要大为增加和提高,并内在于人类的需要系统中;第三,人类全面发展的世界观正在逐步加强[1]。

马斯洛认为,人类的发展取向与动机都可经由人的种种需求寻出踪迹,这些需求通常可从其活动与作为中去探寻,不管它是显而易见还是隐藏的,这种推论是了解休闲动机的基础(图2.1)。

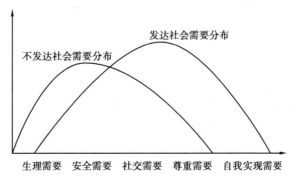

图2.1　不同社会的需要分布比较

[1]谢彦君.基础旅游学[M].北京:中国旅游出版社,1999.

人类需求既有因身体安全和生存所需,凭着人类本能及有意识的愿望而显现的基本需求,也有属于社会与文化的需求。后者是一种社会现象,是一种习得的行为,是一定的社会环境培育出来的旨在满足某种特殊人类社会需要的活动,这些社会需要可能包括群体、交际、沟通、学习、自我补充和自我扩张、自理和自立、自尊和他尊、自我实现、利他、奉献等范畴。

以上各种需求有先后顺序与高低层次之分,可以将马斯洛的需求层级论区分为 7 种等级化的类别(表 2.1)。

表 2.1　需求的层级[1]

高级需要	美的追求
	知识的需要
中级需要	自我实现的需要
	受尊敬的需要
初级需要	归属与爱的需要
	安全需要
	生理需要

在人类的生理、安全、爱、自尊等基本需求日益获得满足时,成长的需求将逐渐增强,这些都是人性的本质。自我实现是心理健康者的表现,是适度满足匮乏需求之后,发展到更高层次的动机状态;是追求成长,追求存在价值(真、善、美等);是自我实现者追求充分发扬人性,展现潜能,追求个性的充分成长与发展。

2.4　体验理论

2.4.1　体验的本质

体验是一种情感。尽管体验会受到个人经验(理智)的影响,但它属于情感范畴,影响人们通常所说的情商(EQ = Emotional Quotient)。

体验是自由与个性的表现形式。一个人只有在民主、自由的环境下才可能去体验,而只有在体验中,人的个性才得以张扬。因此,体验是人类理解、思维、存在等独特性的品质。

体验是知识与人的本质关系。在信息和知识社会,凡是经验知识几乎都可能通过计

---

[1]费兰克·G.戈布尔.第三思潮:马斯洛心理学[M].吕明,陈红雯,译.上海:上海译文出版社,2001.

算机或其他设备进行记忆、储存,互联网的发达,数据库和检索手段的完善,人们可以在瞬息轻而易举地获得想要的经验知识。这个时候,人与知识的关系将完全还原为体验,人主要凭借思维和方法,通过社会交往、接近自然等体验获得个人知识,以此获得个人与社会的认同。

体验是一种高级需要,是一种自我创造与实现。人的最高需要即自我实现、审美等,体验以最有效和最完整的方式表现个人的潜力,唯此才能使人得到高峰体验。高层次的需要比低层次的需要具有更大的价值。马斯洛认为,人自我实现的创造性过程能产生一种所谓"高峰体验"的情感,此时,人将处于最激荡心房的时刻,具有一种欣喜若狂、如醉如痴、销魂断肠的感觉,是人存在的最高级、最完美、最和谐的状态。

2.4.2　作为康乐过程的体验

体验是在个人的休闲过程中产生的,因此,必须关注康乐活动中的情感体验价值。极具冲击力的体验经济突出了康乐过程的价值,突出了康乐在情感态度价值观培养上的作用以及体验的意义。

康乐不是一个静止的内容体系,它首先是一个过程。康乐作为一个过程,是一个人获得情感体验的历程。体验是康乐过程的重要价值,一切停留在情感体验之外的康乐活动对主体来说只是被动、无效的康乐。康乐将情感体验,也将过程本身置放于重要的地位。一方面,因为康乐过程蕴含着许多至关重要却又无法通过行动、知识理解的韵味;另一方面,也是因为有过程性,康乐才是生成体验和丰富情感的重要源泉。

把康乐视为过程,人们在康乐的同时充分发挥在康乐中的主体作用,可以将人们的心灵从各种形式的束缚下解放出来,鼓励人们张扬个性,发展个人的理解力、判断力和独创精神。

2.5　畅爽理论

2.5.1　畅爽的特征

研究发现,尽管攀岩者、棋手和医生等不同职业和身份的人所在的活动领域完全不同,但他们描述畅爽状态的特征都是一致的。当一个人的技能能够在一个有预定的目标、有规则约束并且能够让行为者清楚地知道做得如何好的行为系统中充分应付随时到来的挑战时,他就会产生这种感觉。Csikszentihalyi 根据调查研究的结果,进一步列出描述畅爽的 8 个特征:挑战性、目标的明确性、反馈的即时性、专注性、参与者轻易就可以深度沉浸、控制感、浑然忘我、意识不到时间的存在。

Csikszentihalyi(1982)博士指出畅爽的体验有 6 个特征:游戏感、自控感、专注与精神高度集中、对活动本身感到精神愉快、对时间的感觉扭曲、活动的挑战性与个人的能力匹配。

2.5.2 畅爽——对康乐质量的衡量

畅爽是评价康乐质量的重要指标。康乐是为了获得纯粹的快乐而进行的价值创造活动,体验创造的价值来自消费者个人内在的反应。纯粹的快乐是指行为的目的即快乐本身。康乐活动要有乐趣,让人感觉轻松,使人获得消遣,而且还必须使参与者愿意付出热情,并感到愉快和满足。

畅爽体验广泛存在于人类各种活动中,奇克森特米哈伊将畅爽视为无聊、焦虑等负面体验的矫正方法。在这一个意义上,畅爽对创造性活动具有重要的促进作用,因为畅爽一般在创造性活动中较多出现,而在这些创造性活动中,重要的并不是名利,而是在发明创造中所获得的兴趣和纯粹的快乐。20世纪80—90年代,许多研究者尝试在各式各样的休闲活动中测量畅爽状态,如对作曲、运动、嗜好、计算机使用以及工作、教学、爱情、家庭生活、宗教等作出了有益探索,取得了丰富的研究成果。

2.6 休闲空间理论

休闲空间是为了满足休闲者的需求而产生和发展的,也会因为这种需求的满足而衰退。从经济学的角度而论,休闲空间的开发过程实际上就是不断满足快速变化的休闲需求并根据这种需求的变化不断调整休闲产品和服务设施的过程,但这个过程不是单一满足需求,而是在满足这种需求的同时也通过新的休闲地的开发引导休闲活动和创造新的休闲需求。因此,休闲需求与供给是一个相互作用、相互影响并具有反馈和负反馈功能的系统。对于休闲空间的分析与选择的研究是休闲业发展的基础,是认识休闲需求、发现休闲需求、了解休闲供给、缓解休闲供求矛盾的理论发展需要。

2.6.1 休闲空间的界定

休闲空间是休闲文化的物质载体,是指满足各种休闲需求的活动场所,具有环境—心理效应、非强制性的特征,并强调空间行为的社会价值。休闲空间突出对休闲行为的支持,对休闲文化的表达。体现了人们对休闲、轻松生活的追求,对健康积极生活的追求,对个体自我发展的追求。康乐活动属于休闲活动,其活动也都是在休闲空间进行的,对休闲空间的界定,有利于康乐活动的空间分类;清晰康乐活动场所的空间所辖,有利于康乐活动的开展。

休闲空间的范畴比较广泛,种类较多。休闲空间分类见表2.2。

表2.2 休闲空间分类

休闲空间类型	场 所	举 例
主体性休闲空间	各类旅游地	风景名胜区、森林公园、动物园、植物园等
	主题休闲场所	主题公园、游乐园等
	城市休闲公园	城市公园、滨水区等
	广场	各类城市公共休闲广场
附属性休闲空间	街道休闲空间	街道绿地、商业街区等
	交通休闲空间	机场、车站、轮船等出入口的休闲场所
	居住区休闲空间	居住小区开放空间
	专属休闲空间	学校、机关事业单位、企业等特定的半公共半开放的休闲空间
室内休闲空间	室内私人休闲空间	—
	室内公共休闲空间	博物馆、美术馆、纪念馆、科技馆、图书馆、剧院、音乐厅等公共文化休闲设施;乒乓球馆、保龄球馆、游泳馆、健身房等各种体育场馆;商业性的休闲设施餐馆、酒吧、咖啡厅、超级市场

2.6.2 康乐休闲场所选择的空间决策

休闲场所选择是休闲者行为研究的一个重要理论问题,不仅对康乐产品或服务的营销具有重要价值,也对康乐场所功能的完善、设施的配置等都具有指导意义。康乐消费者选择康乐场所通常会考虑许多因素,如康乐场所的区位条件、休闲功能、休闲环境和休闲设施等,不同人文特征的康乐休闲者具有不同的休闲目的、休闲方式和休闲价值观,休闲地选择的行为心理表现不一样。

人们在作出康乐活动决定后开始考虑去哪里放松休闲,即选择康乐场所。影响人们选择康乐场所的因素有很多,既有康乐活动者个体因素也有外部环境因素。外部环境因素主要指来自社会和市场环境两个方面的影响,包括目的地吸引、市场信息和社会刺激等方面;个体因素主要指康乐活动者的社会心理特征,如价值观、动机、个性和态度等。康乐活动者将在整合各种外部环境因素及个体因素后,规划愿意前往休闲的一系列康乐场所(目的地域),在更多的外界环境因素综合影响下,形成最愿意前往的康乐产品休闲目的地。因此,康乐场所的选择实际上是休闲感知的各种限制性因素(如闲暇时间、可自由支配收入和休闲目的)与目的地形象之间互动的结果。由此可以总结出康乐休闲地选择的心理过程有3个核心阶段(图2.2):一是初期考虑域,初步确定目的地的阶段,也称为"知觉域";二是后期考虑域,排除部分目的地,从而形成激活域或后期考虑域;三是最后选择阶段,从后期考虑域中选出一个目的地。

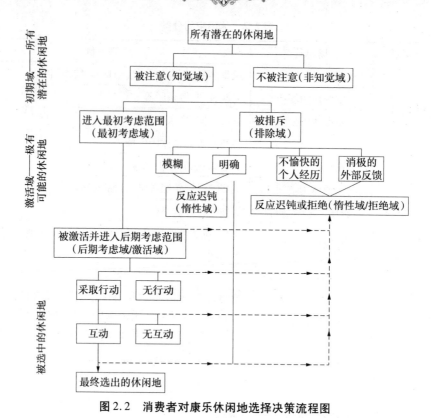

图2.2　消费者对康乐休闲地选择决策流程图

2.7　西方康乐伦理理论

西方人用 well-being 这个词表述"人类生活得更美好"的含义。在西方 well-being 既是一个哲学概念又是一个日常生活用语，比如"人民的福祉""康乐杂志""健身中心"等。因此，有的学者认为 well-being 可翻译为康乐，并围绕其从西方伦理角度进行系统总结[1]。

西方思想家在对人类康乐的伦理研究历程中形成了几种独特的理论。这些理论沿着各自的基本观点不断发展、更新换代、日臻完善、延续至今。它们是快乐主义理论、满足偏好理论、本质善理论和目标清单理论。

2.7.1　快乐主义理论

快乐主义的基本观点是：人类要想生活得更好就要不断地追求快乐，不断地增加快乐，减少痛苦。最早提出快乐主义理念的是古希腊的哲学家苏格拉底和柏拉图。《柏拉图对话集》反映了苏格拉底和柏拉图的这一观点。古希腊后期的哲学家伊壁鸠鲁把快乐主义表述得淋漓尽致，他认为快乐是最好的，他所说的快乐既包括肉体的快乐，也包括精神

---

[1]纪如曼.西方"康乐"伦理思想概述[J].复旦学报(社会科学版),2011(1):91-98.

的快乐,并认为这两种快乐没有高下之分。伊壁鸠鲁的快乐理论为现代西方功利主义开创了先河。①现代功利主义使快乐主义成为一个系统化的理论,其代表人物边沁在《道德和法律的原则概论》一书中说:"自然把人类置于两个主宰的统治之下,痛苦和快乐这两个方面,决定了我们应当怎么做。"②对于"怎样才能获得康乐"的问题。快乐主义的回答是:使快乐最大限度地超过痛苦。这被称为最大快乐主义原则。若进一步探究,"为什么快乐是好的,痛苦是坏的?"快乐主义的回答竟然是,"因为快乐是快乐的,痛苦是痛苦的"。并论证道:"快乐之所以是好的? 是因为它符合人类的本性。"③因此快乐被大多数人认为是好的、有利的。边沁用简单的方式论证快乐是康乐的实现形式,生活中的快乐越多,生活就更好;相反,承受的痛苦越多,生活就越糟糕。

2.7.2 满足偏好理论

根据这一理论,人们的生活变得更好,就是他们的愿望得以实现。这一理论成功地避开了"体验机器"的诘难。它声称和人的康乐有关的是他对全部生活愿望满足的整体水平。这个理论,表明人们的愿望满足得越多,就生活得越好。如果康乐是偏好的满足,那么人与人之间康乐的比较就是偏好被满足的程度比较。人与人之间偏好被满足的比较不是快乐和幸福感觉的比较,而是他们对生活的一些欲望被满足程度的比较。

后期发展上,满足偏好理论不断被完善,就要聚焦在3个方面:一是偏好应包含道德的因素。那些让社会付出昂贵代价的反社会偏好应该被排斥在偏好之外。二是主张康乐是"理性的"和"信息充分的"自我利益偏好的满足。这一改变的意义在于把康乐看作"信息充分的"偏好的满足,而不是任何偏好的满足,就是将问题的重点从偏好什么转移到什么是理性的偏好。理性的偏好一定是建立在掌握充分的资讯基础上比较全面、比较正确、比较公正、避免偏见、避免邪恶、避免思想僵化的选择。三是主张康乐应是适当地排除个人利益偏好的满足。

尽管对满足偏好理论作了一些修改补充,把有损他人利益的偏好剔除出去,但把康乐视为偏好的满足衍生的问题显而易见,人们很难信服"只要人们的各种各样欲望得以满足就能实现康乐"的论断。

2.7.3 本质善理论

康乐问题在任何道德理论中都起着核心作用,因为康乐在终极意义上是个伦理问题。美国哥伦比亚大学法学院教授拉兹的"人本主义原则"提出,对任何善与恶的解释和辩护,最终源于它们对人类生活及其品质的贡献。这一原则可以被解读为任何道德理性的力量、评判的标准最终构筑在康乐之上。人类社会的道德理念和规范,归根到底要以人类生活得更美好为终极目标,因此,康乐的概念必定同善的概念交相辉映。

但西方人对什么是本质善,没有统一的观点。一些宗教把终极善看作与上帝的关系,认为上帝能给人类带来永恒的幸福。许多人认为,本质善是一种精神状态,但哪一种精神状态才是本质善,又有许多不同观点。边沁主张善是快乐的精神状态;穆勒则认为善是一种"幸福"的多元化的精神状态;神秘主义者认为善是祈祷的精神状态;西奇威克认为善是内在合意的精神状态。还有许多哲学家否认康乐是精神层面的事。尼采把伟大的成就看作终极的善。另一些人则把本质善看作从健康和亲密的个人关系到尼采所赞美的成就的一个大组合。

本质善理论从思路上来说是好的，它把康乐的问题最终引进了伦理的殿堂。但是这一理论似乎还停留在理念和概念层面上，缺乏深入的阐释和论证。

2.7.4　目标清单理论

目标清单理论是在本质善研究的基础上提出的。这一理论是从说明哪些东西具有本质善着手的。首先，西方一些哲学家提出本质善是客观的。这是因为什么对人是好的，不在于人们是否相信它们是好的，而在于它们事实上是好的。康乐的本质也应该是客观的，它的客观性不是指人的主观感觉不重要，而是因为它使康乐更容易被衡量。所谓目标清单理论是列出和康乐目标有关的方面，这些方面不仅仅是快乐的体验，也不仅仅是愿望的满足。

当代西方对康乐的目标清单作出贡献的人物是约翰·罗尔斯、阿玛蒂亚·森和努斯鲍姆。哈佛大学教授罗尔斯提出了一个社会"基本物品"的概念。他所谓的社会基本物品是一个社会必须提供给广大民众的最基本物质条件。在《正义论》中，罗尔斯将康乐看作理性的偏好的满足，但他认为公正不应当集中在康乐上，理由是人们的康乐部分取决于他们自己的努力。社会政策应当关注社会对其负有责任的福利的构成方面。罗尔斯提出，康乐的有关方面由"社会基本品"的指数衡量。这些物品是一切目的的手段，或者是你想要的东西。在此基础上的社会责任问题对康乐是重要的。罗尔斯提供了一个比偏好的标准更公平的康乐视角。

诺贝尔经济学奖获得者，当代杰出的经济学家和哲学家阿玛蒂亚·森提出了一个非功利主义的观点，这一观点表明：权利、能力和功能比幸福起到更重要的作用。他从人的"能力"和"功能"这两个概念说明康乐理论。这两个概念的区别和关联在于，"能力"是人所具备的生理和文化基础，是潜在的；"功能"是"能力"的发挥和展现。

美国当代杰出的女性哲学家努斯鲍姆，根据能力的概念发展出"人类自我发展"的概念。她关于能力的概念与森不同，列出了人类重要能力的目录，该目录包含 10 个方面：寿命；身体健康；身心完整；感觉、想象和思维；情感；实践理性；联系；其他物种；游戏；控制人的环境：政治的、物质的。努斯鲍姆和森关于发展能力的方法之间的差别在能力的衡量方面。康乐的衡量需要以某种方法对每个人拥有的不同能力和功能作一个衡量。不同功能的重要性取决于人们的偏好。

目标清单理论让我们耳目一新，罗尔斯的社会基本物品、森对人的能力和功能的研究、努斯鲍姆关于人的核心能力的研究，让我们看到了西方在研究人类康乐问题上迈出的一大步。它使康乐研究从原来比较抽象的路径如快乐、偏好、本质善转到了具体实在的道路上，显示人的康乐不取决于某项因素，而应当是一个包括人类的身体健康、心智发展、精神愉快、自然和政治环境的改善与社会发展进步在内的集合体。

西方康乐伦理理论，更多在哲学层面上对广义的康乐进行了阐述，它是康乐发展过程中必须要有的思想发展,也使康乐发展更具有人类属性,毕竟康乐的主体是人类。因此,了解西方康乐伦理理论有利于我们对康乐的发展在思想上,有更好更深的认识。

本章问题及讨论

1.简述对休闲的认识以及休闲和康乐的关系。

2.简述中西方的休闲思想。

3.运用动机理论的相关知识,简述人们为什么需要康乐活动。

4.运用相关理论,阐述康乐活动发展的必然性。

第3章 酒店康乐部的职能与项目设置

【学习目标】
通过本章的学习,了解酒店康乐部的职能,掌握康乐项目设置的原则和基本类型。

【学习重点】
掌握康乐部的职能和各类康乐项目的设置是本章学习的重点。

【主要内容】
1.康乐部的地位和作用
2.康乐部的主要任务
3.康乐部项目设置的原则
4.康乐部项目设置的基本类型

随着酒店业的发展,康乐部从隶属部门逐渐发展成为与餐饮、住宿等平行的重要部门,在酒店拥有重要的地位和作用。康乐项目作为当今酒店发展的重要竞争手段,如何科学合理地设置和设置哪些康乐项目,都会对酒店能否培育新的盈利点、重塑整体形象、提升综合吸引力等产生举足轻重的影响力。本书将按照以康乐活动功能为依据的分类标准,即康体保健类、运动健身类、娱乐休闲类这三大类康乐项目对康乐部的职能和项目设置进行研究。

3.1 康乐部的职能

康乐部又名俱乐部、康乐中心、康体部(中心),是饭店组织客源、销售康乐产品、组织接待和对客服务,并为顾客提供各种综合服务的部门,是完善饭店配套附属设施和服务的重要机构。

3.1.1 康乐部的地位和作用

当今许多酒店已经发展成集餐饮、住宿、购物、康乐为一体的综合性经济实体,为社会大众提供餐饮、住宿、商务、康乐、购物等不同项目的服务,并满足顾客对社交、休闲、文化、康乐的需求。康乐部是酒店功能和文化的另一个代表和载体,是顾客身心和情感体验较为强烈的场所,其运营的好坏、服务质量的高低直接影响顾客对酒店的整体印象。康乐部从隶属部门逐渐发展成为同餐饮、住宿等平行的重要部门,并不是可有可无,而是至关重要。

(1)康乐项目有利于满足顾客需求,扩大酒店服务范围

随着康乐逐步成为人们日常生活中必不可少的重要组成部分,成为人们的一种不自觉行为,对入住酒店的康乐服务也提出了更高的要求,特别是针对商务酒店和度假型酒店,酒店康乐设施的好坏、服务质量的高低成了影响顾客选择酒店的一个重要因素。因此,当单纯的住宿、餐饮已不能满足人们的消费需求时,康乐项目的投入不仅有利于满足顾客需求,也扩大了酒店的服务范围,为顾客提供更广泛的休闲选择空间。

(2)康乐项目是旅游饭店等级的重要标志

康乐项目是现代酒店必备的项目和条件。2010年发布的我国第三次修订的《旅游饭店星级的划分与评定》标准对酒店康乐设施设备进行了明确规定,其中会议和康乐设施作为评定四星级、五星级饭店的必备项目。此外,在酒店设施设备管理中的特色类别对商务会议型旅游饭店设施、休闲度假型旅游饭店设施以及其他设施作了特别规定,如温泉浴场、海滨浴场、滑雪场、高尔夫球场、游泳池、桑拿浴、蒸气浴、水疗、壁球室、网球场、健身房、儿童活动场所及设施等都被列入评分标准。由此可见,康乐项目在高级饭店中的地位非常高,是旅游饭店等级的重要标志。

(3)新颖的康乐项目是吸引客源的重要手段,也是增加经济收入的重要来源

酒店竞争的重要手段是开设独特的经营项目和提供新颖的服务方式,目前仅靠提供一般食宿功能的酒店在竞争中已不是优势所在,以服务项目、设备功能、营销方式等为特色吸引客源是必要的。康乐部设立起初就是为了吸引更多的顾客入住酒店,使酒店获得更大的经济效益。近年来,很多星级酒店开始纷纷增设水疗养生项目,一些海滨度假酒店开设水上运动或沙滩运动项目吸引客源。此外,康乐服务设施一般小型多样、流动资本少、成本相对较低,较易获得良好的经济收入。目前,我国一些度假型酒店,其康乐收入已成为酒店最主要的营业构成。因此,酒店增加康乐项目、改善康乐设施设备或开设独特的康乐活动,有利于酒店吸引客源,增加经济收入,从而在酒店业激烈的竞争中取胜。

3.1.2 康乐部的主要任务

康乐部是为顾客提供各种康乐服务的综合机构,康乐项目主要分为康体保健类、运动健身类、娱乐休闲类三大项目,各类别所具有的主要任务各有侧重。

(1)康体保健类项目

康体保健类项目主要满足的是顾客的保健需求。现在,人们对保健的追求非常强烈,人们追求健康的方式除了运动锻炼、增加营养等方式外,还愿意采用物理保健的方式,如美容、桑拿、按摩、刮痧、吸氧等各种方式进行保健和抗衰老,这些康体保健的项目成为酒

店康乐部必备的服务项目。

（2）运动健身类项目

运动健身类项目往往满足的是顾客体育锻炼、塑造完美形体、释放压力、身心平衡等需求。不同的运动健身类项目可以达到不同的健身效果。顾客可以根据自身情况自行选择和有计划地进行康体活动。随着人们生活水平的提高,生活观念的改变,运动健身类项目受到城市居民的青睐,被部分学者称为"流汗经济"。因此,很多酒店设有健身房、游泳池、网球场、高尔夫练习场或球场、保龄球馆、瑜伽馆等运动健身场所以满足顾客的运动需求。

（3）娱乐休闲类项目

娱乐休闲类项目主要是为顾客提供丰富多彩的娱乐服务,创造优雅的环境气氛,满足顾客的娱乐要求,在良好的环境中其乐无穷,以得到精神上的超脱感。娱乐休闲类项目也是当今社会人们进行人际交往、商务往来的一种必要的补充手段。

3.2　康乐部项目设置的原则

3.2.1　把握市场趋势,满足目标客人需求原则

当人类的生理、安全、爱、自尊等基本需求日益获得满足时,成长的需求将逐渐增强,康乐需求是人们在满足了基本需求的基础上,向高层次发展的需求。因此,随着生活水平的提高,人们开始注重精神层面的需求,康乐需求的潜在市场巨大。酒店康乐项目的设置和选择要以研究市场需求为基础前提,即通过对一定区域范围内的酒店康乐项目消费情况进行广泛调查与统计分析,并得出结果与规律,总结市场需求的特点,明确为市场最青睐的康乐项目,由此形成酒店康乐项目设置的第一步,为酒店康乐产品开发和设置提供最有力的指导。

3.2.2　挖掘地域文化,追求经营特色原则

推出不同于竞争对手的特色产品,为顾客创造更多的价值,是酒店实施差异化经营战略的关键,而酒店的住宿、餐饮功能在竞争中已不占很大优势,但是康乐项目却是能体现酒店独特性的重要内容,有利于彰显酒店的个性和风格,形成酒店的特色品牌,赢得市场的认可。中国新的《酒店星级的划分与评定》只保留了如健身房、游泳池等必备的康乐设施,将康乐项目和设施的大部分内容调整到加分项目中,酒店在康乐项目的设置上便拥有了很大的选择权。因此,酒店在提供基本的康乐服务项目的同时,要因地、因店、因时不同而选择特色康乐项目,注重挖掘文化内涵,从而形成具有特色的品牌化经营。

文化是康乐项目的内涵和灵魂,是康乐项目形成特色的根本。通过深入挖掘地域文化,把最能体现民族性、民俗性、地方性的特色文化充分应用到酒店康乐项目的设置中,将诸如茶文化、酒文化、棋文化、地方特色艺术表演、民俗风情、传统国粹、仿古陶瓷艺术等纳

入酒店康乐项目的主题中,塑造主题文化性康乐项目,这也是目前酒店康乐项目的创新手法之一。

3.2.3　正确定位市场,实现利润最大化原则

酒店经营的目的是在满足顾客康乐需求的过程中追求利润的最大化。酒店经营不仅要求获取利润,而且要求获取最大利润,酒店经营利润最大化原则就是产量的边际收益等于边际成本的原则。只有边际收益等于边际成本,酒店的总利润才能达到极大值,其中直接关系酒店康乐项目经营能否获得最大化利润的重要影响因素是要正确定位市场目标。正确的市场目标不仅可以及时把握市场机会,树立酒店及其产品在顾客心中的形象,而且有利于迅速占领目标市场,实现利润的最大化。

3.2.4　营造良好文化氛围,注重社会效益原则

在市场经济环境下,企业绝大部分的经营活动是为了获得经济效益,但是在获得经济效益的同时还要兼顾社会效益,在设置康乐项目时,要充分考虑该项目是否能丰富人们的文化生活,是否有利于人们的身心健康,是否为酒店、当地带来良好的社会风气。有些酒店经营者钻法律的空子,甚至进行一些不法的营销活动。如2000年时期,具有明显赌博功能的游戏机给青少年带来了大量的负面影响。因此,酒店在设置康乐项目时,不能一味地追求经济效益,必须在国家有关法律法规的指导下,运用各种积极健康的经营手段,创新经营内容,达到社会效益、经济效益和酒店可持续发展的最佳综合效益的协调统一。

3.2.5　紧跟时代潮流,加强创新原则

市场是瞬息万变的,只有充分了解当今时代的发展趋势、康乐市场的需求动态和变化,适时调整定位,加强项目创新,才能在激烈的市场竞争中取得优势。随着人们对康乐项目的要求越来越高,以及高科技成果在康乐设施的运用,康乐项目和康乐产品的种类层出不穷,酒店在设置康乐项目时,要根据酒店规模、目标市场、经营理念等确定康乐项目和设施设备的类型、档次和水平,使康乐项目和设施设备不仅先进适用,而且具有创新性、新颖性,有利于提高整个酒店的吸引力和市场竞争力。

3.2.6　适应性原则

酒店在设置康乐项目时,要紧跟时代潮流,但切不能盲目跟随,要根据酒店的地理位置、环境条件、客人数量和客人类型,因时、因地、因店设置适合的康乐项目,不断满足人们日益膨胀的康乐需求,适应市场发展趋势。例如,在城市中心的商务型酒店,受场地限制,就不可能设置占地面积很大的乡村高尔夫球场,但为了满足商务客人的需要,可以设置小型高尔夫球场或室内模拟高尔夫练习场。此外,酒店还应扬长避短,充分发挥自己的优势,避开竞争对手的绝对优势,以己之长攻彼之短,实行错位竞争策略。

3.3 康乐部项目设置的基本类型

3.3.1 康体保健类项目

（1）项目概述

康体保健活动是一种消除疲劳、平衡身心的良好途径。现代社会，人们因生活节奏加快而疲劳，因工作竞争激烈而紧张，普遍存在精神紧张、身体疲劳、身心失衡等现象，随着养生保健的理念与知识日趋深入人心，人们迫切希望通过一定的方式调节自己的身心，达到康体保健、养生抗衰的目的。因此，现代康体保健项目的需求在不断扩大。

康体保健活动主要是指通过提供一定的设施设备，在优美舒适的环境中，通过服务作用于人体，使顾客放松身心、消除疲劳、恢复体力、美容养颜、陶冶情操等各种类型的活动项目。康体保健活动根据参与者活动的强度可以分为主动式康体保健和被动式康体保健项目。其中，主动式康体保健项目主要是指顾客通过特有的环境和设施设备，运用一定的技法进行的康体活动，如各种球类运动；被动式康体保健项目主要是指顾客被动参与性较强，通过环境和设施设备作用于人的身体和服务人员提供相关的服务，从而达到放松肌体、消除疲劳等作用的活动，如桑拿、按摩等项目。本书康体保健类项目指探讨被动式保健项目的相关内容，主动式康体项目归类于运动健身类项目中的具体讨论。

（2）项目分类

根据项目形式，康体保健类项目主要包括洗浴、按摩、美容美发三大类型。

1）洗浴

人类自诞生以来，就有清洁和爱美的天性，这是人类的本能。在漫长的发展过程中，洗浴和人类其他行为一样积淀了丰富的文化内涵，洗浴文化在人类的历史中从何时开始已很难考证。可以想象，人类起初只是在河水或湖水中清洗自己的身体而已，进入封建社会时期，洗浴开始逐渐发展并形成一种文化。西方世界的古罗马帝国具有一个普遍的历史现象，即洗浴从最初的个人清洁行为转变成公众性流行活动。在罗马帝国，公共浴场具有很强的代表性，作为洗浴和会面的场所，它在日常生活中具有优于一切的地位，很多人一天的大部分时间会在公共浴场中度过。古罗马洗浴文化发展经历了3个阶段：第一阶段是从罗马建城到公元前3世纪中叶之前，罗马人民整天忙于战争与劳作，洗浴活动只是基于一种情结的本能，洗浴对于他们来说是可有可无的事情；第二阶段是从公元前3世纪以来，物质生活条件得以改善，以及与外界的频繁接触，人们开始重视洗浴。公元1世纪，许多住宅出现了私人浴室，并且设备齐全、装饰考究；第三阶段，共和末期到帝国时代，洗浴从一种私人行为完全转变为一种公共行为，据统计，当时罗马帝国的公共浴场达到1 000个左右，并且规模宏大，设施豪华，说明浴场是适应当时社会广泛需求的。相对于西方世界，我国洗浴文化产生也很早，并拥有自己特定的文化内涵，先秦时期就具有自身独有的特征。在先秦时期，洗浴深受古人重视，除了在日常生活中需要外，在许多特定场合，洗浴超越了一般意义的洗澡,发挥着独特的功能。例如,在政治场合,臣子要为大王浇水洗手,《论语·宪问》也有记载"孔子沐浴而朝",还有在斋戒场合、宗教场合、礼仪场合等,都需要沐浴之后才能进行仪式。洗浴在中国的发展已不仅仅是净身、享受的一种生活行为,它更具有一种神圣性和追忆性,人们将洗浴延伸开来,寄托某种希望,折射出特定的神圣色彩。例如,人们将自身的洗浴和日月的运行联系起来,蕴含着对日月崇拜的神圣心理。

随着社会的发展,洗浴已不仅仅具有清洗身体这么简单的功能,在高科技成果的运用下,洗浴出现了多种多样的形式,也具有保健、养生、养颜、美肌等多项功能。

①桑拿浴。桑拿浴是英文"Sauna"的音译,是一种特殊的沐浴行为和沐浴方式。桑拿浴又称蒸汽浴,通过专用设施,在特别制作的小木房,将气温升高至45 ℃,使沐浴者身体受热排汗的特殊蒸汽沐浴行为,这种沐浴方式,有利于将沐浴者体内垃圾充分排出体外,保持身体健康。桑拿浴又分为干蒸和湿蒸两种沐浴方式。

a.干蒸汽浴。干蒸汽浴又称芬兰浴,整个沐浴过程人是坐着的,室内高温使人有一种身临赤带骄阳之下被干晒、被吸收身体水分的感觉。

b.湿蒸汽浴。湿蒸汽浴又称土耳其浴,整个沐浴过程需不断地散热气加水,以使整个房间湿度浓厚。浴者仿佛置身于热带雨林之中,产生一种或阴霾潮湿,或刮风下雨的感觉。在这个又湿又热的浴室里,浴者必会大汗淋漓。

无论是干蒸还是湿蒸,沐浴者在这种享受中出一身汗,都能起到减肥健身、恢复体力、缓和情绪、振奋精神和保持清洁等作用。

②矿泥浴。矿泥浴是指专业护理人员用含有矿物质、有机物、微量元素和某些放射性物质的泥浆,将人体的各个部位包裹起来,或浸泡在经过加温的泥浆中,经过一定时间再剥开或清洗,保证有益的矿物质通过皮肤被人体吸收,从而达到健身祛病、治病强体的目的。矿泥浴属于一种温热疗法,因其具有某些特殊的理化性质,故在温热方法中有其独特的作用。

③光波浴。光波浴主要是采用无害的自然光——红外线,作用于人体组织细胞,人们在浴房中让裸露的肌肤接受红外线的辐射,人体内细胞组织产生共振,从而产生热量,使体温升高并大量出汗,以此达到促进新陈代谢、美容护肤、强身健体等效果。光波浴较桑拿浴更加适宜人体呼吸承受,顾客在享受光波浴时还可以看书、听音乐,闷热憋气时还可以打开窗户换气,使空气流通。

④花草浴。自古以来,人们就有用中草药沐浴的习俗。近年来,花草浴成为人们美容养颜、祛病保健的一项新的时尚潮流。花草浴主要是将草药和诸如茉莉花、百合花、玫瑰花、薄荷等花卉配置而成的浴料放入浴池中,不仅可以放松精神、消除污垢,而且可以消除疲劳,使全身的皮肤感受清香。合理搭配的草药浴,不仅能为身体降火,还能帮助皮肤杀菌消炎,达到清热解毒、去湿生津、清火明目、散结消肿、养颜美容的功效。

⑤药浴。药浴在我国的历史源远流长,奠基于秦代,发展于汉唐,充实于宋明,成熟于清代。我国最早的医方《五十二病方》就有治婴儿癫痫的药浴方。《礼记》提及"头有疮则沐,身有疡则浴",《黄帝内经》中有"其受外邪者,渍形以为汗"的记载。当代药浴是西方沐浴方式和中国传统医术精华相结合的沐浴形式,主要分为全身浴、坐浴、足浴三类。药

浴主要是在水中掺入配置好的药液,供顾客浸泡或浇在桑拿石上熏蒸,或作为按摩液使用,这些药液主要具有疏通经络、活血化瘀、祛风散寒、清热解毒、消肿止痛、调整阴阳、协调脏腑、通行气血、濡养全身等养生功效。

2)按摩

在康体保健项目中,几乎所有的健身浴项目都与按摩联系在一起。按摩是东方古老的健身途径,它的出现是人类正常生理需求的必然性,根据东方医学中人体穴位、经脉的原理,人们身体某些部位感到不适时,通过揉、压、捏、推、拿、拉等方式,以此减轻症状,达到止痛祛乏、理顺经络、调节气血的效果。

按摩是通过专业按摩人员的手法或特定器械设备,作用于人体体表的特定部位,以调节肌体的生理状况,从而消除疲劳、恢复体力、振奋精神,直至达到一定治疗效果的参与式康体保健项目。

这里所说的按摩不完全是医疗范围的按摩,而是通过休闲保健活动达到康体目的的按摩。现代康乐中的按摩越来越多地使用先进的高科技设备达到更好的按摩效果。所以,按摩又可分为人工按摩和设备按摩。

①人工按摩。人工按摩是指受过专业训练的按摩人员运用各种手法技巧,作用于人体体表的特定部位,从而达到放松肌肉、促进血液循环的目的。

②设备按摩。设备按摩是通过专门的设备产生振动效果作用于人体,达到按摩效果的按摩方法。根据设备和振动的不同又可分为热能震荡按摩和水力按摩等。

根据地域的不同,按摩也可分为以下几种。

a. 中式按摩。中式按摩是所有按摩的基础,以中医理论为基础的保健按摩,以经络穴位按摩为主,针对各穴位,采用推拿、指压、揪拉、脚踩等手法加以刺激,其手法渗透力强,可以放松肌肉、消除疲劳、调节人体机能,具有提高人体免疫力、疏通经络、平衡阴阳、延年益寿之功效。

b. 欧式按摩。欧式按摩也具有悠久的历史,起源于古希腊和古罗马,被称为"贵族的运动",在工业革命之后,这种按摩方法开始在欧洲各国逐渐盛行。欧式按摩手法轻柔,以推、按、触摸为主,搭配使用多种芳香油,沿肌纤维走行方向、淋巴走行方向、血管走行方向进行按摩,使肌纤维被动活动、促进肌肉营养代谢、放松被牵拉的肌肉,同时提高肌肉耐受力,进而可排除痉挛,促进血液循环,疏通淋巴阻塞。通过香薰精油和手法作用的结合,可有效促进胃肠蠕动,消减脂肪囤积,调整体态曲线,促进肌肤充血增氧,利尿消肿,并对神经系统有镇静和调整作用,给人轻松、自然、舒适的感受。

c. 泰式按摩。泰式按摩发源于古印度的西部,创始人是印度王的御医吉瓦科库玛,他至今仍被泰国人民奉为医学之父。泰式按摩以活动关节为主,无穴位之说,不同于中式按摩,其非常注重背部、腰部的舒展,按摩师从脚趾开始一直作业到头顶才算结束一套动作,从足部向心脏方向进行按摩。手法几乎涵盖了按、摸、拉、拽、揉、捏等所有动作,可以使人快速消除疲劳,恢复体能,还可增强关节韧带的弹性和活力,恢复正常的关节活动功能,达到促进体液循环、保健防病、健体美容的功效。

d. 港式按摩。港式按摩是在中式按摩的基础上演化而成的,在我国南部沿海地区洗浴搓背的基础上,吸取西方的抽油手法,并结合我国独有的踩跷疗法,创出的一种独特的保健按摩手法,它比中式按摩更讲究舒适感,在手法上多了滚揉和踩背,少了点按穴脉。

3)美容美发

美容是让容貌变美丽的一种艺术。埃及古代时期,人们为了滋润皮肤和防止日晒,在皮肤上涂抹各种药剂和油膏。美容在欧洲中世纪非常流行,到了文艺复兴时期,美容艺术大为发展。人们不惜花费大量的时间和金钱,涂脂抹粉、搽口红、烫发、染发,用东方进口的麝香抹手和皮肤。19 世纪 80 年代,西方开始出现了近代美容院。在中国殷商时期,人们已用燕地红蓝花叶捣汁凝成脂饰面。据记载,春秋时周郑之女,用白粉敷面,用青黑颜料画眉。汉代以后,开始出现妆点、扮装、妆饰等字词,唐代出现了面膜美容。

随着社会的发展,人们生活水平的提高,美容美发逐渐成为人们在工作之余消除疲劳、愉悦身心的方式之一,尤其是年轻白领女性,在繁忙的工作之余进行美容、SPA,已成为生活的一种常态。特别是度假型和商务型酒店,顾客对美容的需求逐步扩大。

(3)项目要求

康体保健项目通常需要直接作用于人体,因此在设置和实施时要非常注意其安全性和服务的卫生环境,为顾客提供一个舒适、卫生、安全的环境,不仅有利于满足顾客的康乐需求,提高服务质量,也有利于树立酒店良好的形象和声誉。

1)安全是康体保健项目设置的首要条件

无论洗浴、按摩还是美容美发,几乎所有康体保健项目都直接接触顾客的身体。因此,在设置此类项目时,一定要严格按照相关的法律法规以及专业知识进行。例如,药浴中配置的药液,需经过专业人员配置;顾客使用的护肤护发产品要有严格的质量保障,以避免因康乐设施故障或服务操作失误而对顾客造成伤害。

2)专业人员是康体保健项目设置的基础

人们选择康体保健项目,主要是为了满足消除疲劳、祛病健体、美容美肌、抗衰养颜等需求,而这些项目都是被动式参与性质的保健项目,因此要求具有专业技能和知识,并取得上岗资格证的服务人员提供服务。专业人员的技术水平不仅影响服务水平,而且会直接影响项目的经营效果。

3)卫生条件是康体保健项目设置的保证

康体保健项目的很多项目需要直接接触顾客身体,是较其他类型康乐项目,对卫生条件要求最严格的项目,无论是服务设施还是顾客使用的物品,都需经过严格消毒。同时,专业服务人员要做好个人卫生,以及更衣室、浴室、按摩室、美容美发室等各个区域在温度、湿度、每小时空气交换次数等方面都需严格按照相关标准执行。

3.3.2　运动健身类项目

(1)项目概述

运动健身类项目是人们借助特定的运动健身类设施设备,在舒适的环境中,通过自己的积极参与和适度的运动量,从而达到锻炼身体、增强体质、释放压力、身心平衡的效果。

运动健身类项目不同于篮球、田径、足球等专业体育项目。专业体育项目往往是以参加各种专业比赛为最终目的,虽然也有强身健体的作用,但难度大、体力消耗大、技巧性强,一般不易为大众所接受,而运动健身类项目也是体育运动中的一部分,但易于被大众接受,且趣味性强,运动量适中,以不破坏身体承受能力为限。随着人们生活水平的提高,生活观念的改变,运动健身类项目越来越受到城市居民的青睐。

（2）项目分类

运动健身项目主要包括健身器械运动、球类运动和游泳运动三大类。

1）健身器械运动

健身器械运动往往集中在一个多功能健身房内,健身房环境设计具有一定要求,使人如同在大自然中运动健身。房内设有各种具有模拟运动功能的器械,健身房还提供运动衣、运动鞋,配有健身教练,为每个会员制订科学详细的健身计划,顾客可以根据自身情况自行选择和有计划地进行康体活动。健身器械运动主要包括心肺功能训练项目和力量训练项目。

①心肺功能训练项目。心肺功能训练又称"有氧训练",属于长距离耐久性的训练,它是通过连续不断和反复多次的活动,并在一定时间内,以一定的速度和一定的训练强度,要求完成一定的运动量,使心跳率逐步提高到规定的最高和最低的安全心跳范围内。心肺功能训练项目主要包括跑踏步类运动、划船运动和骑车运动,顾客都可在健身房,通过跑步机、踏步机、登山机,类似于船舶、自行车功能的运动器械完成。

②力量训练项目。力量训练是通过多次多组有节奏的负重练习改善肌肉群力量、耐力和形状的运动方式。不同的次数、组数以及负重都会产生不同的效果。力量训练项目通常包括机械运动项目和哑铃运动项目。

2）球类运动

球类运动的运动量较大,技术性、技巧性较强,并具有一定的规则,享用这类运动项目需要了解和遵循这些规则,并掌握该球类运动的技巧,才能体现球类运动的康体功能,体会球类运动的乐趣。

①保龄球。保龄球又称地滚球,是在木板道上滚球击柱的一种室内运动,具有娱乐性、趣味性、抗争性和技巧性,给人以身体和意志的锻炼。保龄球最早可以追溯到公元前5200年的古埃及,人们在那里发现了类似现代保龄球运动的大理石球和瓶。在13世纪德国宗教革命之后,马丁路德统一了九瓶制,成为现代保龄球运动的真正起源。14世纪初,逐渐演变成为德国民间普遍爱好的体育运动项目。1895年,美国保龄球总会成立。1951年,国际保龄球联合会成立,1954年,第一次保龄球国际比赛在芬兰赫尔辛基举行。1988年汉城奥运会将保龄球列为表演项目。保龄球由于在室内活动,不受时间、气候等外界条件的影响,也不受年龄的限制,成为男女老少人人皆宜的体育运动,并且成为现代社会中的一项时尚运动,流行于欧洲、美洲、大洋洲和亚洲一些国家。

②台球。台球运动也称为桌球或打落袋,是一项在国际上广泛流行,具有绅士风度的高雅运动项目。台球爱好者须有良好的学识和修养。台球运动最早起源于14世纪的英国,16世纪台球运动已非常盛行。19世纪初期,台球运动的发展开始走向成熟阶段,在技

术提高的同时,设备用具也随之发展,许多大大小小的改进和发明创造不断涌现。21 世纪初,各类台球在中国再度兴起,并取得长足进步,由街头台球向健康、娱乐型运动迅速发展。台球运动是一种脑力和体力相结合的康乐运动,是一种静中有动、动中有静的高雅运动。台球运动不仅是体力的较量,更是意志力、耐力和自控力的较量,有益于身心健康和智力开发。

台球从不同角度进行分类。

a. 按有无袋口分:落袋台球、开伦台球。

b. 按国度分:法式台球、英式台球、美式台球、中式斯诺克台球。

c. 按规则及打法分:斯诺克台球、8 球、9 球、14-1 台球、15 球积分、3 球开伦、4 球开伦。

台球运动以斯诺克台球和 9 球台球传播较广,目前酒店台球室主要以这两种球台为主。

③壁球。壁球是一项对墙击球的室内运动,不受季节、天气的限制,是一项全天候的运动。壁球是 1830 年前后,哈罗公学的学生发明的,因球在猛烈触及墙壁时发出类似英文"SQUASH"的声音而得名。1864 年,第一块专用打壁球的场地在哈罗修建,这也成了该运动正式创立的标志。壁球的场地小,球速快,球路变幻莫测,因此要求运动者的反应和动作要敏捷。壁球场是一个封闭的室内长方形空间,长 9.75 米,宽 6.40 米,前墙高 4.57 米,后墙高 2.13 米,净空高度应不低于 5.60 米;分前后场,后场又分成左右两个半场。正是如此的场地要求,因此壁球运动适合设置在酒店里。

④乒乓球。乒乓球是一项集力量、速度、柔韧、灵敏和耐力于一体的球类运动,同时又是技术和战术完美结合的典型,老少皆宜,对身体素质的要求不高,适应人群比较广。乒乓球是中华人民共和国国球,起源于英国。乒乓球之名起源于 1900 年,因其打击时发出"ping pang"的声音而得名。长期的乒乓球运动不仅可使上下肢和腰背肌肉发达健壮,关节更加灵活、稳固,相应也提高了人体的速度素质、力量素质以及身体的灵活性和协调性,使人体更健壮,更充满活力。

⑤网球。网球是一项隔着球网、用球拍击打橡胶制空心球的运动。现代网球运动一般包括室内网球和室外网球两种形式。古代网球运动最早可以追溯到古希腊时期,是一种"掌上游戏",13 世纪传入法国宫廷,成为宫廷游戏。1873 年,英国将这项古老的宫廷游戏搬到室外,运动场地也由室外草坪代替了室内地板,从此产生了现代网球运动。网球运动适应面较广,其运动量大小可随活动者的情况调节,男女老少皆宜。活动中具有竞争性,能提高运动者的活动兴趣以及反应能力,增强灵敏度和身体的协调能力。一般酒店康乐部设置的网球场大部分选用涂塑体面,其成本不高,也无须花费很多时间维护保养,因此,这种类型的场地越来越多地被酒店康乐部的网球场所选用。

⑥高尔夫球。高尔夫运动是在草地上以杆击球入穴的球类运动,是一项经典、古老的贵族运动,将运动、自然风光、礼仪风范、服饰时尚等诸多因素合为一体,为人们的生活提供了一种别具一格的康乐休闲方式。高尔夫运动起源于 15 世纪或更早的苏格兰,17 世纪由欧洲人带入美洲,在 19 世纪 20 年代传入亚洲。近年来,高尔夫运动得到了迅速发展。

高尔夫运动过程并不十分激烈,除挥杆用力外,最大的运动量是随着高尔夫球在风景优美的各种地形中漫步。同时,在运动过程中,特别适合球员进行交流,兼有运动和交际活动的双重作用。其主要形式有标准高尔夫球、微型高尔夫球和室内模拟高尔夫球。

a. 标准高尔夫球。标准高尔夫球也称乡村高尔夫球,是一项古典的不太激烈的贵族运动。这项运动就是运动者在有一定要求的高尔夫球场使用不同的球杆按一定规则将球击入固定的洞中。高尔夫(Golf)由绿色(Green)、氧气(Oxygen)、阳光(Light)和步履(Foot)的第一个字母缩写而成,也就是指在明媚的阳光下,脚踏绿色的草地,呼吸着新鲜的空气,在大自然的怀抱里,充分伸展自己的肢体,在每一次挥杆击球中找回自己的信心和勇气,是一项益于身心健康、陶冶情操、高雅的运动。但由于高尔夫球场一般偏离城市中心,技术掌握难度较大,费用较高等,目前我国还只能算作贵族运动。高尔夫球在国外深得工商界巨头、军政要人和皇家贵族喜欢。

b. 微型高尔夫球。微型高尔夫球又称迷你高尔夫球,是目前在欧美流行的休闲运动,与一般高尔夫球近似,只是其球场面积较小,在设有人工草坪的球道上进行。按照国际标准设计的微型高尔夫球场,每个球道上设置各种有趣的障碍,一般设计9个洞、12个洞或18个洞,人们可以使用专用微型高尔夫球的杆和球,沿着球道打球,杆数少者为胜。

c. 室内模拟高尔夫球。室内模拟高尔夫球是在拥有高尔夫球模拟设施的室内进行的高尔夫球运动。模拟设施主要是显示出高尔夫球场的电子屏幕,运动者将球击在屏幕上,电子屏幕会显示出击球的运程和方向,从而达到与室外高尔夫球运动类似的效果。

⑦羽毛球。羽毛球的发展历史已有100多年,最初起源于英国,流行于欧美国家。1948年,国家羽联的会员国有16个,随着"汤姆斯杯"的举办,羽毛球运动开始进入快速发展时期。20世纪初,羽毛球传入我国上海、北京、天津等大城市,20世纪30年代,羽毛球运动已传入民间,活动开展的范围逐渐扩大[1]。羽毛球根据参与人数,可分为单打和双打,对于运动者而言,对体格没有太多的要求,但比较讲究耐力。经常参加羽毛球运动有利于加大肺活量,增强心肺功能,而且容易培养球友之间的感情,适合多个年龄段的人们参加。

3)游泳运动

游泳是游泳者在水上靠自力漂浮,借自身肢体的动作在水中运动前进的一项体育运动项目,具有悠久的历史,是古代人类在同大自然斗争中为了求生而产生的。根据现有史料考证,国内外较一致的看法是产生于居住在江、河、湖、海一带的古代人,他们为了生存,必然要在水中捕捉水鸟和鱼类作食物,通过观察和模仿鱼类、青蛙等动物在水中游动的动作,逐渐学会了游泳。现代游泳产生于英国,1828年英国在利物浦乔治码头建造了第一个室内游泳池。现代游泳逐渐发展,并形成了自由泳、仰泳、蛙泳和蝶泳等,而且成为康乐休闲的重要项目之一。游泳运动对人体健康具有很多益处,如改善心血管系统,冷水的刺激通过热量游泳调节作用与新陈代谢能促进血液循环,增强呼吸系统功能,加大肺活量,使皮肤血管扩张,改善对皮肤血管的供血,长期坚持锻炼能使皮肤的血液循环得到加强。因此,游泳运动被人们所钟爱和重视,受到人们的欢迎。游泳运动基本可以分为室内游泳池

[1]邢瑞峰,缪丽丹.羽毛球运动历史沿革[J].体育科技文献通报,2014,22(6):6-7.

游泳、室外游泳池游泳和户外自然场地游泳三大类。

（3）项目要求

运动健身类项目的开展需要借助一定的设施设备，不同类型运动的设置要求各有不同。同时，此类项目的参与需要运动者有一定的技术技巧，了解该项运动的相关规则。因此，在设置运动健身类康乐项目时，要注重设施设备的配备、保养、维护和更新，以及为顾客提供相关的指导性服务。

1）设施设备

开展运动健身类的康乐项目，需要借助一定的活动场地和设施设备，而首要前提是保证顾客的安全性。因此，场地和相关健身设备需要定期进行检查、保养、维护和更新，同时根据酒店实际情况和酒店的星级等级，追求高规格、高质量、先进的健身设施，这样不仅更好地满足顾客的需求，也降低了设备的故障率，减轻经营维修成本。

2）合理配置活动项目

运动健身类康乐项目主要包括健身器械运动、球类运动和游泳运动三大类，以心肺功能锻炼为目的、以健美塑形为目的、以力量训练为目的。因此，酒店在设置项目时，可以根据酒店的实力和顾客的需要提供相关的配置服务，以更好地满足顾客的康乐需求。

3）提供运动技巧等指导性服务

受顾客见识层面、技术层次差异等多方面的影响，对健身项目和建设设备的认识及熟悉程度也不同，尤其是一些先进的进口健身设备和运动项目，都需要酒店配备相关专业的教练为顾客提供运动技巧等指导性的服务。

3.3.3 娱乐休闲类项目

（1）项目概述

娱乐休闲类康乐项目是指康乐部为顾客提供一定的环境设施和服务由顾客积极主动全身心投入，使其得到精神满足的活动。每个娱乐项目往往由一个以上的人完成。娱乐休闲类康乐活动要求康乐部创造幽雅环境气氛，顾客在良好的环境中，感受娱乐休闲类项目其乐无穷，以得到精神上的超脱感，不仅有利于树立酒店的形象，而且对酒店的长远发展起着举足轻重的作用。

1）满足顾客更高层次的娱乐需求，丰富酒店的康乐产品

随着社会的发展，人们精神生活需求日益多样化，除了基本的需求外，还有提高层次的需求，特别是娱乐的需求。娱乐休闲项目的开发，极大地影响了顾客的兴趣，满足了顾客更多的休闲娱乐需求，使整个酒店的康乐项目更加丰富，形式更加多样。随着酒店业的发展，娱乐休闲类的康乐产品成为酒店长期可持续发展和提高酒店等级的重要条件。

2）改善酒店产品结构，提高酒店竞争力

娱乐休闲类康乐项目作为酒店产品的一部分，是对酒店产品的补充和提高。酒店产品结构的改善，大大增强了酒店的吸引力，提高酒店的竞争力。

3）提高酒店的经济效益，有助于减轻季节性给酒店造成的冲击

娱乐休闲类项目主要是满足顾客除了住宿、餐饮之外的消费需求，具有很高的娱乐性，对当地的居民也有一定吸引力，尤其是旅游淡季，吸引当地居民参与其中可以创造经营效益，平衡收支。

4）促进酒店形象的改善和提高

娱乐休闲类项目的引进在一段时间内具有一定的新颖性，其宣传和影响可以促进外界对酒店的了解，从而改善和提高酒店形象。

5）丰富当地的文化娱乐生活

当地居民参与娱乐休闲活动，使娱乐休闲成为当地居民生活的一部分，还可以提高当地居民的素质和生活水平，丰富当地居民的文化和娱乐生活，使酒店娱乐活动成为社区文化的组成部分。

（2）项目分类

娱乐休闲类康乐活动的范围较广，能使顾客通过参与一定形式或自助娱乐形式的文娱活动，从而满足其商务、休闲、娱乐、消遣、愉悦的多重需求的活动都属于娱乐休闲类的康乐活动，一般主要包括歌舞类康乐活动、文艺演出类活动和游戏类活动项目三大类型。歌舞类项目是顾客在具有音响、舞台等条件的音乐气氛中，借助一定的音乐效果唱歌或跳舞，从而放松精神，寻找回自我的娱乐项目。文艺演出类项目是所有娱乐项目中独特的项目，顾客通过画面和文字或参与得到精神享受和获取知识，有影厅剧场、文艺晚会等，目前受顾客欢迎的文艺节目被安排在舞厅、歌厅、酒吧、咖啡厅、歌舞厅、茶座等处。游戏类项目是顾客借助一定的环境，专门的游戏设备和用具，运用智力和技巧进行比赛或游戏而得到精神享受的娱乐项目，具体分类如图3.1所示。

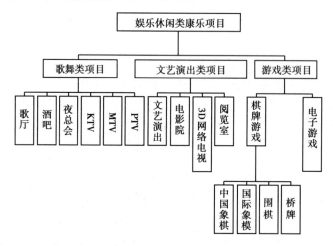

图3.1　娱乐休闲类康乐项目分类图

（3）项目要求

我国目前对娱乐休闲类项目管理较为严格，酒店在设置这类娱乐休闲类项目时，应向文化行政管理部门、县（区）级以上公安机关、工商行政管理局、消防、环保等部门严格审

批,并申请《文化经营许可证》《安全合格证》《营业执照》,获得批准后方可设置和经营。娱乐休闲类康乐项目的服务要求由其基本性质和特点决定,康乐部应根据其特有的服务需求,设置、策划、组织、落实对顾客的接待服务工作。

1)塑造优雅的环境氛围

娱乐休闲类康乐项目活动的场所应高雅、洁净,具有一定的文化品位。因此,在设置这类康乐项目时,要注重舞厅、酒吧、咖啡室、音乐台等娱乐休憩场所,形成舒适、高雅、具有文化内涵的娱乐环境。

2)注重私密性与舒适性

人们在选择娱乐休闲类康乐项目的某些项目时,不希望受到其他陌生人的打扰,对活动场所的私密性和舒适性提出特别的要求。例如,KTV 包间在设计时要注意包间与包间、包间与主厅的通风管道和供暖管道等都需要进行隔音处理。

3)注意消防设施的布局

娱乐休闲类康乐项目场所具有人员密集、安全隐患多等特点,因此,在消防设施布局和利用上要严格按照消防部门的相关规定执行,避免造成不必要的损伤。

本章问题及讨论

1.分析康乐部的职能,简述酒店设置康乐部的意义。

2.简述康乐部项目设置的原则。

3.康乐项目有哪些基本类型?

第4章 酒店康乐部的服务与规范

【学习目标】

通过本章的学习,了解酒店康乐部的服务标准与规范的制定过程,掌握不同康乐活动的服务程序及标准。

【学习重点】

康乐服务的基本要求,康乐部康体保健、娱乐健身、娱乐休闲、户外康乐等项目的服务标准程序是本章学习的重点。

【主要内容】

1.康乐部项目的服务标准及程序制定

2.不同类型康乐项目的服务程序

3.康乐部服务人员的行为规范

康乐服务是服务工作的一部分,它是指康乐企业向消费者提供服务产品的过程。这些服务产品包括有形产品和无形产品。有形产品包括环境、设施、项目;无形产品包括劳务和时间过程。康乐服务是通过一定的形式表现出来的,在很多方面只有形式和过程而没有实物,这种形式就是劳务。本书中的服务是指劳务。

康乐服务的本质是人际服务,服务的提供者应通过服务使客人得到身心上的满足。康乐服务能否达到预期效果,有赖于服务提供者的服务意识和服务技能。

4.1 康乐部项目的服务标准

4.1.1 康乐服务标准制定的依据

（1）消费者的需求

服务的对象是客人,服务的目的是满足客人的消费需求。因此,一切规章制度都要针对客人的需求制定。

（2）行业特点

康乐服务与商业、餐饮业服务有所不同，它不是直接提供物质销售服务，而是在一定物质条件上提供身体和精神服务，客人通过康乐活动消除紧张和疲劳，达到愉悦身心的目的。因此，康乐服务的有关规定应根据康乐服务的行业标准及特殊性进行制定。

（3）企业的特点

康乐服务标准还应根据康乐企业的特点和档次而定。现在已有统一的标准划分旅游酒店的档次，对不同档次的酒店服务程序、服务规范和标准有不同的要求。隶属于酒店的康乐服务水平应与酒店的星级标准一致。一些独立经营的康乐企业服务档次则很难用星级进行划分，但其设备档次、客源层次、市场定位各不相同。因此，制订此类企业的服务标准及程序也有所不同。

（4）法律法规及道德规范

康乐服务的标准及程序应在不违反国家法规和社会道德规范的前提下制定。例如，对一般客人、有赌博行为的客人服务时，就应特别注意区分正常服务与违规服务的界限。

4.1.2　康乐服务标准的制定过程

康乐服务标准的制定应由本项目的管理人员或熟悉康乐服务且有一定文字表达能力的员工起草初稿。形成初稿后，由本项目负责人召集一部分有经验的服务员对初稿内容进行讨论和修改，并邀请一部分经常参加康体项目的客人对修改稿提出建议并进行修改。几经修改的服务标准向服务员宣传贯彻执行，再组织服务员和常客对试行规定提出进一步修改意见，最后定稿。经过反复修改的服务标准及程序才更具科学性、合理性和实用性（图4.1）。

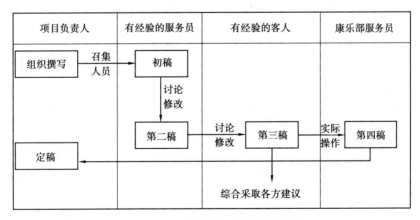

图4.1　康乐服务标准制定流程图

4.1.3 VIP[1] 客人接待服务标准

VIP 客人不仅代表着尊贵,而且代表着对酒店忠诚的消费度,与 VIP 客人获取相互优良的印象值,即酒店高品质的付出与回馈。VIP 客户重视酒店提供的服务品质,对时间概念、着装仪表、接待礼仪、私密性、细节追求等方面都有较高的要求。单独对于酒店营销而言,其实每一位客户都是 VIP,每一位客户都应该被给予高度重视,这是指酒店对待客户的态度。酒店应通过制定相应的规程制度,规范接待与服务 VIP 的各项工作,确保接待与服务正常进行。下面,以桑拿项目 VIP 服务为例。

(1)服务特性

服务人员能够察言观色、反应快捷、热情大方,对客人进行全面指导。

(2)服务流程

①主管级以上人员提前在 VIP 客人到来前 10 分钟做好接待 VIP 客人的安排。

②接到通知后,相关岗位人员提前 5 分钟在电梯出口迎接 VIP 客人。

③接待台负责先将 VIP 客人所需使用的更衣柜钥匙派发到更衣室。

④VIP 客人到来之前,主管级以上人员必须对所有的安排进行检查以确保接待正常进行。

⑤更衣室服务员迎接 VIP 到来后立即为其开柜,提供毛巾、拖鞋并在客人允许的情况下帮客人挂好衣服。

⑥VIP 客人换好衣服后由专人引领到相关的区域并进行服务工作。

⑦在服务过程中,应主动、及时地为客人添加饮品,并询问有没有其他需要,如有应及时满足客人。

⑧VIP 客人使用完设施后,立即通知更衣室准备。

⑨VIP 客人准备离开时,应感谢客人使用我们的设施,并征询客人的意见。

⑩VIP 客人离开时,必须由专人引领到电梯间,按好电梯恭送客人离开,并欢迎客人下次再光临。

4.2 康乐部项目的服务程序

4.2.1 康体保健类项目

在本书中,康体保健类项目只探讨被动式保健项目,根据项目形式分为洗浴、按摩、美容美发,并制定了 3 种项目形式的服务程序。

---

[1]VIP 是 Very Important Person 首字母的缩写,指非常重要的客人。

（1）洗浴

洗浴分为桑拿浴、矿泥浴、光波浴、花草浴及药浴。以桑拿浴为例，介绍洗浴项目的服务程序（图4.2）。

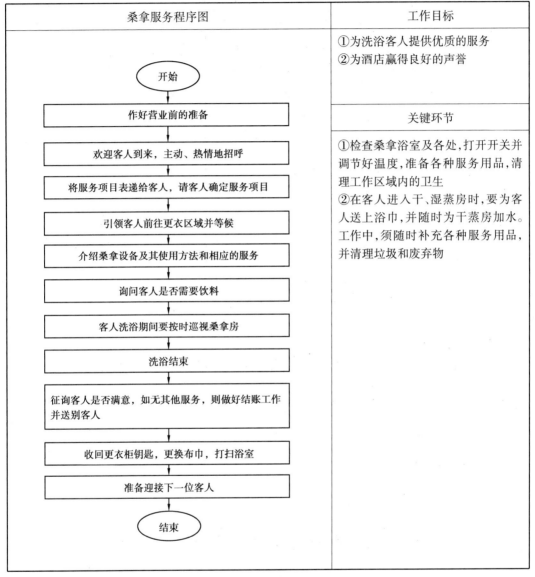

桑拿服务程序图	工作目标
	①为洗浴客人提供优质的服务 ②为酒店赢得良好的声誉
开始 ↓ 作好营业前的准备 ↓ 欢迎客人到来，主动、热情地招呼 ↓ 将服务项目表递给客人，请客人确定服务项目 ↓ 引领客人前往更衣区域并等候 ↓ 介绍桑拿设备及其使用方法和相应的服务 ↓ 询问客人是否需要饮料 ↓ 客人洗浴期间要按时巡视桑拿房 ↓ 洗浴结束 ↓ 征询客人是否满意，如无其他服务，则做好结账工作并送别客人 ↓ 收回更衣柜钥匙，更换布巾，打扫浴室 ↓ 准备迎接下一位客人 ↓ 结束	关键环节 ①检查桑拿浴室及各处，打开开关并调节好温度，准备各种服务用品，清理工作区域内的卫生 ②在客人进入干、湿蒸房时，要为客人送上浴巾，并随时为干蒸房加水。工作中，须随时补充各种服务用品，并清理垃圾和废弃物

图4.2 桑拿服务程序图

（2）按摩

按摩是通过专业按摩人员的手法或特定的器械设备，作用于人体体表的特定部位，以调节肌体的生理状况，从而消除疲劳、恢复体力、振奋精神，甚至达到一定治疗效果的参与式康体保健项目。因此，严格的按摩服务程序和专业的服务人员是提升顾客体验的重要基础。本部分主要以人工按摩服务为例介绍按摩服务程序（图4.3）。

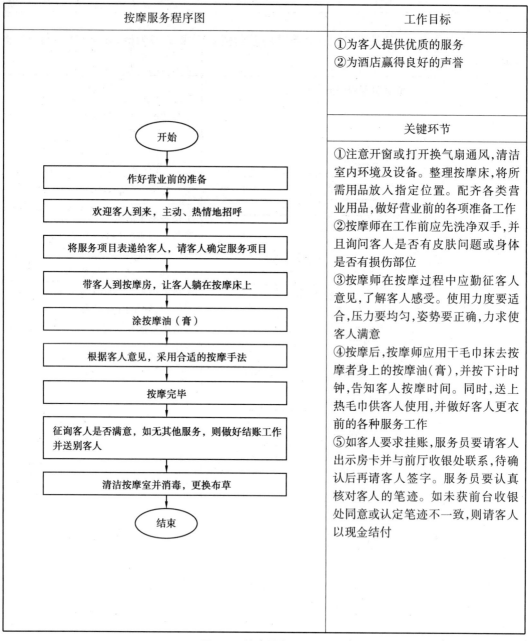

按摩服务程序图	工作目标
	①为客人提供优质的服务 ②为酒店赢得良好的声誉
	关键环节
开始 作好营业前的准备 欢迎客人到来，主动、热情地招呼 将服务项目表递给客人，请客人确定服务项目 带客人到按摩房，让客人躺在按摩床上 涂按摩油（膏） 根据客人意见，采用合适的按摩手法 按摩完毕 征询客人是否满意，如无其他服务，则做好结账工作并送别客人 清洁按摩室并消毒，更换布草 结束	①注意开窗或打开换气扇通风，清洁室内环境及设备。整理按摩床，将所需用品放入指定位置。配齐各类营业用品，做好营业前的各项准备工作 ②按摩师在工作前应先洗净双手，并且询问客人是否有皮肤问题或身体是否有损伤部位 ③按摩师在按摩过程中应勤征客人意见，了解客人感受。使用力度要适合，压力要均匀，姿势要正确，力求使客人满意 ④按摩后，按摩师应用干毛巾抹去按摩者身上的按摩油(膏)，并按下计时钟，告知客人按摩时间。同时，送上热毛巾供客人使用，并做好客人更衣前的各种服务工作 ⑤如客人要求挂账，服务员要请客人出示房卡并与前厅收银处联系，待确认后再请客人签字。服务员要认真核对客人的笔迹。如未获前台收银处同意或认定笔迹不一致，则请客人以现金结付

图 4.3　按摩服务程序图

（3）美容美发

　　随着社会的发展，人们生活水平的提高，美容美发逐渐成为人们在工作之余消除疲劳、愉悦身心的方式之一，尤其是年轻白领女性在繁忙工作之余的美容美发需求已成为一种生活新常态。美容美发逐渐被度假型和商务型酒店的顾客青睐，舒适的环境、专业的服务已成为酒店高质量服务中不可或缺的一部分。本部分以美容为例介绍美容美发服务程序(图 4.4)。

美容服务程序图	工作目标
	①为客人提供优质的服务 ②为酒店赢得良好的声誉
	关键环节
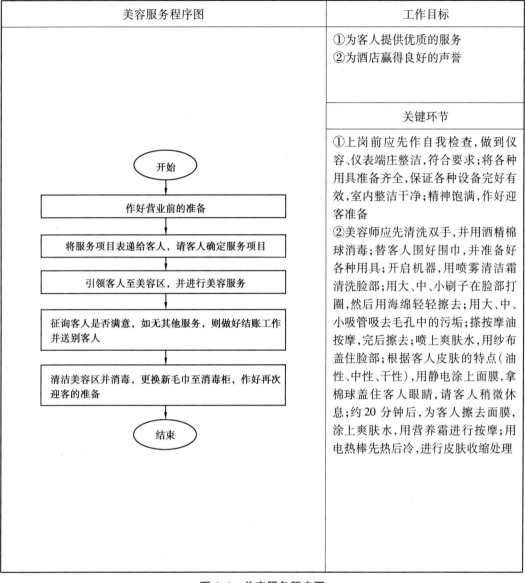	①上岗前应先作自我检查,做到仪容、仪表端庄整洁,符合要求;将各种用具准备齐全,保证各种设备完好有效,室内整洁干净;精神饱满,作好迎客准备 ②美容师应先清洗双手,并用酒精棉球消毒;替客人围好围巾,并准备好各种用具;开启机器,用喷雾清洁霜清洗脸部;用大、中、小刷子在脸部打圈,然后用海绵轻轻擦去;用大、中、小吸管吸去毛孔中的污垢;搽按摩油按摩,完后擦去;喷上爽肤水,用纱布盖住脸部;根据客人皮肤的特点(油性、中性、干性),用静电涂上面膜,拿棉球盖住客人眼睛,请客人稍微休息;约20分钟后,为客人擦去面膜,涂上爽肤水,用营养霜进行按摩;用电热棒先热后冷,进行皮肤收缩处理

图4.4 美容服务程序图

4.2.2 运动健身类项目

运动健身类项目主要包括健身器械运动、球类运动和游泳项目三大类,针对相应的项目类别,本书提供了相应的服务程序。

(1)健身器械运动

健身器械运动主要包括心肺功能训练项目和力量训练项目,两种健身项目均可在健身房完成,因此,健身器械运动服务程序以健身房为例进行介绍(图4.5)。

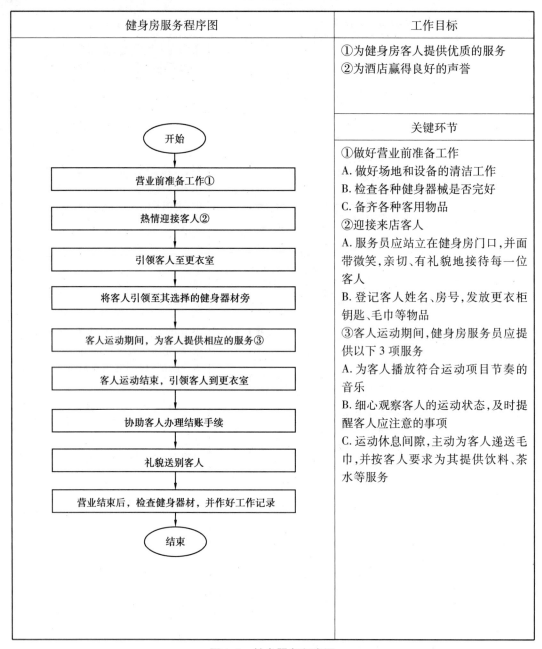

健身房服务程序图	工作目标
	①为健身房客人提供优质的服务 ②为酒店赢得良好的声誉
	关键环节

开始

营业前准备工作①

热情迎接客人②

引领客人至更衣室

将客人引领至其选择的健身器材旁

客人运动期间，为客人提供相应的服务③

客人运动结束，引领客人到更衣室

协助客人办理结账手续

礼貌送别客人

营业结束后，检查健身器材，并作好工作记录

结束

①做好营业前准备工作
A. 做好场地和设备的清洁工作
B. 检查各种健身器械是否完好
C. 备齐各种客用物品
②迎接来店客人
A. 服务员应站立在健身房门口，并面带微笑，亲切、有礼貌地接待每一位客人
B. 登记客人姓名、房号，发放更衣柜钥匙、毛巾等物品
③客人运动期间，健身房服务员应提供以下3项服务
A. 为客人播放符合运动项目节奏的音乐
B. 细心观察客人的运动状态，及时提醒客人应注意的事项
C. 运动休息间隙，主动为客人递送毛巾，并按客人要求为其提供饮料、茶水等服务

图4.5 健身服务程序图

（2）球类运动

球类运动的运动量较大，技术性、技巧性较强，并具有一定规则，提供此类项目服务的工作人员需要具备一定的专业基础知识，能为客人提供周到、及时的服务和建议，提升酒店的整体形象和服务质量。球类运动包括保龄球、台球、高尔夫球等多种运动，本部分以保龄球、台球和高尔夫球为例介绍球类运动的服务程序（图4.6—图4.8）。

1) 保龄球服务程序

保龄球服务程序图	工作目标
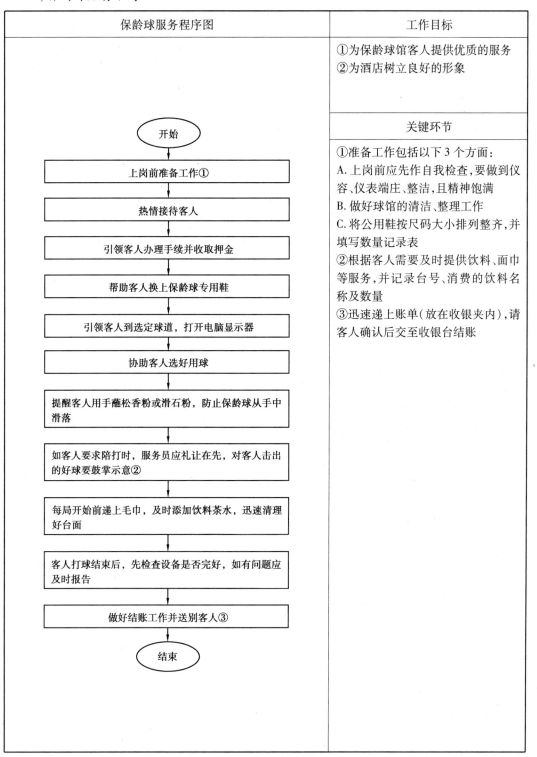	①为保龄球馆客人提供优质的服务 ②为酒店树立良好的形象
	关键环节
	①准备工作包括以下3个方面： A. 上岗前应先作自我检查，要做到仪容、仪表端庄、整洁，且精神饱满 B. 做好球馆的清洁、整理工作 C. 将公用鞋按尺码大小排列整齐，并填写数量记录表 ②根据客人需要及时提供饮料、面巾等服务，并记录台号、消费的饮料名称及数量 ③迅速递上账单(放在收银夹内)，请客人确认后交至收银台结账

图4.6　保龄球服务程序图

2) 台球服务程序

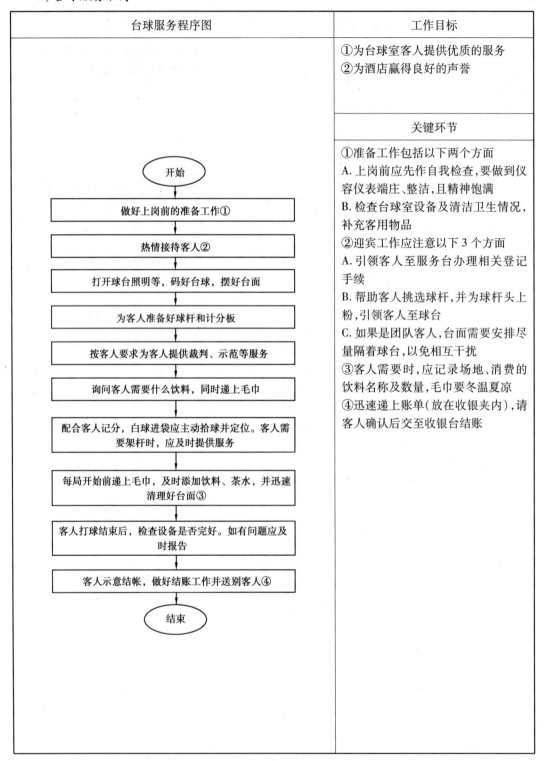

台球服务程序图	工作目标
	①为台球室客人提供优质的服务 ②为酒店赢得良好的声誉
	关键环节
	①准备工作包括以下两个方面 A.上岗前应先作自我检查,要做到仪容仪表端庄、整洁,且精神饱满 B.检查台球室设备及清洁卫生情况,补充客用物品 ②迎宾工作应注意以下3个方面 A.引领客人至服务台办理相关登记手续 B.帮助客人挑选球杆,并为球杆头上粉,引领客人至球台 C.如果是团队客人,台面需要安排尽量隔着球台,以免相互干扰 ③客人需要时,应记录场地、消费的饮料名称及数量,毛巾要冬温夏凉 ④迅速递上账单(放在收银夹内),请客人确认后交至收银台结账

开始

做好上岗前的准备工作①

热情接待客人②

打开球台照明等,码好台球,摆好台面

为客人准备好球杆和计分板

按客人要求为客人提供裁判、示范等服务

询问客人需要什么饮料,同时递上毛巾

配合客人记分,白球进袋应主动拾球并定位。客人需要架杆时,应及时提供服务

每局开始前递上毛巾,及时添加饮料、茶水,并迅速清理好台面③

客人打球结束后,检查设备是否完好。如有问题应及时报告

客人示意结帐,做好结账工作并送别客人④

结束

图4.7 台球服务程序图

3) 高尔夫服务程序

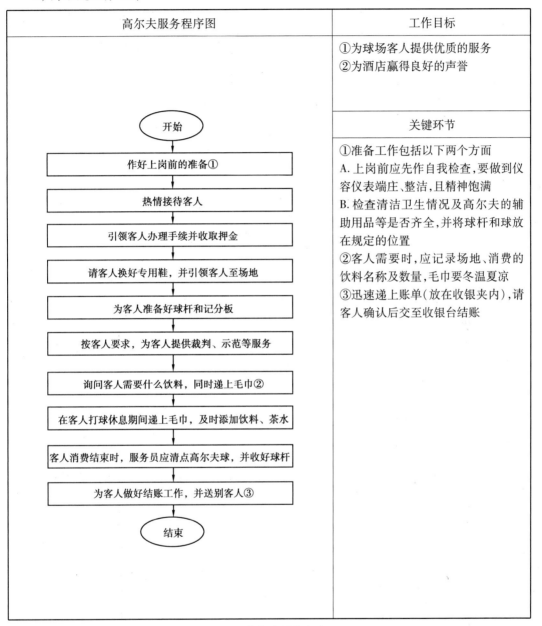

高尔夫服务程序图	工作目标
	①为球场客人提供优质的服务 ②为酒店赢得良好的声誉

	关键环节
开始 作好上岗前的准备① 热情接待客人 引领客人办理手续并收取押金 请客人换好专用鞋，并引领客人至场地 为客人准备好球杆和记分板 按客人要求，为客人提供裁判、示范等服务 询问客人需要什么饮料，同时递上毛巾② 在客人打球休息期间递上毛巾，及时添加饮料、茶水 客人消费结束时，服务员应清点高尔夫球，并收好球杆 为客人做好结账工作，并送别客人③ 结束	①准备工作包括以下两个方面 A.上岗前应先作自我检查，要做到仪容仪表端庄、整洁，且精神饱满 B.检查清洁卫生情况及高尔夫的辅助用品等是否齐全，并将球杆和球放在规定的位置 ②客人需要时，应记录场地、消费的饮料名称及数量，毛巾要冬温夏凉 ③迅速递上账单(放在收银夹内)，请客人确认后交至收银台结账

图4.8 高尔夫服务程序图

（3）游泳

游泳有利于改善心血管系统，促进血液循环，增强呼吸系统功能，加大肺活量，改善对皮肤血管的供血。因此，游泳被人们所钟爱和重视，深受人们的喜爱。游泳可分为室内游泳、室外游泳和自然场地游泳三大类。以游泳馆为例介绍相应的服务程序(图4.9)。

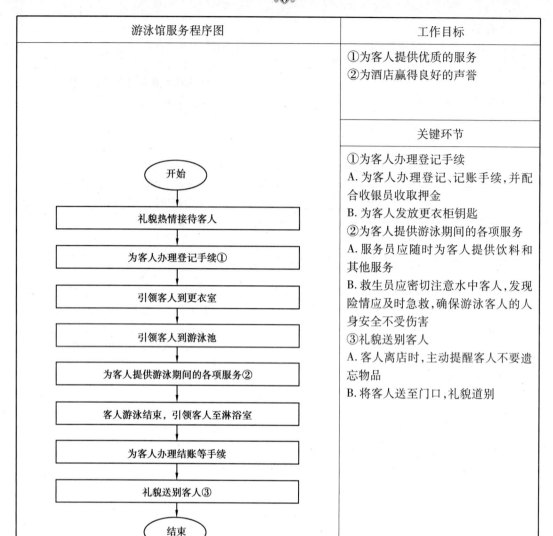

游泳馆服务程序图	工作目标
	①为客人提供优质的服务 ②为酒店赢得良好的声誉
	关键环节
	①为客人办理登记手续 A.为客人办理登记、记账手续,并配合收银员收取押金 B.为客人发放更衣柜钥匙 ②为客人提供游泳期间的各项服务 A.服务员应随时为客人提供饮料和其他服务 B.救生员应密切注意水中客人,发现险情应及时急救,确保游泳客人的人身安全不受伤害 ③礼貌送别客人 A.客人离店时,主动提醒客人不要遗忘物品 B.将客人送至门口,礼貌道别

图4.9　游泳服务程序图

4.2.3　娱乐休闲类项目

娱乐休闲类的康乐活动,主要包括歌舞类康乐活动、文艺演出类活动和游戏类活动三个类型。以歌舞厅和棋牌室为例介绍娱乐休闲项目的服务程序(图4.10、图4.11)。

（1）歌舞类康乐活动

歌舞厅服务程序图	工作目标
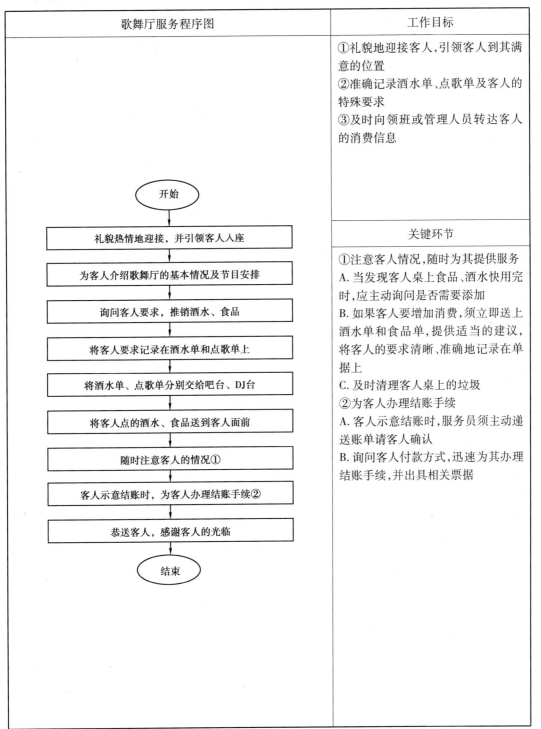	①礼貌地迎接客人,引领客人到其满意的位置 ②准确记录酒水单、点歌单及客人的特殊要求 ③及时向领班或管理人员转达客人的消费信息
	关键环节
	①注意客人情况,随时为其提供服务 A. 当发现客人桌上食品、酒水快用完时,应主动询问是否需要添加 B. 如果客人要增加消费,须立即送上酒水单和食品单,提供适当的建议,将客人的要求清晰、准确地记录在单据上 C. 及时清理客人桌上的垃圾 ②为客人办理结账手续 A. 客人示意结账时,服务员须主动递送账单请客人确认 B. 询问客人付款方式,迅速为其办理结账手续,并出具相关票据

图4.10 歌舞类康乐活动服务程序图

（2）游戏类康乐活动

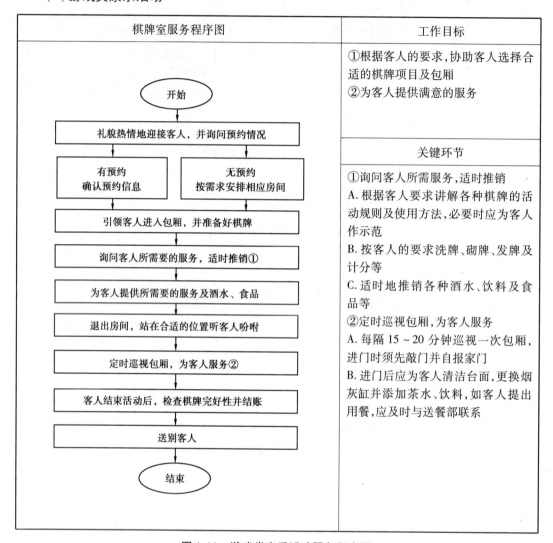

棋牌室服务程序图	工作目标
	①根据客人的要求,协助客人选择合适的棋牌项目及包厢 ②为客人提供满意的服务
开始 ↓ 礼貌热情地迎接客人,并询问预约情况 ↓ 有预约 确认预约信息　　无预约 按需求安排相应房间 ↓ 引领客人进入包厢,并准备好棋牌 ↓ 询问客人所需要的服务,适时推销① ↓ 为客人提供所需要的服务及酒水、食品 ↓ 退出房间,站在合适的位置听客人吩咐 ↓ 定时巡视包厢,为客人服务② ↓ 客人结束活动后,检查棋牌完好性并结账 ↓ 送别客人 ↓ 结束	关键环节
	①询问客人所需服务,适时推销 A.根据客人要求讲解各种棋牌的活动规则及使用方法,必要时应为客人作示范 B.按客人的要求洗牌、砌牌、发牌及计分等 C.适时地推销各种酒水、饮料及食品等 ②定时巡视包厢,为客人服务 A.每隔 15～20 分钟巡视一次包厢,进门时须先敲门并自报家门 B.进门后应为客人清洁台面,更换烟灰缸并添加茶水、饮料,如客人提出用餐,应及时与送餐部联系

图 4.11　游戏类康乐活动服务程序图

4.3　康乐部服务人员的行为规范

　　根据首因印象、晕轮效应及近因效应等心理学理论,客人对一线服务人员的印象将直接影响客人的购买行为或再次购买行为。服务人员在工作场合适宜的礼仪规范和工作艺术是体现服务的具体过程和手段,使无形的服务有形化、规范化、系统化,为酒店客人增强购买体验,促进酒店各部门良好发展,建立适应本酒店的人员行为规范。本书借鉴中国旅游饭店业协会 2007 年发布的《中国饭店行业服务礼仪规范》(试行),对康乐部服务人员的行为规范进行描述。本节规范为康乐部服务人员整体通适性规范,未对具体岗位进行详细的描述。

4.3.1　服务人员的语言规范

（1）基本要求

1）形式标准

①恰到好处，点到为止。服务不是演讲也不是讲课，服务人员在服务时只要清楚、亲切、准确地表达出自己的意思即可，不宜多说话。而我们的目的是要启发顾客多说话，让他们能在这里得到尊重，得到放松，释放自己的心理压力，尽可能地表达自己消费的意愿和对酒店的意见。

②有声服务。没有声音的服务，是缺乏热情的，是冷冰冰的，也是没有魅力的。因此，在服务的过程中，不能只有鞠躬、点头，没有问候，只有手势，没有语言的配合。

③轻声服务。传统服务是吆喝服务，鸣堂叫菜，唱收唱付。现代服务是轻声服务，要为客人保留一片宁静的天地。因此，服务人员不能在远处招呼、应答。要求三轻，即说话轻、走路轻、操作轻。

④清楚服务。一些服务人员往往由于腼腆，或者普通话说得不好，在服务过程中不能对客人提供清楚的服务，造成客人不满。特别是报菜名，顾客经常听得一头雾水，不得不再问。这就妨碍了主客之间的沟通，耽误了正常的工作。因此，必须在服务语言的规范化上要求清楚服务。

⑤普通话服务。一个品牌企业在服务语言上，应该做到普通话服务。即使是地方风味和风格突出的餐厅，要采用方言服务才能显现出个性，也不能妨碍正常交流。这类餐厅的服务员也应该会讲普通话，或者要求领班以上的管理人员会讲普通话。

2）程序标准

①宾客来店有欢迎声。

②宾客离店有道别声。

③客人帮忙或表扬时，有致谢声。

④客人欠安或遇见客人时，有问候声。

⑤服务不周有道歉声。

⑥客人呼唤时，有回应声。

（2）服务用语规范

①看到客人示意或发现客人提问，首先应有表示。例如，"是的，先生/女士。请问有什么可以帮您？先生/女士，请稍等，我马上就来。"

②在开始谈话前，必须快步靠近客人，在正面、侧面停步，间距不少于50厘米，不大于100厘米，上身前倾有度，双目正视对方两眼，做聆听状。

③凡需要应诺时，必须微笑点头，语言明确简练。例如，"是的，先生。""行，可以，好。"

④凡不知道的事情禁止摇头，切不可用"不知道""不会""不懂"，应坦诚地说："很抱歉，我无法回答您的问题，不过我可以帮您代问一下。"

⑤需要否定时，禁止摇头。尽量少用否定，如"不行，不可以"，而应含蓄地说："不好意

思,这个不太符合我们公司的规定",或报以微笑,不做任何回答。

⑥凡面对批评、指责,必须保持镇静,任何情况下都不允许与客人争吵。酌情运用沉默、回避、转移注意力等对方处理。

⑦面对暴怒的客人,首先要使其安静下来。最好的办法是请他坐下来,然后告诉他一定转告负责人,任何时候不许火上浇油,可敬奉一杯茶、一杯饮料,增进与其的沟通,创造信任的气氛。

⑧凡客人表示赞扬时,必须有所反应,不许说"我不行""这算什么"等自负言语,也不许流露出得意的表情,而应该这样说,"您过奖了""您这是对我的鼓励""承蒙夸奖,谢谢您""不用谢,这是我应该做的"等。客人误解致歉:"没关系,不用介意。"

4.3.2 服务人员的行为规范

①上、下班必须打计时卡,不得代他人打卡或委托他人打卡,不迟到,不早退。

②咨询台电话只有前台人员、楼面部长级以上管理人员可以接、拨,私人电话除外。

③上班时不得无故离开工作岗位,有公事离岗必须得到部长同意后方可离岗,不得随意串岗,擅自离岗。

④请病假、事假必须提前一天向部门请假,否则作旷工处理。

⑤当班时不许做与工作无关的事(洗头、洗衣物、看书报及杂志等),如有特殊情况,必须报经理、主管批准方可。

⑥当班时不得大声喧哗、追打、聊天、说笑。

⑦不得使用客用设施(客用洗手间、客用电梯、客用休息厅、杯具、电视、音箱、桌球等)。

⑧当班时不许打私人电话。

⑨上、下班必须行走员工通道,下班后不得在酒店逗留,离开酒店时需接受保安员检查。

⑩做好交接班工作,互相帮助,团结友爱,以礼相待。

⑪面对客人的岗位必须微笑服务,"请"字当头,"谢"字不离口。

⑫拾到客人遗留物品,一律上交。

⑬不得利用工作之便假公济私,谋取私利,非法套汇。

⑭上班前不得吃有异味的食品(韭菜、臭豆腐、蒜等),不得抽烟。

⑮上班不能吃零食、嚼口香糖等。

⑯不得顶撞上司,谩骂同事,与客人吵架、打架。

⑰不得无故拖延上司分配的工作。

⑱在酒店内不得进行聚众赌博、吸毒等违法行为。

⑲不得泄露酒店机密和营业状况。

延伸阅读

某高星级酒店康乐部为健身设施制订了详细标准,从软件和硬件双重方面制订了详细标准要求,以便为客人提供至极满意的康乐服务(表4.1)。

表4.1 某酒店康乐部健身房服务标准一览表

健身服务标准	总 分		
	符合	不符合	不适用
1 员工是否装扮得体,制服穿戴是否干净、整齐且佩戴工作牌?			
2 员工是否吐词清晰,节奏平稳,有没有使用行话/俚语? 英文是否通俗易懂?			
3 员工是否以自然大方、礼貌友善且饶有兴趣的态度与客人打交道?			
4 员工是否在使用客人姓名时自然、谨慎且不过度使用?			
5 员工是否充满自信并具有丰富的知识提供服务?			
6 服务是否具有预见性/直观性且当客人提出要求时,能迎合或变通以满足客人的需求(如客人应任何时候都无须提出要求)?			
7 员工是否将互动个性化(如参与礼貌交谈),并将客人视为独立个体?			
8 员工是否主动倾听客人讲话,保持眼神交流并全神贯注(如客人无须重复讲话)?			
9 员工是否保持警觉的态度? 员工互动时是否照顾到在场的客人?			
10 员工是否在适当时以自制和将心比心的态度在沟通困难的情况下提出合适的替代/解决方案?			
11 员工与客人告别时是否热情而真诚?			
健身房			
12 健身房装饰是否令人耳目一新且符合高水准要求(如建筑是否具有现代高端气息)?			
13 健身房是否空气清新且室温舒适?			
14 墙壁、吊顶和地板是否洁净且维护良好?			
15 玻璃窗/镜子是否洁净且无污迹?			
16 是否提供了充足的照明?			
17 健身房是否布局合理且提供一系列高级锻炼器材[至少5台跑步机、5台拉力器(能组合成一套综合训练器)以及一系列负重器械]且所有该等器材均能正常使用?			
18 每个跑步机是否都配有电视显示屏? 是否都正常工作?			
19 是否提供免费耳机且该耳机洁净并能正常使用?			
20 是否提供一系列精选阅读材料(如时尚杂志/报纸)?			
21 是否提供干净的汗巾、饮水机或瓶装水?			
22 挂钟是否清晰可见?			

续表

健身服务标准	总　分		
	符合	不符合	不适用
23　是否提供盛有新鲜水果的果盘？			
游泳池/海滩			
24　泳池是否干净,适度加热并维护良好(如瓷砖、照明设施等)？			
25　是否有深度标志？			
26　水池周围是否干净且无任何碎屑？			
27　是否提供数量足够的躺椅、小桌和太阳伞且洁净并能正常使用？			
28　是否提供毛巾？			
29　在泳池/沙滩区域是否提供独立淋浴？			
30　若为室外泳池,是否提供躺椅、毛巾和免费饮用水？			
31　度假酒店的户外泳池是否提供免费服务(如清洗墨镜、冰爽果汁、防晒液等)？			
32　度假酒店是否在泳池旁边免费提供最新的生活杂志？			
33　泳池/沙滩区域是否有服务员提供服务？			
网球场/壁球场			
34　网球场是否干净、无杂物、提供场地照明？			
35　网球场场地表面是否维护良好,线条清晰易辨？			
36　网球场的拦网是否能正常使用？			
桑拿房/按摩浴缸			
37　桑拿室外是否张贴醒目的安全说明？			
38　桑拿室内部是否洁净、维护良好且适度加热？			
39　桑拿室是否提供温度计和小型计时器？			
更衣室			
40　更衣室装饰是否清新雅致且符合高水准(如现代高端气息)？			
41　墙壁、吊顶和地板是否洁净且维护良好？			
42　照明设施是否能提供充足照明？			
43　淋浴器、洗手池和马桶是否洁净且工作状况良好？			
44　淋浴间是否备有洗发露、护发素、皂液器？			
45　储物柜是否实用美观、洁净且维护良好？			

续表

健身服务标准	总　分		
	符合	不符合	不适用
46　是否提供洁净、高质量的毛巾、浴袍和拖鞋？			
47　是否提供照明良好和使用方便的修面/化妆镜？			
48　是否提供高质量的吹风机（如至少1 800瓦特）？如有,是否能正常使用？			
49　是否提供一整套便利设施（如至少有润肤露、香体膏、护发产品、剃须刀和剃须膏）？			

本章问题及讨论

1.简述康乐部制定服务标准的依据。

2.论述不同康乐项目的服务程序。

3.简述康乐部服务人员语言规范的基本要求。

第5章 酒店康乐部的经营模式

【学习目标】

通过本章的学习,了解酒店康乐部经营模式的类型,掌握不同经营模式的优势和劣势,熟悉各经营模式的内容。

【学习重点】

传统经营模式、外包经营模式的内容以及优势和劣势,会员制的特点及内容是本章学习的重点。

【主要内容】

1. 经营模式的类型
2. 传统经营模式的优势和劣势
3. 业务外包模式的优势和劣势
4. 会员制模式的特点和内容

我国康乐业始于20世纪80年代,是为了满足国外旅游者需求,丰富国外旅游者旅游活动而出现的。起初仅在高档酒店才设有少量的康乐服务项目,后来才慢慢延伸到中低档酒店以及各种度假村,并逐渐在全社会范围内普及。康乐部刚开始只是一个附属部门,一般隶属于餐饮部、客房部、前厅部等,其经营活动服从上级部门的安排。随着旅游业的发展,人们对度假、康乐的需求急剧增长,对康乐服务的要求不断提高,康乐设施越来越被各酒店作为竞争手段而倍加重视,康乐经营在酒店经营中的地位得到不断提升,康乐项目不断增加,康乐部逐渐成为一个与客房部、餐饮部等部门同等重要甚至高于这些部门的独立部门。

随着社会的进一步发展,关心身心健康、享受美好的生活已经成为21世纪的时尚潮流,康乐活动项目也逐渐向专业化、平民化、个性化方向发展,康乐经营规模不断扩大,服务内容日趋规范,经营模式也日渐丰富多样,康乐机构已经不只是酒店的一个辅设单位。如今,社会已经出现了许多规模大小不等的专业化康乐企业,不仅提供新奇的设施设备、高雅的环境氛围、综合的康乐项目、人性的服务理念,还因人而异地向人们提供康乐指导和咨询,其管理和服务水平已经超越了酒店的康乐部。总之,随着社会经济的发展,康乐经营主体和模式不断丰富,我国康乐业出现了百花争艳的局面。

5.1 按照经营主体划分

康乐部按照经营主体划分,可分为传统自营模式、业务外包模式和独立实体模式。

5.1.1 传统自营模式

传统自营模式是酒店康乐部最为常见的管理模式之一,是指康乐部的各个环节由酒店自身筹建并组织管理,康乐部的人、财、物和所有业务都由酒店统一规划,酒店对其经营拥有完全的自主权。这种模式系统化程度相对较高,有利于酒店开展完善的餐饮、住宿、娱乐、健身等一站式服务,既可满足顾客康体、休闲、娱乐等要求,又能满足酒店对外进行市场拓展的需求。但自营模式要求酒店初期投入巨大的资本,并且康乐部的维持费用较高,这也是大部分酒店康乐经营盈利性差的原因之一。

(1)传统自营模式的优势

①酒店对康乐部的各个经营活动环节有较强的控制力,易于与餐饮、客房等部门以及其他业务环节密切配合,能够根据自身的发展需要统一规划、协调发展,全力服务于酒店的经营管理,确保酒店能够获得长期稳定的利润。

②酒店可以合理地规划管理流程,优化人力资源安排,使康乐部的发展能更加符合酒店的企业战略,提高酒店整体工作效率,提升康乐部的服务水平,减少管理费用。

③康乐部共享酒店资源,可以完全利用酒店现有的客源市场、设施设备、人力智力等资源,可以得到酒店市场部、厨房部、物业部、工程部等部门的支持,减少人力成本、采购成本、库存成本、维护成本等方面的支出。

④反应快速、灵活,自营模式下的康乐部由于整个部门属于酒店内部的一个组成部分,与酒店经营密不可分,以服务于酒店经营为主要目标,酒店可以根据市场变化,更加快速、灵活地制定康乐部的活动项目、定价和服务水平。

(2)传统自营模式的劣势

①一次性投资大,成本较高。虽然自营模式下的康乐部具有自身的优势,但是由于康乐服务涉及康体保健、运动健身、娱乐休闲等多个项目,自营康乐部的一次性投资大,占用资金较多,对于资金有限的酒店来说,建设完善的康乐部是一个很大的负担。

②规模较小的酒店所开展的自营模式康乐部规模有限,专业化程度低。对于规模不大的酒店而言,受其占地面积、资本等因素的限制,采用自营模式建设康乐部不能形成规模效应。一方面,导致酒店整体运营成本过高,市场竞争力下降;另一方面,由于规模有限,康乐部的专业化程度低,难以满足酒店以及市场的需求。

③康乐部服务水平较低,管理难以控制。对于绝大多数的酒店而言,康乐部只是一个辅设机构,康乐服务也并非酒店所擅长的。在这种情况下,自营模式就等于迫使酒店从事不擅长的康乐业务,酒店的管理人员往往需要花费过多的时间、精力和资源从事辅助性的工作,结果是辅助性的工作没有抓起来,酒店的关键性业务也无法发挥其核心作用。

5.1.2　业务外包模式

外包(Outsourcing)英文一词的直译是"外部寻源",也称资源外包、资源外置,是指企业整合其外部最优秀的专业化资源,从而降低成本,提高效率,充分发挥自身核心竞争力,增强企业对环境的迅速应变能力的一种管理模式。企业为了获得比单纯利用内部资源更多的竞争优势,将其非核心业务交由合作企业完成。

业务外包是近几年发展起来的一种新的经营策略,其实质是企业重新定位,重新配置企业的各种资源,将资源集中在最能反映企业相对优势的领域,塑造和发挥企业自己独特、难以被其他企业模仿或替代的核心业务,构筑自己的竞争优势,获得企业持续发展的能力。在信息技术飞速发展和更加开放的市场环境下,中国的酒店行业需要改变思路,在激烈的市场竞争中加强自身的综合实力,以面对接下来的挑战,业务外包模式的引入对酒店行业在未来一段时间的发展将起到至关重要的作用。

（1）酒店康乐部业务外包的原因

1）市场的环境特点是酒店实行外包的根本原因

目前酒店的市场竞争环境有两个显著的特点。

①市场的变异性增强,消费者的需求呈现个性化和多样化的特征。由于社会变革速度加快,旅游产品的生命周期缩短,市场提供的产品层出不穷,从而导致酒店之间竞争加剧,市场竞争焦点由成本竞争转向性能、服务质量乃至新项目开发速度的竞争。在这种急剧变化的市场环境中,创新成为酒店企业保持竞争优势的永恒主题。

②竞争的领域逐渐由综合转向专业。酒店整体建立一种有效的市场困难相当大,不仅需要优秀的产品、卓越的营销手段,还需要构建和控制业务以确保酒店的整体利益。这不是酒店仅凭自己的力量就可以完成的,它要求酒店采取某种管理模式能够整合内部的资源,外包就是其中的一种模式。

2）信息技术的发展为业务外包提供技术支持

信息技术的发展从根本上改变了旅游企业的管理模式,扩张了旅游企业之间的界限。过去由于市场交换中的信息搜寻、沟通、协作分工而付出的成本比较高昂,旅游企业必须把旅游产品的研究与开发、生产、销售等一系列活动集中在自己的内部进行。随着网络技术的兴起,旅游管理信息系统的完善,旅游电子商务的发展,旅游企业跨越时空障碍的合作日益便利,大大降低了旅游企业之间协作的交易费用。酒店可以和其他旅游企业结成动态联盟,把精力和资源集中在自己最擅长的活动上,而把自己不擅长的工作交给合作伙伴完成。以信息网络为依托,酒店把自身的内部优势资源和外部优势资源进行迅速、有效整合,创造出更大的竞争优势。

3）战略管理理论的发展为酒店建立康乐部外包模式提供指导思想

以资源为基础的理论是现代企业战略管理主导理论,该理论认为企业的竞争优势是由其能力决定的。一家公司能力的高低是特殊能力与一般能力的差别。特殊能力也称为核心竞争力,其最重要的特点是竞争对手无法效仿,或难度很大。不可效仿这种特征的战略意义在于核心能力使企业处于竞争优势的地位。一个酒店要想可持续发展,必须发现并创造自己的核心能力。这种由核心能力所产生的竞争优势就是绝对优势。

面对激烈的竞争环境，一个酒店特别是新成立的酒店很难具有全面的资源优势，酒店如果把资源分散到各个部门上，必然会造成资源的浪费，不利于迅速建立自己的竞争优势。而采用业务外包模式，通过加盟、招标等方式，将康乐部业务外包给专业的康乐企业，一方面酒店可以通过集中资源与力量，选择市场需求强盛或者自己专长的领域，并在该领域形成质量优势和规模优势，既充分利用了资源，又有利于建立自己的核心优势；另一方面，外包可以突破酒店内部资源约束，减少建设核心竞争力的时间成本（图5.1）。

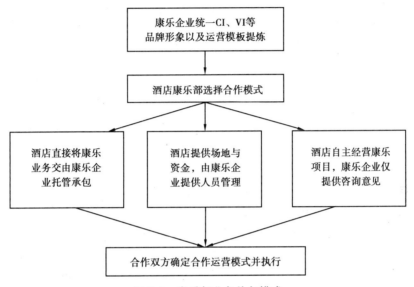

图5.1　康乐部业务外包模式

（2）酒店康乐部业务外包的优势

业务外包作为一种企业实现变革的方式，具有以下优势。

1）业务外包可以实现合作双方的共赢

酒店把非特长的康乐业务交给其他康乐企业运营，利用第三方的技术与团队，实现整体成本的分割，这样能够从很大程度上降低成本，有利于高效管理。康乐企业也可以依托酒店的资源，更高效地开展康乐业务，而且由专业的康乐企业所组建的康乐部更具有市场吸引力，实现与酒店的强强联合，在发展得当的情况下可以起到相辅相成的作用。

2）业务外包使酒店具有更强的应变性

对于实行康乐部外包的酒店来讲，大量康乐部的业务都由合作伙伴来完成，酒店可以精简业务与机构而变得更加精干，中层经理传统上的监督和协调功能被计算机网络所取代，金字塔状的组织结构让位于对信息流有高度应变性的扁平式结构。这种组织结构将随着信息技术的进步和知识经济的发展越来越具有活力。

3）业务外包可以使酒店专注于核心竞争力的发展

康乐部外包目的在于将酒店的非核心业务转移出去，借助外部资源的优势弥补和改善自己的弱势，从而把主要精力放在企业的核心业务上，以巩固和扩张自己的核心竞争力,从而建立自己的优势。外包明显区别于兼并,后者聚焦于市场的外部扩张行动,如通过兼并企业扩展市场规模,而外包有时甚至是规模减缩的过程。这种内部化过程不需要对核心竞争力要素的长期积累,直接把原有的资源应用于巩固、发展核心竞争力,从而迅速建立核心竞争优势。可以说,业务外包是酒店建立竞争力的最有效途径。

4)业务外包可以提高酒店的资源利用率

实施业务外包,酒店将集中资源到核心业务上,而外包康乐企业拥有比本企业更有效、更经济地完成康乐业务的技术和知识。业务外包最大限度地发挥了酒店有限资源的作用,提高了酒店对外部环境的反应能力,强化了组织的柔性和敏捷性,有效增强了企业的竞争优势,提高了企业的竞争水平。

5)业务外包有助于酒店整合外部资源

实行康乐部外包的酒店以信息网络为依托,酒店与外包康乐企业组成依靠电子手段联系的经营实体,相互之间的信息传递、业务往来都主要由信息网络提供技术支持。在酒店整体的协调方面,计算机支持和群体协同工作环境为康乐部外包提供全新的协调管理方式,它综合应用计算机和通信技术、分布式技术、人工接口技术、管理科学和社会科学等理论成果,提供系统服务、基本协同服务和任务协同服务3种基本的协调功能。在酒店决策方面,实行康乐部外包的酒店采用基于双赢环境的群体决策模式,包括充分利用互联网信息服务和客户/服务器模式,利用计算机联网技术建立企业决策支持系统以及利用多智能决策模式等。

6)业务外包可降低酒店风险

有效的外包可以节省资金和降低风险。风险直接转接到康乐企业,酒店可以根据康乐企业的经营状况调整策略,迎合市场需求,规避风险。同时,酒店也可以学习康乐企业的管理经验,弥补自身的不足。

(3)酒店康乐部业务外包的劣势

1)外包服务质量难以管控

康乐部的外包一般是通过加盟与招标方式进行的,通过对服务质量、价格、资信等方面评估最终确定合作方。但是,一旦决定了合作方,实际质量是难以控制的。酒店通常只能控制康乐企业的管理者或代表,基层工作者是较难控制的,服务质量在第一现场难以控制,达不到酒店原来的期望。尽管可以制订相关的合同条款规范康乐企业的经营管理,但是检测康乐服务质量的依据是顾客的满意度。满意度的高低在很大程度上与顾客的心情、行业的约束、康乐公司管理员的素质等因素有关,这需要服务方具有预见性、处理突发事件的应变性及强有力的引导能力,按合同条款实施管理很难满足对不确定因素的处理。遇到需要帮忙的客户,外包单位的服务员往往没有酒店的服务员乐于帮忙,外包单位的员工缺乏酒店员工那样富有"主人翁"的责任心。在一些设备维修上,外包单位往往只保证在其承包期内不出问题就行,缺乏整体计划统筹的维护意识。

2)可能挫伤员工工作热情,导致员工失去敬业精神

业务外包必然会牵涉康乐部员工的利益,如果他们知道自己的工作被外包,员工的工

作热情和职业道德会降低,会失去对公司的信心和工作的原动力,从而导致工作业绩明显下降。劳动者权益可能更加无法得到保障。

3)降低对未来康乐产业发展的了解程度

外包是一种利用另一个组织智力的途径,它可能意味着酒店内部不再拥有这种专长。如果说康乐部外包是因为今天酒店不具有这种能力,也许明天将会以同样的理由必须采用外包。长期将康乐部外包给康乐企业,酒店员工往往会缺乏对康乐业务的了解,缺少实操经验,服务质量难以提升。管理层也难以把握康乐产业的市场趋势,对新技术、新设备、新模式的应用缺乏必要的了解,使酒店康乐部在后期跟不上时代潮流。

4)增加酒店对康乐企业的依赖性

康乐部一旦开始业务外包,就意味着酒店开始依靠康乐企业完成许多本组织内的业务职能。外包企业追求利益至上原则,过分地依赖外包企业会导致酒店在谈判中提高交易成本。更重要的是,在利益的驱动下,康乐企业可能从一个酒店转移到另一个酒店,导致酒店对康乐业务的失控。酒店对业务外包有多种选择,挑选了错误的外包企业可能会导致康乐部经营失败,降低酒店的市场竞争力。

5)外包往往较难体现酒店的形象及文化

一般规模较大的康乐企业都是自己组建员工队伍,统一服饰,从而形成一道靓丽的风景线,并且把本企业各种服务理念都灌输到服务员的日常服务中。如果康乐部外包,服务人员只能穿康乐公司的制服及按合同规定提供服务,体现不了酒店的形象与企业文化。

(4)酒店实施康乐部外包的对策

1)构建全新的经营理念,与当今开放、协调发展的潮流相适应

这就要求主管康乐部外包的酒店领导层要有战略眼光、追求变革的决心和相互信任的胸怀,主要包括以下几个方面。

①树立顾客是经营中心的观念。主动分析市场需求,从用户立场出发,整合酒店的各种资源,为用户提供最理想的解决方案,满足客户个性化、多样化的需要。

②树立"双赢"的企业合作观念。克服传统的"肥水不流外人田"的竞争观念,建立务实的合作观念,与合作伙伴共同营造一种坦诚合作的"虚拟文化",以求共同发展。

③树立"快速反应"竞争理念。现代急剧变化的环境对酒店运行的速度提出了更高的要求。现代酒店成功的关键因素在于能否建立良好的需求信息网络和合作伙伴关系网以及高度柔性的酒店产品市场开发机制,以迅速响应市场需求的变化。

2)重组酒店流程

康乐部外包需要对酒店的经营流程进行重组,确定哪些业务由自己完成,哪些由承包的康乐企业完成,处理好内部流程和外部流程的有效结合问题,把酒店的核心能力和康乐企业的核心能力有效整合起来。重组时,还要充分利用知识经济条件下的信息工具、信息网络,及时了解用户需求,方便快捷地进行企业间的动态合作。

3)培育、提高和保持企业的核心能力

对于实行康乐部外包的酒店企业来讲,不仅要做到现有核心能力和承包的康乐企业

核心能力的整合,更重要的是还要做到如何巩固和提升自己的核心能力。如果酒店忽视了本身核心能力的培养,那么实施外包只是培养潜在的竞争对手,而自己则失去了未来的发展机会。发展核心竞争力应考虑两个方面的问题,即核心技术的发展和作为核心能力重要载体的人才培养与激励问题。

4)实行跨文化的协调与管理

康乐部外包的过程涉及不同企业,甚至不同国家的企业资源整合,常常面临由于文化差异带来的摩擦和冲突。在实施跨文化管理时,应强调以下几个方面:

①强调形成目标一致的团队文化。这种文化是利用双赢的目标来考虑局部利益与整体利益的关系,并在实施过程中通过随时协调、沟通,达到局部利益与整体利益一致。

②建立信任关系。通过充分沟通与相互理解,消除习惯性防卫行为,建立诚实互信的关系,加强各方的合作与协调。

③促进信息化和知识化。信息化是指酒店通过信息网络,了解合作伙伴和其他企业的要求,提高分包的效率。知识化是指通过双向式学习获得知识交流。知识化可以消除因知识层次相差太大产生的交流障碍,也便于在各自的领域中发挥知识结构优势,进行创造性活动。

由于条块分割、信息基础设施落后、信用差等,康乐部实施外包模式在我国酒店业较为困难,但它为我国酒店管理的变革提供了重要的思路,特别是对解除酒店产品生产柔性差、市场需求反应迟钝、贪大求全的弊病有重要参考意义。另外,外包并无固定模式,其经营艺术有待不断尝试与探索。但至少有一种理念是不变的,那就是合理配置有限的资源,运用最强的优势,最大限度地提高企业的竞争力。

5.1.3　独立实体模式

酒店的康乐部门独立对外业务量比较大,有强大的市场影响力,为了便于开展康乐业务,酒店可以将康乐部从酒店机构中独立出来,以新的独资、合资、股份或者成为酒店子公司等形式进行独立经营,如成立新的俱乐部经营康乐业务。与传统自营模式相比,独立实体模式可以说是传统自营模式的扩大版,将酒店原有的康乐部独立成为康乐公司,将康乐经营的风险或不确定性转变成在正常和可预见的环境中经营。而且随着规模的扩大,康乐公司可以提供更完善的设施设备、更丰富的活动项目以及更专业的康乐服务,不被酒店经营活动所限制。独立的康乐公司便于走品牌之路,营造专业、良好的康乐品牌形象,还可以对外输出经营管理模式扩大酒店影响,为其他酒店提供咨询、管理、承包业务。但是相对的,独立实体模式所需的投资更大,经营成本更高,风险也更大,酒店需要在做好可行性分析的前提下,才能决定是否采用这一模式。

5.2　按照经营指标划分

按照经营指标划分,康乐部的经营模式可以划分为无经营指标的经营模式和有经营指标的经营模式。

5.2.1 无经营指标的经营模式

处在起步阶段的康乐部一般会采用这种经营模式,酒店不对康乐部规定硬性指标,无明确的财务指标要求,甚至对是否盈利也无硬性规定。这种模式主要有三个因素:一是酒店刚开始涉入康乐行业,康乐部还处在试营业阶段,对当地的市场需求还未完全了解,价格定位也在摸索中,对经营指标难以确定。二是酒店决策层采用渗透定价法对康乐业务进行定价,即在产品进入市场初期时采取将其价格定在较低水平,尽可能吸引更多的消费者,后期再提升价格的营销策略。这样也导致康乐部前期处在无盈利甚至亏损的状态,酒店也就没必要制订相应的财务指标。三是一些酒店的康乐部附属于餐饮部、客房部等其他部门,主要为酒店顾客提供免费的附加服务。酒店将康乐项目的价格包含在餐饮服务、客房费用中,每个康乐项目不再另外收费。从表面上看,康乐部几乎没有收入,因此也无须定指标。

5.2.2 有经营指标的经营模式

这种经营模式是指由康乐部经理承担硬性经营指标,酒店进行集中管理和控制。酒店总经理在充分调研的基础上,为康乐部制订经营管理目标和经济指标,同时也赋予康乐部经理一定的权利,由其直接担负经营管理责任。这个过程,酒店一般采用内部承包的方式。所谓内部承包,是指企业作为发包方与其内部的生产职能部门、分支机构、职工为实现一定的经济目的,而就特定的生产资料及相关的经营管理权所达成的双方权利义务的约定。酒店作为发包人,为实现一定的经营目标将康乐部发包给承包人(康乐部经理),并根据责权利相统一的原则,签订内部承包合同。内部承包合同实际上是为明确公司与员工权利义务关系而进行的分工,而这种分工并不为法律和行政法规所禁止。

作为承包关系的一种,内部承包与外包经营均体现着一种纵向的经营关系。但是两者又有严格的界限,除表现在合同标的、法律适用等方面外,主要区别还在于合同主体。

首先,两者的发包人不同。内部承包的发包人一般应是酒店或经酒店授权的康乐部,外包经营的发包人是企业的所有者。其次,两者的承包人不同。内部承包的承包人一般应是酒店的内部职工或者酒店以外符合承包条件的公民、合伙组织等,外包经营的承包人只能是实行承包经营的康乐企业本身。最后,两者的诉讼主体不同。企业内部承包与企业承包经营在合同主体上的不一致,决定了这两类案件的诉讼主体也有所区别。内部承包合同的发包人参与诉讼,只能以酒店作为当事人;外包合同的发包人参与诉讼,只能以酒店的所有者作为当事人。

康乐部内部承包的形式和内容有以下两种。

1)不完全承包经营方式

该方式签订的责任书内容包括以下几个方面。

①经营期。

②经营期内部门的毛利指标。

③经营期内的可控费用指标。

④康乐部在完成指标过程中应采取的管理措施及其要求。

⑤企业对康乐部经营毛利考核项目的规定。

⑥完成经营目标的奖励规定。

⑦完不成经营目标的处罚规定。

⑧经营过程中造成其他损失的处罚规定。

⑨关于对康乐部主要负责人的奖励规定。

⑩关于修改责任书的规定。

2）完全承包经营方式

这种方式完全由个人承包经营利润指标，由总经理与承包人签订承包经营合同，其内容包括以下几个方面。

①承包经营的范围和项目。

②承包经营期限。

③承包人应交的利润金额和风险押金金额。

④承包方与发包方各自应承担的责任。

⑤承包合同的变更和终止方式。

5.3　按照顾客与企业关系划分

康乐部按照顾客与企业的关系划分，可分为非会员制管理模式和会员制管理模式。酒店的客户群由外来游客与本地顾客组成，外来游客往往具有一次性消费的特点，本地顾客的消费则具有重复性消费的特点，酒店需要根据客户市场，确定康乐部是否采用会员制的经营模式。

5.3.1　非会员制管理模式

非会员制管理模式的康乐部主要面向住店游客，强调住店顾客消费利益的维护。酒店采用非会员制管理模式经营康乐部的原因主要有三点：第一，康乐部施行会员制需要构建会员系统，提升会员服务，给予会员优惠，强制推行会员制反而会降低康乐部的效益；第二，一些酒店的康乐规模较小，其推出的会员服务难以得到客户的认可，不利于酒店品牌的维护；第三，一般位于热点旅游目的地的酒店面对的外来游客数量远远高于本地顾客，由于外来游客具有一次性消费的特点，其康乐部没有必要建设会员系统。非会员制的康乐部没有固定的会员消费者，为了吸引顾客，只有在康乐项目设置和服务上下功夫，为消费者提供方便和优惠，才能吸引客人并保持较理想的客流量。

5.3.2　会员制管理模式

会员制是现在流行的一种服务管理模式，消费者向酒店康乐部缴纳一定数额的会费或年费后取得会员资格,可以享受一定的价格优惠,其主要目的是维持老顾客,提高顾客的回头率。实行这种会员制的康乐部,可以只为会员服务,也可以扩大为会员以外的客人提供服务,只是在服务项目和价格上仅对会员进行优惠。

在康乐部经营初期,通过对本地顾客采取购买储值卡、折扣卡的方式发展会员,这些卡也是会员的身份象征。根据康乐部的经营方针,对会员的资格进行一定的审查,通过预付款、划卡消费、积分优惠等方式降低销售成本,快速回笼资金。这一措施能在康乐部营业初期带来较高的销售额和利润回报,并能较快地产生稳定的顾客群。进入正常经营后,康乐部就要对会员资源进行进一步维护,关注顾客的消费情况,分析顾客群的消费频率和偏好,适时调整经营项目和策略,注重会员深层次的需求,为会员创造文化活动氛围,体现一种团结、合作、熟悉、舒适的气氛,吸引新的会员加入。

总体来说,康乐部施行会员制具有较高的要求,包括以下几个方面。

①会员为康乐部服务项目的经常使用者和大量使用者。

②为会员提供更加舒适、良好的康乐环境与设施设备。

③给予会员更多明显的利益。

④为会员提供特殊服务待遇,让会员感受到宾至如归。

⑤让会员充分享受康乐部的休闲娱乐设备。

⑥康乐部的某些服务项目只为会员提供。

⑦拥有会员标记(如会员卡、徽章等)。

⑧简化会员购买产品和享受服务的手续等。

成功的会员制能够提供良好的康乐服务,为会员提供高层次文化消费,提高顾客对企业的忠诚度,让会员树立更多信心,感到集体力量的强大。

(1)会员制模式的特点

1)会员消费层次高

取得会员资格的顾客都进行过登记、资格审查,并交纳较高的会费,都是有一定经济能力的社会高端人士。他们消费水平高,对康乐部的服务质量要求也高。因此,康乐部经营者应根据客人不同的要求提供优质、个性化服务。

2)会员服务项目独特

康乐部施行会员制必须能给客人优越感,会员不仅可以享受会员价格,还可以享受一些特殊待遇,包括专门的服务人员、先进的服务设施、舒适的接待环境以及独特的康乐活动,这些待遇非会员无法享受。

3)客源相对稳定

一般的会员资格期限至少是一年,一些知名的康乐中心、俱乐部还有终身会员。会员在其期限内,或在其储值卡还未消费完前,都将是康乐部的固定客源,而且客源品质较高,可以为企业带来很好的经济效益。

4)会员制度严密合理

会员制作为一种机制,必须要有相应的书面会员制度,包括入会条件、手续、会员资格、会员义务和会员权利等,而且会员制度必须通过康乐部与会员双方认可。

5)为会员提供综合性服务

会员制能让客人有一种归属感,让会员享受会员制的各种综合服务项目。例如,能为会员提供的服务和设施有理疗按摩、高级健身房、药物桑拿、美容、娱乐室、运动中心等。

（2）会员制的内容

会员制的内容是指实行会员制的康乐企业或酒店康乐部对那些想成为会员的消费者关于会员条件、资格、权利、义务、入会手续等方面的规定,这里分别作简单介绍。

1)会员条件

①入会会员年龄、身份、健身状况等,如年满 18 岁的公民方可申请入会。

②会员需支付一定费用,一旦被批准为会员,就应支付一定的入会费和年会费,如某温泉康乐中心的入会费为 8 000 元/人,年会费为 700 元/人。

③遵守俱乐部各项规章制度,如使用俱乐部设施出示会员证等规定。

2)会员的权利与义务

会员权利包括会员在康乐部所拥有的资格、享有的各项权利。

①会员有权使用俱乐部提供的所有设施。

②具有使用各种设施的优先权。

③会员免费享受某些服务项目,如洗浴和游泳、打高尔夫球免场地费。

④会员可以以优惠价格享受某些服务项目,如打球和租用打球用品、其他娱乐消费及用餐。

⑤会员有权参加俱乐部组织的比赛、参观、交流、联谊等活动。

⑥俱乐部定期为会员提供特殊服务项目,如赠送纪念礼品等。

会员的义务包括应了解的规定、应履行的手续。

①会员不具有对康乐部设施设备的所有权,但可以享用康乐部章程规定的各种设施。

②康乐部有权随时调整入会费和年会费。

③个人会员资格仅属于会员本人,不包括其亲友。

④一旦被批准为会员,应立即支付会费和年会费。

⑤享受康乐部的服务需出示会员卡。

⑥法人会员资格属法人和法人所带任何公民。

3)履行的手续

①年会费必须在每年的 1 月 1 日至 1 月 31 日支付,无论是否体验康乐部活动项目都需付年费。

②过期不支付年会费者被视为自动退会,康乐部将暂停其会员资格,主管人有权取消其会员资格。

③取消会员资格将以书面形式通知会员本人或所在公司。在被取消会员资格之日起,该会员必须付清所欠费用。

④个人会员在取得会员资格 12 个月后方可转让会员资格,但要求一次性付清所有欠

账和转让费后方可转让。转让时,必须在本俱乐部办理转让手续,并交纳会员入会费用一定比例,如15%的转让费,法人会员证不得转让。

会员制俱乐部的有关规章在会员入会时以书面形式交与会员阅览,待同意遵守后签字认可,具有法律效力。

康乐部虽然对会员有许多优惠策略,但是会员每年必须交纳或者一次性充值较大面额的会费,有些地方还要交纳月管费,每次使用场地和器材也要交纳一定的费用,总费用还是比较高的。因此,并不是所有的消费者都愿意成为会员,康乐部能否实行会员制,必须根据其经营项目、设备档次、地理位置、营销能力、经营者的社交能力和范围等诸多条件决定。

案例分析

希尔顿管理服务公司

自1919年成立以来,希尔顿全球酒店集团始终在酒店业占据领导地位,是标志着创新、质量和成功的闪亮灯塔。希尔顿酒店集团不仅拥有众多卓越的酒店品牌,也对外提供酒店开发与管理服务。希尔顿管理服务公司是业内规模最大的管理公司,不仅享有希尔顿全球酒店集团的卓著声誉,还拥有渊博精深的丰富知识,涉及广泛的全球资源网络以及已经验证的成功经验,致力于与业主共同合作以尽可能提高其酒店绩效。

作为第三方服务商,希尔顿酒店管理服务公司的全球水疗运营和发展部旨在为业主提供专业的水疗支持体系。在业主开发新的水疗中心时,会与其协商项目的所有方面,从水疗概念选择到业务规划和人员编制。在水疗中心开业后,则着眼于实现财务成功、确保客人满意度和激励团队成员。

希尔顿水疗运营和发展部管理的水疗中心以纯粹的豪华体验和极致放松体验而闻名。许多水疗中心已获得一些行业的最高奖项,其中,3个特色世界级水疗中心包括夏威夷州毛伊岛大韦利亚度假酒店的Grande水疗中心、罗马卡瓦利华尔道夫度假酒店的Cavalieri豪华水疗俱乐部以及新泽西州肖特山希尔顿酒店的Eforea水疗中心。

水疗营运和发展部为业主提供水疗概念选择、营运规划和支持、水疗管理和人员配备、建筑师选择。其主要内容包括以下几个方面。

①设计和发展。对新建和改建项目,希尔顿水疗运营和发展部都将通过竞争性市场分析、平面图合作和水疗品牌标志打造独特而难忘的空间。

②客人健身和健康。希尔顿水疗运营和发展部在产品和设备方面探索健康解决方案,并利用战略性的供应和行业合作关系提供一些世界上最独特和最可靠的疗法。

③财务业绩管理。希尔顿水疗运营和发展部通过内部开发的财务业绩数据库SPUR(水疗中心生产力和利用率报告)跟踪关键绩效指标,帮助指导团队获得商业成功。

④团队培训和发展。建设和激励积极的水疗团队文化需要考虑周到的招聘策略、团队成员定期培训机会以及对重点行业资源合作伙伴的支持。

希尔顿荣誉客会、订房与客户服务中心、全球在线服务、信息技术、收入管理联合中心、希尔顿供应管理等多项服务相辅相成,为业主提供最先进的技术工具、高瞻远瞩的出色战略、业内最具影响力的优秀人才以打造无可匹敌的竞争优势。

本章问题及讨论

1. 简述按经营主体划分的酒店康乐部经营模式一般有哪几种,并分别阐述它们的优缺点。

2. 简述酒店采取业务外包模式的原因和优势。

3. 简述不完全承包和完全承包两种经营模式的内容。

4. 简述会员制模式的特点和内容。

第6章 酒店康乐部的组织管理

【学习目标】

通过本章的学习,了解康乐部组织管理的基础理论知识,掌握康乐部组织结构设计的原则、方法和模式,以及康乐部的岗位构成。

【学习重点】

熟悉、掌握康乐部组织结构设置的原则、方法、结构模式是本章学习的重点。

【主要内容】

1. 组织理论

2. 康乐部组织结构设置的原则

3. 康乐部组织结构设置的方法

4. 康乐部组织结构模式的基本类型

5. 康乐部基本的岗位构成

6. 康乐部的岗位设置

康乐部的组织管理是一个复杂的系统工程,建立康乐部的组织管理体系,设立相应的管理机构,授权不同层次的管理人员进行有序有效管理,是康乐部门正常运营的保障,对康乐部的经营起着非常重要的作用。

康乐部组织结构是对康乐部组织框架体系的描述,是帮助康乐部实现其目标的手段,也是指其内部权利与职责的关系、工作以及人员分组。一般而言,康乐部组织结构是指为了协调组织中不同成员活动而形成的一个框架、机制,表明康乐部组织内各部分的排列顺序、空间位置、聚散状态、联系方式以及各要素之间的相互关系。

康乐部组织结构在组织中的具体应用为组织的部门化,是指按照一定的方式将相关的工作活动加以细分和组合,形成若干易于管理的组织单位,从而形成不同的组织结构。

6.1 康乐部的组织管理理论概述

6.1.1 康乐部组织

不同学科的学者对组织一词有不同的解释。路易斯·A. 艾伦将正式的组织定义为：为了使人们能够用最有效的工作去实现目标而进行明确责任、授予权利和建立关系的过程[1]。切斯特·巴纳德将一个正式的组织定义为有意识地协调两个或多个人的活动或力量的协作系统[2]。根据巴纳德的定义，组织的 3 个要素是共同目的、服务的意愿和沟通。多数学者对组织的定义在一定程度上都强调了以下因素[3]。

①组织象征着群体的努力。

②群体的努力指向一个目标。

③群体的努力通过协调来实现。

④职权和责任的关系有助于实现协调。

从管理学的意义可以作出如下定义：所谓康乐部组织管理，是为了能够有效配置康乐部有限的活动项目和设施设备，实现康乐部以及酒店的可持续发展，按照一定的规则、程序所组成的一种责权结构安排和人事安排。康乐部的组织管理分为有形组织管理和无形组织管理。有形组织管理，即康乐部的组织结构；无形组织管理又称组织活动，是通过无形的关系或力量系统协作的组织。组织结构和组织活动是康乐部组织必不可少的两个方面，是实现康乐部乃至酒店组织目标的有效手段。

6.1.2 组织理论

在管理学的理论构架中，组织是管理的重要职能之一。为了实现组织的目标，有效地开展各种管理活动，建立一个良好的组织并使之高效运转，是不可缺少的基本前提条件之一。

组织理论随着社会生产的发展不断发展，大致经历了古典组织理论、新古典的组织理论和现代组织理论 3 个阶段。

以古典组织理论为指导思想的组织设计，主要强调组织的刚性结构；以新古典的组织理论为指导思想的组织设计，则以行为科学为理论基础，着重强调人的因素，从组织行为学的角度研究和设计组织的结构；以现代组织理论为指导的组织设计则以权变理论为依据，既吸收了以前各种组织理论的有益成果，又强调要适应组织的内部条件和外部环境的

---

[1]ALLEN L A. Management and Organization, Me Graw-Hill Book[M]. Company, New York, 1958.

[2]BARNARD C I. The Functions of the Executive[M]. Harvard University Press, Cambridge Mass.：1974.

[3]约瑟夫·M.普蒂,海茵茨·韫奇,哈罗德·孔茨.管理学精要·亚洲篇[M].丁慧评,孙先锦,译.北京:机械工业出版社,1999.

变化而灵活地进行组织设计,着眼于组织结构的开放性、适应性、弹性和动态性加以研究。康乐服务是酒店的重要任务之一,康乐部的组织设计应以行为科学的理论和权变的理论为基础。组织结构要体现以人为本的思想,实行组织管理,体现"员工第一"和"顾客至上"的思想,组织结构更加柔性化,具有开放性、弹性和动态性。

(1)古典组织理论

20世纪30年代末,在前人研究管理理论的基础上,美国管理学家巴纳德创立了社会系统理论,在组织理论研究方面作出了重大贡献。他对组织下的定义是:"两人以上有意识的协调力量和活动的合和系统。"被管理学界称为组织理论之父的德国社会学家马克斯·韦伯认为,一个组织应是"科层结构"(是一种金字塔形结构)。所谓科层,就是包括各种职位和等级。每个下级都受上级的监督,这种理论是韦伯针对"由超凡魅力来统治组织"的观点,并反对中世纪的个人崇拜提出的。目前,酒店业普遍采用的就是这种组织形式,休闲娱乐企业也广泛采用这一组织形式。

(2)新古典的组织理论

新古典的组织理论以科层结构为基础,同时又吸收了心理学、社会学关于群体的观点。它的特点是在集权与分权的关系上,相对主张分权,使组织成员能更多地参与决策以提高积极性;从组织形式看,倾向于扁平式的组织结构,主张部门化;从我国酒店业的体制改革和组织发展趋势来看,随着酒店管理人才素质的提高,扁平式的组织结构将是酒店业的发展趋势之一。

(3)现代组织理论

现代组织理论主要有系统理论和权变理论,系统理论是根据系统论将组织看作一个开放的系统,权变理论主张应设定根据情况而变化的组织机构。这种理论认为,一个组织是由子系统组成的系统,因此,要尽量了解各个子系统内部及其各子系统之间的关系,以及组织和环境之间的关系,并且要求尽量明确各个变量的关系和结构模式。它强调组织变化无常的性质并且要了解和掌握组织在不同条件下如何运转。康乐部管理涉及面广,因素多,管理过程复杂,受环境影响大,因此,康乐部组织要形成能适应组织环境,具有开放性和动态性的组织结构。

6.1.3 组织理论的演化

组织理论的宗旨就是要充分发挥个人的智慧,创造整体的成就,所以对于组织体系式组织形态,不仅要注意内部规律化的交互作用,而且要注意组织结构能随时适应不同的环境。

现代管理组织就是一种系统结构,不但要注意功能系统,充分发挥人的结合力量,而且要注意人机系统,以及社会的、经济的、技术的各种系统的相互影响。我国目前康乐项目类型多样,不同类型的康乐项目特点不同,管理的内容和任务不同,管理人员的人才构成不同,因此要根据酒店的实际条件和所处的环境选择相应的组织结构。

组织理论的演化过程如图6.1所示。

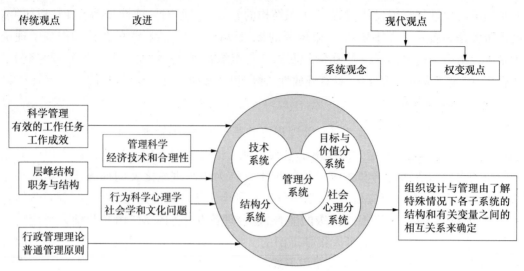

图 6.1　组织理论的演化过程

6.2　康乐部组织结构设计

康乐部负责整个酒店康乐设施的运营管理,科学合理的组织结构有利于康乐部健康、有序、高效运转,为顾客提供完善的服务,在顾客心中树立高质量、高层次的服务形象,从而提高酒店的吸引力和竞争力。

6.2.1　康乐部组织结构设置原则

由于酒店的市场定位、接待规模、经营方式、管理模式的不同,酒店康乐部的类型、组织、规模也不尽相同,但酒店康乐部的组织结构在设计、设置过程中都应该符合组织设计原则。

按照系统论的观点,系统的结构决定系统的功能,系统的功能是对结构的反映。酒店康乐部的结构组织作为一个系统,其组织结构反映了组织所具备的功能,系统的结构指向一定的目标。

①康乐部组织结构的设置要符合科学合理的原则,必须明确其功能、作用、任务、内容以及与其他项目、其他部门的关系,有效发挥其经营、管理、控制的运营作用,还要避免机构臃肿,人浮于事。

②康乐部的组织结构是为康乐部的经营服务,其结构设置和岗位设置要与酒店的经营规模相适应,满足酒店经营任务的需要。

③在各岗位责权分配时,要做到权、责、利、能、绩统一,逐级授权、分层负责、权责分明,从而促使员工增加工作效率,激发主动精神。

④上级对下级的领导需命令统一和协调,在每个环节上都应有相应的权利和职责,康

乐部组织应将命令发布权只授予一个人,下级只接受一个上级的领导,不能多头领导,要注意各级管理岗位在自己的职权范围内有效运转,避免出现多头指挥的现象,并且在一般情况下,各级管理岗位不应实施越级指挥。

⑤因才用人原则。康乐部不同项目有不同的特点,需要有相应特长的人才来管理和服务,才能更加有利于发挥各级人员的业务才能,发挥他们的主观能动性。例如,游泳池主管应具有游泳救生技能和懂得救生知识。

6.2.2 康乐部组织结构设置的方法

(1)制订康乐部的组织目标

康乐部组织结构的设置首先要综合分析组织的外部环境和内部条件,在此基础上,合理确定组织的总目标和各种具体目标。

(2)确定康乐部的业务范围及内容

根据组织目标,确定为实现组织目标所进行的业务管理工作项目,从而进行市场研究、经营决策、产品开发、质量管理、营销管理等多项业务内容划分。

(3)确定康乐部的组织结构

根据酒店的性质、经营理念、管理模式、业务范围及内容等确定应采取的组织形式,应设计的岗位,并形成组织的层次化和部门化的结构。

(4)配备康乐部职务人员

根据康乐部的业务要求、目标、业务工作性质、特点,以及对工作岗位的具体要求,因才用人,配备各岗位称职的员工,明确员工的职务、工作内容和职责权限,并明确评价工作成绩的标准。

6.2.3 康乐部组织结构模式的基本类型

现代酒店康乐部主要存在两种组织结构形式,即独立形式(授权于康乐公司经营)和附属形式(酒店自身经营)。其中,在酒店内部组织结构中,根据康乐部规模的大小,又可能成为一个独立的服务部门或隶属于某一部门的服务部门,如隶属于餐饮部管理。随着康乐项目、设施设备成为各酒店非常重要的竞争手段,其组织模式也趋于合理化,目前酒店康乐部组织模式的基本类型有 3 种方式。

①对康乐项目、康乐设施较少的酒店,康乐部一般隶属于其他部门管理和运营,如隶属于客房部、餐饮部等酒店重要部门,其组织形式如图 6.2 所示。

②对康乐项目多样、康乐设施丰富的酒店,康乐部一般与客房部、餐饮部并列为酒店的主要部门,其组织形式如图 6.3 所示。

③康乐部也可根据康乐活动项目的分类,进行项目分类管理,其康乐设施设备宜集中设置、统一管理,康体保健类项目,其桑拿室、洗浴室、按摩室等项目所需配套设施,如更衣室、卫生间等可以共用,这样既节约成本,又可提高服务效率,其组织形式如图 6.4 所示。

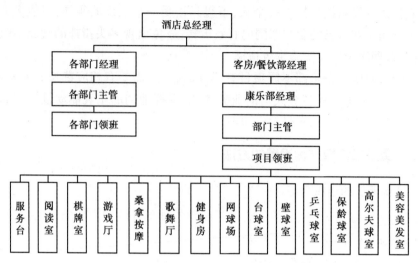

图 6.2　康乐部归属客房/餐饮部组织形式图

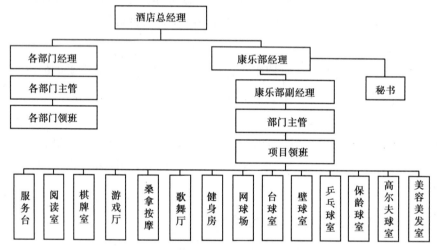

图 6.3　康乐部独立成部组织形式图

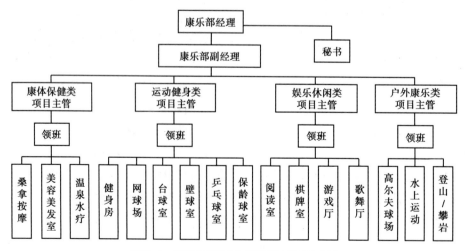

图 6.4　康乐部项目分类管理组织形式图

6.3 康乐部岗位构成

6.3.1 康乐部基本的岗位构成

酒店康乐部是专门为顾客提供休闲、娱乐、健身、养生服务的场所,顾客的康乐消费是释放压力、强身健体、美容养颜,达到身心愉悦的目的。因此,康乐部岗位的设置不仅要求有专职的服务人员,而且还需要美容师等专职的技术人员。

(1)管理岗位

①高层管理岗位:酒店总经理、副总经理。

②中层管理岗位:康乐部经理。

③低层管理岗位:康乐部各项目主管、领班。

(2)工作岗位

①服务工作岗:包括各类康乐项目的服务人员,主要指接待服务人员、各类康乐项目的服务人员等。

②专业技术岗:是指为顾客提供康乐服务的专业技术人员,包括美容师、按摩师、教练员、调音师、调酒师等技术人员。

③其他工作岗位:设施设备维护维修人员、医务人员、勤杂人员等。

6.3.2 康乐部岗位设置

康乐部的岗位设置是否科学合理,不仅直接影响康乐部的服务质量和经营收入,更直接会对酒店的声誉和形象造成不良影响,康乐部康乐项目各种各样,每个项目对岗位的要求也不尽相同。因此,康乐部在设置岗位时,要根据康乐部不同的康乐项目进行分工定岗。

(1)根据康乐项目设置岗位

根据康乐项目的类别对应设置相应的岗位,不仅可以保证每个项目服务经营的需要,而且还有利于岗位具有较强的针对性,从而有利于提高康乐部的服务质量和服务效率。每类康乐项目的岗位设置基本应包括管理岗位、服务岗位和专业技术岗位,其中,各项康乐活动还要根据自己的实际需要适当地增设岗位。

(2)根据康乐服务内容设置岗位

不同酒店的康乐服务内容各有不同,同时,酒店的星级等级也会影响康乐部所提供康乐服务的内容。例如,有些酒店只提供桑拿洗浴,而有些酒店在顾客桑拿洗浴之后还提供按摩、美容美体等服务,这时酒店就不仅需要桑拿洗浴的服务人员,还需要按摩师、美容师等专业技术人员。

（3）根据服务档次设置岗位

酒店星级等级越高,服务规格越高,所提供的服务越周到、越个性化,越需要设置更多的岗位、更多的服务人员。例如,VIP 贵宾浴室除了提供顾客洗浴,还会安排专人提供调水温、冲水、搓背、换毛巾、擦鞋等系列服务。

本章问题及讨论

1. 什么是组织管理?

2. 康乐部组织结构设置的原则和方法有哪些?

3. 简述康乐部的组织结构模式。

4. 简述有哪些组织理论,并结合自身见解,谈谈你认知的康乐部组织结构是怎样的。

5. 根据你的认识,谈谈如何设置康乐部的岗位。

第7章 酒店康乐部的人力资源管理

【学习目标】

通过本章学习，了解康乐部人力资源管理的基本理论，熟悉康乐部人力资源管理的内涵、基本原理和职责，深入了解康乐部人力资源管理系统的各个方面，掌握康乐部人力资源规划、职务分析与设计、员工招聘与选拔、绩效考核、人力资源培训与开发、人力资本管理的基本策略和方法。

【学习重点】

重点掌握康乐部人力资源管理基本理论，并能运用本章介绍的方法结合实际对康乐部人力资源需求和供给作出预测以及进行管理制度设计。

【主要内容】

1. 康乐部人力资源管理的基本理论
2. 康乐部人力资源管理体系构成
3. 康乐部人力资源规划
4. 康乐部职务分析与设计
5. 康乐部员工招聘与选拔
6. 康乐部绩效考核与薪酬激励
7. 康乐部人力资源培训与开发

7.1 康乐部人力资源管理概述

7.1.1 人力资源管理的概念

人力资源是与自然资源、物质资源或信息资源相对应的概念，有广义与狭义之分。广义的人力资源是指以人的生命为载体的社会资源，它以人口为存在的自然基础。狭义的人力资源定义为组织所拥有的用以制造产品和提供服务的人力。在本章中，人力资源是指能够推动国民经济和社会发展，具有智力劳动和体力劳动能力的人们的总和。人力资源是生产活动中最活跃的因素,也是一切资源中最重要的资源,它具有生物性、能动性、动态性、智力性、再生性和社会性等特点。

人力资源管理是利用人力资源实现组织的目标,是对人力这一特殊的资源进行有效开发、合理利用和科学管理。从开发的角度看,它不仅包括人力资源的智力开发,也包括人的思想文化素质和道德觉悟的提高;不仅包括人的现有能力的充分发挥,还包括人的潜力的有效挖掘。从利用的角度看,包括人力资源的发现、鉴别、选择、分配和合理使用。从管理的角度看,既包括人力资源的预测与规划,也包括人力资源的组织和培训。

人力资源对组织的功能和作用体现为:从管理的价值取向看,将人看作能动的宝贵的资源;从管理的方法看,将劳动心理学、激励理论、组织行为学、人力资本投资理论及绩效评估理论等多种科学有机地糅合起来;从管理的地位看,人力资源管理已经超越企业行政管理的范畴而上升到战略决策层面;从管理的结果看,为企业生产经营活动配备各类合格的人力资源,实现企业的经营目标。人力资源管理最根本的一点就是以人为本,把人当成一种资源来开发和利用。

7.1.2 康乐部人力资源管理内涵

康乐部人力资源管理,是指运用现代化的科学方法,对与一定物力相结合的康乐部员工进行合理的激励、培训与组织,使康乐部人力物力经常保持最佳比例。同时,对康乐部员工的思想、心理和行为进行适当的引导、控制和协调,充分发挥员工的主观能动性,人尽其才,人事相宜,以实现康乐部目标。

根据阿姆斯特朗对人力资源管理体系目标的规定,康乐服务的战略发展目标最终将通过其最有价值的资源——康乐部员工来实现。为了提高康乐部员工的整体业绩,必须制订与整体战略发展目标紧密相连,具有连贯性的人力资源方针和制度,努力寻求康乐部人力资源管理制度和政策与战略发展目标之间的匹配和统一。同时,创造合理的康乐部管理环境,鼓励员工进行创造和创新,培养员工积极向上的作风,制定反应灵敏、适应性强的康乐服务组织管理体系,帮助康乐部实现竞争环境下的具体目标,提供相对完善的工作和组织条件,为员工充分发挥其潜力提供所需要的各种支持。

7.1.3 康乐部人力资源管理的基本原理

(1)人力资源系统优化原理

康乐部人力资源系统优化原理,是指人力资源系统经过组织、协调、运行、控制,使其整体功能获得最优功效的过程。康乐部人力资源系统面对的主要要素是人,康乐部管理者、康乐部员工和顾客都是具有复杂性、可变性和社会性的人。康乐部人力资源系统具有相关性、目的性、整体性、社会性、有序性等系统共性。因此,要达到康乐部员工的群体功效最优,必须注意协调,提倡理解,反对内耗,通过系统优化,达到整体最优。

(2)人力资源系统动力原理

康乐部人力资源系统动力原理,强调通过物质鼓励,满足康乐部员工对基本物质的需要和物质享受的追求,以达到激发康乐部员工工作热情的目的。康乐部可以通过表扬、精神鼓励、提职等各种形式,表达组织的友爱、信任和对员工能力、工作业绩的肯定,以激励员工内在的工作动力和热情,促使其朝着期望的目标努力。

（3）人力资源能级对应原理

康乐部人力资源能级对应原理,是指康乐部人力资源管理的能级必须按层次形成稳定的组织形态。不同能级应表现为不同的权利、物质利益和荣誉。康乐部能级对应原理承认能级本身的动态性、可变性和开放性。康乐部员工的能级与管理级次相互间的对应程度,标志着康乐部人才的使用状态。稳定的组织结构,必须达到康乐部各级管理人员的权级和能级相互对应。

（4）人力资源弹性冗余原理

人的劳动能力是有限的,劳动强度要适度、有弹性,以保持旺盛的精力、清晰的智力、敏捷的思维和身体健康。根据康乐部人力资源弹性冗余原理,要求康乐部根据员工的体质和智力水平等因素,适当安排工作强度,合理进行工作强度分工。根据康乐部员工的年龄、性别等人文特征,康乐部员工的工作时间、工作强度应该具有不同的弹性。弹性冗余原理是康乐部每一位领导者在安排工作时间、工作强度、进行岗位调整、制订目标等各方面都必须考虑的尺度。

（5）人力资源互补增值原理

康乐部人力资源互补增值原理,强调康乐部员工之间的知识互补、气质互补、能力互补、性别互补、年龄互补和技能互补。通过互补增值,康乐部人才系统的功能达到最优。选择互补的康乐部员工必须有共同的理想、事业和追求。具有互补性的康乐部员工必须诚意待人,对周围的合作者能够进行理解、互相沟通,并有共同的发展目标。人力资源的增值互补原理,要求康乐部的人力资源系统追求动态的平衡,允许人才的流动、人才的相互选择和人才的重新组合,允许人才的更新和人才彼此职位的变换,在动态中追求平衡和完美。

（6）人力资源竞争强化原理

康乐部人力资源系统的竞争,包括康乐部之间人力资源状况的竞争、康乐部内部各类员工的竞争和康乐部人才所拥有的各种专业技能的竞争。康乐部管理者使用竞争强化原理,必须注意竞争优胜的相对性。员工竞争失败,要鼓励员工检查自己不足,摆正心态;员工竞争获胜,要鼓励员工继续充实自己,以争取更好的职位和更好的工作能力。竞争的阶段性表现为竞争—失败—再发展—竞争胜利的过程。康乐部的管理者要注意对竞争的引导,促进竞争双方改进自己、增强自身继续竞争的能力,使双方真正在竞争中强化自己。

（7）人力资源利益相容原理

人力资源利益相容原理,是指当双方利益发生冲突时,需寻求一种方案,该方案在原有的基础上,经过适当修改、让步、补充,使冲突双方均能接受从而获得相容。康乐部员工在某项工作方案上互相冲突、彼此对立,需要以康乐部管理者为主导,对工作方案进行多次修正,使所有相互冲突的员工能够在方案修正的过程中彼此相融于一个统一体,为实现共同的目标而努力。

（8）人力资源反馈控制原理

控制是指按照给定的条件和预定的目标，对其中一个过程或一个序列事件施加某种影响的行动。反馈是指一个系统将信息输送出去，又将其作用的结果返回来，并对信息的再输出发生影响的过程。控制与反馈相互作用，互为前提，同时并存。反馈是实现有效控制的必要条件。人力资源管理系统是一个控制反馈系统。运用控制反馈原理，康乐部人力资源管理的调节工作更科学化、高效化，减少与目标值的偏差，排除外部因素干扰，康乐部人力资源管理系统处于稳定状态。

7.1.4 康乐部人力资源管理体系的构成

人力资源管理体系是指为了实现组织的战略目标，对人力资源实施有效管理，即对人力资源进行计划、获取、整合、开发、利用和控制的管理体系，它是组织管理体系的一个子体系。康乐部人力资源管理体系是由职务分析体系、招聘选拔体系、绩效管理体系、薪酬福利体系、培训与发展体系组成的。康乐部人力资源管理体系是一个有机的整体，其各个组成部分之间存在着有机联系。人力资源管理体系各个组成部分之间的关系如图 7.1 所示。

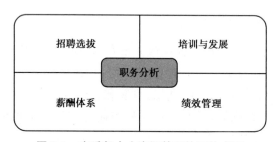

图 7.1 康乐部人力资源管理体系构成图

（1）职务分析

职务分析是为制定各种人力资源管理政策提供信息资料的基础工作。职务分析是对组织中各工作职务的特征、规范、要求、流程以及完成此项工作的员工的素质、知识、技能要求进行描述的过程，其结果是产生职务描述和任职说明。职务分析通过运用科学的手段，为人力资源管理提供有关工作的全面信息，是进行人力资源规划的基础，是组织招聘录用员工、对员工绩效进行评估管理、制定公平薪酬政策、实施培训的依据，是实现人力资源调控的基本保障。

（2）招聘选拔

招聘是组织吸收与获取人才的过程，是获得优秀员工的保证，它实际上包括两个相对独立的过程，即招募和选拔聘用过程。招聘旨在吸引一批候选人应聘空缺位置，而选拔则是组织运用科学的方法从有效的人选中选择新成员的过程。招募是聘用的基础和前提，聘用是招募的目的与结果。招聘有两个前提：一是人力资源规划，从人力资源规划中得到的人力资源需求预测决定了预计要招聘的职位与部门数量、时限、类型等因素；二是职务描述与任职说明书，它们为录用提供了主要的参考依据，同时也为应聘者提供了有关该工作的详细信息。这两个前提也是制订招聘计划的主要依据。招聘主要由招募、选择、录用、评估等一系列活动构成。招募是组织为了吸引更多、更好的候选人来应聘而进行的若干活动;选拔则是组织从人和事两个方面出发,挑选出最合适的人来担当某一职位;录用主要涉及员工的初始安置、试用;正式录用评估则是对招聘活动的效益与录用人员的质量评估。

（3）绩效管理

追求良好的工作绩效,是组织的重要目标之一,而组织的绩效与员工个人的工作绩效是直接相关的。因此,对员工绩效的有效控制,是组织人力资源管理的重要职能之一,绩效管理体系是实施绩效控制的有效手段。绩效管理是对组织成员的工作行为与工作结果进行全面、系统、科学的考察、分析、评估,对组织成员的价值进行评价,以提高员工能力与绩效,实现组织战略目标的一种管理沟通活动。绩效管理以工作分析中对任职者的资格要求为标准,对组织成员的工作绩效进行评估,通过科学合理的员工绩效考评与素质评估,可以为员工培训提供依据。评估的结果既可以作为确定员工薪酬的依据,也可以用来对招聘效果进行评估。

（4）薪酬体系

薪酬是组织成员因向其所在组织提供劳动或劳务而获得的各种形式的酬劳或答谢,其实质是一种公平的交换或交易。薪酬是一种价格表现。一个完整的薪酬结构具有保障作用,即员工所获薪酬数额至少能够保证员工及其家庭生活与发展需要,同时也具有激励作用,即公平合理的薪酬可以使员工对组织产生信任感和依恋感,激发员工的良好工作动机,激发其创造优秀绩效的热情。因此,组织的薪酬体系在组织实现自己的竞争优势和战略目标的过程中具有十分关键的作用,组织薪酬体系的设计和实施是组织人力资源管理体系的重要组成部分。在对组织的薪酬水平进行设计时,需要以组织的人力资源战略规划为依据,结合人力资源市场价格以及不同职位的薪酬水平,以工作分析为前提,在对各岗位在组织中的价值进行分析的基础上,确定组织成员的薪酬,以绩效考评结果为依据进行发放。

（5）培训与发展

培训与发展是指员工进入组织后,组织为提高员工的价值而进行的一系列人力资源管理活动。组织成员的培训与发展是组织人力资源开发的一个重要内容。一方面,培训与发展可以帮助组织成员充分发挥和利用其人力资源潜能,更大程度地实现其自身价值,提高工作满意度,增强对组织的归属感和责任感;另一方面,对组织成员进行培训和发展是组织应尽的责任,通过培训,提高组织成员的技能水平,提高组织成员个体特征和工作要求之间的匹配程度,从而增强组织的市场竞争能力。组织对成员开展的培训,必须符合组织的目标,使培训的每一个环节都能实现员工个人、工作及组织本身三方面的优化。因此,在构建组织的培训发展体系时,要根据组织的人力资源规划组织当前及未来发展对人力资源素质的要求,结合工作分析对任职者的技能素质要求确定培训与发展的方向,同时,绩效考评的结果也为培训与发展内容的确定提供了依据。

7.1.5　康乐部人力资源管理的主要特征

康乐部的人力资源开发与管理因康乐部企业的特殊性,具有其自身的特点。康乐部的特点使康乐部人力资源开发与管理要求在动态中寻求一种平衡。康乐部的人力资源开发与管理主要有以下特征。

①康乐部开业后就不会停业,并且康乐部每天24小时都在营业,人力资源开发与管理必须面对这一特殊情况。一方面,康乐部要科学、合理地配备各岗位的人员,尽量压缩编制,降低用工成本;另一方面,康乐部在人力资源配备时,充分考虑员工离职对康乐部经营的影响,要考虑在每一个时间点上对康乐部的人力资源进行连贯的管理。

②康乐部的经营与社会的发展和人们的生活节奏紧密相关,与康乐部所在地的人文习惯密切相关,并且这一特点日益明显,康乐部在人员安排和岗位设定上要遵从这一点。康乐部的许多服务是随着人们生活节奏的变化而改变的,同样,对康乐部的人力资源配备也应该跟上这一变化。康乐部在开展业务时,首先考虑的是本地消费群体,因此,康乐部应注重人力资源的本地化特性的培训。

③康乐部存在因季节、周期及与所处区域其他活动相关联而形成的淡季、旺季,并且这种差异在某些地区十分明显,康乐部的人力资源调配及应用要充分考虑康乐部客情淡旺季的特点,服从于康乐部的客源情况及宾客的活动。随着我国对假期作了改革,以及人们生活水平的提高,假日经济应运而生。平日人们的生活也有了很大的变化,总体趋势是随着社会的进步,人们的休闲时间更多了。作为社会的一个部分,康乐部也应该合乎这一发展趋势。但从康乐部的经营来看,服务性行业往往是在人们休息时这个行业才最忙。因此,康乐部的人力资源管理不仅要作好人员的安排,还要兼顾员工在不同工作环境和不同时期的心理,这是康乐部人力资源管理的又一个特性。

④康乐部在人力资源管理上要对人力资源市场进行有效的预测,这是康乐部人力资源管理过程中的一个重要而且易被忽视的环节。现在国内的星级康乐部对人才的拿来主义比较盛行,尤其是运营不久的康乐部。这违背了康乐部人力资源市场原有的供给规律,只有长远考虑,康乐部的人力资源管理才能获得有效的资源储备。

⑤康乐业是劳动密集型企业,在人力资源的选聘上要注意人力资源的开发,注重成本控制。国内许多康乐部在人员配备时是静态的"搭积木"式的做法,在满员配备了一级人员之后再向上逐级配备管理人员,使得内部分工过细,人员配备过多。人力资源管理要把人作为一种资源,不仅是一个静态的成本概念,更要注重每一个人员的潜能开发。

⑥服务已成为康乐部的主要商品,服务的载体是康乐部的员工。这一特性使康乐部在人力资源管理时,在处理好规范化严格的垂直层级管理的同时,对企业文化的建设、团队精神的培养、员工情绪的把握要有更多的关注,完善内部的员工激励机制。

⑦康乐部的人力资源管理者既要对从业者服务又要对宾客服务,呈现出双重性。康乐部的人力资源管理不仅仅只停留在对员工的人事管理上,而且很重要的一个工作是直接与顾客接触,收集宾客的信息。康乐部的人力资源管理者,不仅要遵循管理程序进行人事管理工作,而且还必须是能够直接面对宾客服务或具有这类服务经历的多面手,否则是

无法开展工作的。同时,现代康乐部越来越重视培训工作,许多成熟康乐部的人力资源管理由后场直接推向了市场,对外承揽培训任务,为康乐部创造经济效益已经成为康乐部人力资源管理工作的一项重要内容。

7.1.6 康乐部人力资源管理目标

康乐部人力资源管理是追求一种以人为中心的管理,其管理的目标有以下几个方面。

(1)培养专业化的员工队伍

专业化的员工队伍是指有服务意识和服务技能并具有良好职业习惯的员工群体,是不同于其他行业的具有特殊要求的群体。专业化的员工队伍不可能自发地形成,必须要通过人力资源管理者有意识地挑选、培养和激励后才能形成。康乐部人力资源管理的首要目标在于根据康乐部的特色和经营发展的需要,挑选合适的员工,通过培训提高其服务技能和对康乐部的忠实度,运用有效的激励手段,激发员工的潜能,最终造就一支高素质的康乐部专业化队伍。

(2)对康乐部人力资源进行最优配置,形成最有效的人员组合

如同一盘象棋中的每一个棋子都应该充分发挥作用,既不能忽视小兵的用途,因为它有可能成为威力无比的大王,也不能过分夸大大王的作用。康乐部的人力资源管理也是这样,只有对康乐部的每一位员工进行科学配置,才能形成康乐部最佳的人员组合,使每一位员工与康乐部总体协调一致,共同形成合力,完成康乐部的各项经营活动。康乐部的人力资源管理就是要通过有效的手段,让每一位员工都有合理的权责,形成最佳的员工组合,并形成整体的合力。

(3)充分调动每一位员工的积极性

康乐部的人力资源管理不能只是管人,而是要谋求人与事的最优配合,康乐部人力资源管理的最终目标是要充分调动员工的积极性。因此,康乐部的人力资源管理要采取有效的激励与最大限度地开发员工潜能的措施,创造一个良好的人事环境,使员工安于工作,乐于工作,发挥员工的积极性和创造性。为此,康乐部的人力资源管理在激励机制和培训工作中要注意引进先进的管理办法。

7.2 康乐部人力资源规划

7.2.1 康乐部人力资源规划的内涵

康乐部人力资源规划是根据康乐部的发展规划,通过对康乐部未来人力资源的需求和供给状况的分析及估计,对康乐部的职务编制、人员配置、教育培训、人力资源管理政策、招聘与选择等内容进行人力资源部门的职能性计划。根据时间的长短,可以制订长期计划、中期计划、年度计划和短期计划。

因为人力资源计划的可靠性直接关系到康乐部人力资源工作整体的成败,所以,制订好人力资源计划是康乐部人力资源管理部门的一项重要而有意义的工作。人力资源计划与康乐部的发展计划密切相关,它是实现康乐部发展目标的一个重要组成部分,因此,做好康乐部的人力资源规划具有重要的意义。

7.2.2 康乐部人力资源规划的原则

制订康乐部的人力资源规划必须遵循以下几个原则。

(1)充分考虑内部、外部环境的变化

康乐部人力资源规划,只有充分考虑了内外环境的变化,才能适应需要,真正做到为康乐部的发展目标服务。内部变化主要指康乐部发展模式的变化、康乐部开发方式的变化、康乐部发展战略的变化、康乐部员工流动的变化等。外部变化是指消费市场的变化、政府有关人力资源政策的变化、人才市场的变化等。为了更好地适应这些变化,在人力资源规划中应该对可能出现的情况作出预测和风险衡量,最好有面对风险的应对策略。

(2)确保康乐部的人力资源保障

康乐部的人力资源保障问题,是康乐部人力资源规划中应解决的核心问题。它包括人员的流入预测、流出预测、人员的内部流动预测、社会人力资源供给状况分析、人员流动的损益分析等。只有有效地保证对康乐部的人力资源供给,才可能进行更深层次的人力资源管理与开发。

(3)康乐部和员工都获得长期的利益

人力资源规划不仅是面向康乐部的规划,也是面向康乐部员工的计划。康乐部的发展和员工的发展是互相依托、互相促进的关系。如果只考虑康乐部的发展需要,而忽视员工的发展,则会有损康乐部战略发展目标的达成。优秀的人力资源规划,一定是能够使康乐部员工获得长期利益的规划,能够使康乐部和员工共同发展的规划。

(4)由康乐部内部相关人员共同完成

优质的康乐部人力资源规划,必须是由康乐部内部相关人员共同完成的,而绝非康乐部人力资源部门单独所能够解决的问题。因此,康乐部人力资源部在进行人力资源规划时,一定要注意充分吸收康乐部各个部门以及高层管理者参与,只有这样,人力资源规划才能够符合康乐部实际并落到实处。

7.2.3 康乐部人力资源规划的制定流程

康乐部在确定人力资源需求时,先确定各部门规划预案,将各部门规划预案综合以后,通过总量控制和总体规划以确定康乐部整体人力资源规划。部门经理、人力资源部经理、总经理组成部门规划预案决策小组共同作出部门规划预案,康乐部人力资源规划制订流程,如图7.2所示。

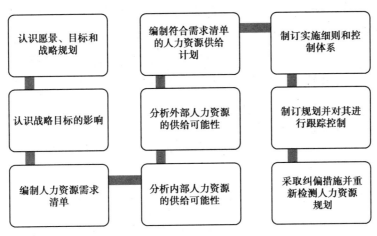

图 7.2 康乐部人力资源规划制订流程

在作出决策之前,应先将人力资源部收集的人力资源信息对小组成员详细讲解。可先由每位成员提交书面分析,再由人力资源部综合后拟出所有方案,最后由小组讨论得出该部门人力资源规划方案。

在作出人力资源规划后,即有了康乐部人力资源增减计划,如果需要增加人力资源,就需要进一步分析人力资源供给情况。首先应该考虑内部供给,因为内部招聘不仅可以节省招聘成本,而且可以给内部员工升迁的机会,起到激励作用。如果内部没有合适的人选,应制订相应的外部招聘计划。如果内部有合适的人选,应视情况制订培训计划和职位调整规划等。

7.2.4 康乐部人力资源需求预测

(1)康乐部人力资源需求预测的内容

康乐部人力资源需求预测,主要是从康乐部发展的长远利益出发,对康乐部所需人力资源的数量和质量进行科学分析,并给出康乐部发展需要的结果。康乐部人力资源需求预测,主要包括以下内容。

1)康乐部人力资源存量与增量的预测

这种预测主要是根据康乐部人力资源现状,对康乐部未来拥有的不同层次人力资源数量的推测与判断。就存量而言,主要是指康乐部人力资源的自然损耗(如自然减员)和自然流动(如专业转移、变动)引起的人力资源变动;就增量而言,主要是指随着康乐部经营规模的扩大等带来的人力资源新需求。通过存量与增量的分析进行预测,能够根据需求补充新的不同层次的人力资源,及时满足康乐部发展的需要。

2)康乐部人力资源结构预测

社会总的人力资源结构和经济结构发生变动,将引起康乐部人力资源结构的变化。进行人力资源结构预测,正是为了解决这一可能出现的问题,以保证康乐部在任何情况下都能有较好的人力资源结构的最佳组合,以避免出现不同层次人力资源组织不配套或者结构比例失调等情况。

3）康乐部特种人力资源预测

康乐部特种人力资源预测是康乐部对特种人才和资源的需求进行的预测,具有较强的针对性。由于康乐部人力资源预测涉及社会经济发展的各个方面,这种预测应与国家社会经济的发展紧密相连。通过专门特种人力资源的预测,康乐部又通过一些特殊的手段和方法,加快了专门人才的开发与培养。

（2）康乐部人力资源需求预测方法

人力资源需求预测是企业为实现战略和经营目标,从而对未来某个阶段需补充人员的数量、质量和结构进行推算的过程。

目前,人力资源需求预测模型很多,总的来说,可以分为定性模型和定量模型两大类。定性的人力资源需求预测方法有现状预测法、自下而上预测法（经验预测法）、德尔菲法[1]、驱动因素预测法和散点图法;定量的人力资源需求预测方法包括回归分析法、时间序列分析法、工作负荷法、比例分析法、柯布-道格拉斯生产函数法[2]、灰色预测法、模糊理论、神经网络等人工智能法。

在这些方法中,灰色预测法和神经网络等人工智能理论与方法是在 20 世纪 90 年代之后才兴起的,除此之外的其他方法都是传统的预测方法。由于康乐行业属于旅游业,在进行人力资源需求预测时,学术界通常都采用旅游需求预测方法。从预测方法的适用性来看,定性的预测方法与定量的研究方法相比,通常都是进行主观评估,以经验为决策依据,缺乏数据的支撑,所以在实际应用中,定量的预测方法比定性的预测方法使用更好。但德尔菲法作为一种科学的专家讨论法,应用较广,该方法在帮助决策者预测可能的未来发展方向时颇有价值。而在传统的定量研究方法中,通常回归分析法和时间序列分析法使用较广,但在进行需求预测时,应充分考虑各种预测方法的特点、预测问题本身的特点以及时间、人员、费用、相关数据充分程度等制约因素,选择最合适的方法,见表 7.1。

表 7.1   3 种人力资源需求预测方法比较

项目类型	德尔菲法	时间序列分析法	回归分析法
技术知识要求	低—中	低—中	中—高
数据类型	事实、观点	时间系列数据	截面数据、时间序列
数据精确度	低	中—高	高
计算机要求能力	无	弱——般	一般—高
预测成本	不一定,复杂	低	高
预测水平	长期	短期	长期
最合适的预测类型	有已知的定性关系和很强的不确定因素	简单、稳定或有周期性	复杂、有已知的定量关系

[1]德尔菲法是在 20 世纪 40 年代由赫尔姆和达尔克首创,经过戈尔登和兰德公司进一步发展而成的。

[2]柯布-道格拉斯生产函数最初是美国数学家柯布和经济学家保罗·道格拉共同探讨投入和产出关系时创造的生产函数。

7.2.5 康乐部人力资源供给

人力资源供给预测是指企业为实现其既定目标,对未来一段时期内组织内部和组织外部各类人力资源补充情况的预测。人力资源供给预测包括组织内部供给预测和组织外部供给预测两个部分。在进行企业外部供给预测时,通常要考虑 3 个因素,即宏观经济形势、企业当地劳动力供给市场的供求情况和行业劳动力市场供给情况,这样才能对外部供给有一个较为准确和科学的情况判断。在进行企业人力资源内部供给预测时,目前应用较广的预测方法主要包括现状核查法、技能清单法、人员接替模型和马尔可夫模型[1]等。同样,不同的预测方法有着各自不同的特征和不同的适用性,不同的企业在进行人力资源内部供给预测时,应充分考虑各种方法的特征,现将 4 种主要方法的特征进行整理,见表 7.2。

表 7.2 4 种人力资源供给预测方法比较

项目类型	现状核查法	技能清单法	人员接替模型	马尔可夫模型
定义	对组织现有人力资源质量、数量、结构和在各职位上的分布状态进行核查	反映员工工作能力特征的一张列表,包括培训背景、工作经历、持有的证书、主管的能力评价	根据工作分析的信息,明确岗位对员工的要求和任职者情况,安排接续/继任计划	根据历史数据的收集,找出组织过去人事变动的规律,由此推测未来的人力资源变动趋势
预测周期	短—中期	短—中期	短期	短—中—长期
预测范围	部门或组织内	通常为部门内	通常为部门内	部门或组织内
数据要求	无	无	无	历史数据有规律性
工作量	大	大	大	较小
对象确定性	明确	明确	明确	模糊

7.3 康乐部职务分析与设计

7.3.1 康乐部职务分析的作用与原则

职务分析又称为工作分析,是指通过观察和研究,对组织中某个特定职务的目的、任务或职责、隶属关系、工作条件、任职资格等相关信息进行收集、分析与描述的过程。职务分析是现代人力资源开发与管理的基础,只有科学、准确的职务分析才能准确刻画出工作职位的内容、性质等,才能在此基础上建立任职资格制度和职务等级制度,而这两个制度

---

[1] 马尔可夫,苏联数学家,在概率论、数论、函数逼近论和微分方程等方面卓有成就。

恰是人力资源管理制度,如人事考核制度、工资报酬制度、教育培训制度、晋升制度的基础和核心。职务设计是康乐部人力资源管理的一个重要课题,其设计是否得当,对激发员工的工作动机、增强员工的工作满意度以及提高工作效率都有重大影响。因此,职务设计应兼顾员工个人需要。职务设计的主要内容包括工作内容、工作职能、工作关系、工作结果和结果反馈5个部分。

职务分析作为人力资源管理的基础和核心,其结果可直接用于:①制订企业人力资源规划;②核定人力资源成本,并提出相关的管理决策;③让企业所有员工明确各自的工作职责和工作范围;④组织招聘、选拔所需要的人员;⑤制订合理的员工培训、发展规划;⑥制订考核标准及方案,科学开展绩效考核工作;⑦设计公平合理的薪酬福利及奖励制度方案;⑧为员工提供科学的职业生涯发展咨询;⑨提供开展人力资源管理自我诊断的科学依据。

职务分析是一项十分重要的工作,它开展得顺利与否,决定着企业人力资源管理工作的水平和层次。为了顺利开展职务分析工作,必须坚持以下原则。

①目的原则。由于职务分析的最终应用点不同,即职务分析目的具有不同性,因此,职务分析的重点也不相同。如果工作分析在于招聘,则分析的重点就在于任职条件的探询。如果分析的目的在于决定薪酬的标准,则分析的重点就在于工作责任、工作量、工作条件等因素的界定。如果分析的目的在于培训,则关注分析岗位的任职要求和现在能力分布状况。

②参与原则。职务分析的出发点是职务,而组织中的每个职位都是由特定的人员承担的。因此,职务分析需要各级管理人员和员工广泛参与,组织各层级、各部门进行协调和大力配合,而且需要建立整个组织的职责分工体系。

③应用原则。职务分析的最终目的是为组织设计、人力资源管理体系和工作设计等提供支持,所以,在开展职务分析工作之前,就需要非常认真地考虑职务分析结果的应用,切实将职务分析工作的成果展现出来。

7.3.2 康乐部职务分析与设计的基本程序

康乐部职务分析是对部门内部各个职位进行系统分析的过程,是一项复杂而细致的工作,必须遵循一系列科学的流程。在进行职务分析时,必须要确定最佳时机,明确职务分析的主体,遵循科学的流程,选择适当的方法。为了保证职务分析的顺利进行,在实践中一般采取综合式的分析方法,坚持谁知情谁分析,谁合适谁承担的原则,采取专家主导、员工参与、部门配合、领导扶持四结合的分析方式。整个过程分为3个阶段:准备阶段、调查阶段、分析完成阶段。

(1)准备阶段

康乐部专门成立职务分析小组,成员包括总经理、部门主管等。随后,职务分析小组进行讨论确定本次职务分析的目的是建立全面的康乐部职务体系,明确各个职务的工作职责和任职条件,了解与职务相关的流程、制度情况并进行完善。在正式调查开始前,组织一次全体员工的培训,向广大员工说明职务分析的意义和工作安排。通过培训,员工消除心理紧张,做好基础性的准备工作,明白工作分析对个人和企业的作用。

(2)调查阶段

职务分析常用的调查方法包括现场观察法、问卷调查法、访谈法、资料分析法、关键事件法、工作日记法等。

(3)分析完成阶段

通过现场观察和问卷调查,对收集到的职位信息进行分类和整理。依据康乐部的整个战略体系要求和职能划分区别,对现有的职位信息进行分析。采用讨论的方式处理各个职位的现有问题,对其中涉及职位混淆、职责不清晰的部分进行充分讨论,从战略实现、流程改进的角度进行重新设计,并从中确定各个职务新的工作分工与协作体系。在此基础上,康乐部进行职位说明书的编写工作(图7.3)。

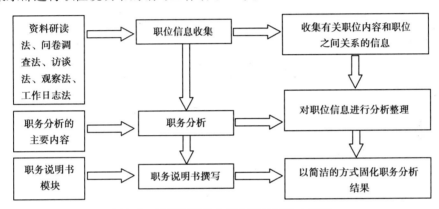

图7.3 康乐部职务分析与设计的基本流程

7.4 康乐部员工招聘与选拔

7.4.1 康乐部员工招聘的概念

康乐部员工招聘是指通过各种信息,把具有一定技能和其他特性的应聘者吸引到空缺职位上的过程。它由两个相对独立的过程组成:一是招募;二是选拔聘用。招募是聘用的前提和基础,聘用是招募的目的。招募主要是以宣传来扩大影响,达到吸引人应聘的目的;聘用则是使用各种选择方法挑选合格员工的过程。对于招聘者而言,其使命在于"让最合适的人在最恰当的时间位于最合适的职位,为组织作出最大的贡献"。康乐部的有效招聘,是指在适宜的时间范围内,采取适宜的方式实现员工、职位的最佳匹配,以达到因事任人、人尽其才、才尽其用的共赢目标。

从上述定义可以看出,康乐部员工有效招聘包括4个因素:应聘者和职位相互匹配,应聘者和组织相互匹配,职位和组织相互匹配,招聘的时间、方式与结果相互匹配。

7.4.2　康乐部员工招聘的途径和方法

康乐部要发展壮大,就必须招入大批有能力的实用人才,这种招聘可以采用两种不同模式相结合的方法:一种是外部选拔制;另一种是内部升补制。

（1）外部选拔制

外部选拔制是依托外部劳动力市场,通过各种外部招聘途径和渠道,采用测量、考试、评定和面试等科学的选拔方法,获取合格人才的一种聘任模式。外部劳动力市场的多样性和多层次性,使人才的补充来源非常丰富,具体的招聘方式有:

①各级政府所属的各类劳动力和人才交流中心。

②定期或不定期的招聘洽谈会或人力资源交流大会。

③利用传统媒体刊登招聘广告。

④与教学单位协作组织校园招聘。

⑤通过互联网进行网上招聘。

⑥通过各类非政府中介机构如"猎头"为康乐部招聘人才。

⑦通过企业单位在职人员举荐人才。

⑧应聘者自我推荐。

⑨利用康乐部自己建立的人才资料库。

⑩其他可以借用的方式,如通过举办社会公益活动宣传本康乐部,吸引应聘者。

通过外部劳动市场选拔人才的模式,具有以下优点。

①外部人才的加盟为康乐部输送了新鲜血液,从根本上解决了内部人才补充普遍存在"近亲繁殖"的弊端。新人才会给康乐部带来新的思想、新的理念、新的思维方式,使康乐部充满清新的活力。

②外部人才的引进一般是根据岗位的标准和要求,通过严格的初审、考核、面试等程序,从一定数量的候选人中认真甄别和挑选出来的。所以,引进的人才已经基本上具备了任职的资格和条件,一般具有较丰富的实践经验和较高水平的专业技术或专门技能,从而节约了大量的培训费用,相对缩短和减少了在岗位历练培养的时间与领导精力的投入。

③采用人才的外部选拔制,还可以有效防止"涟漪效应"可能带来的不利影响。一般而言,康乐部从内部选拔和提升某人担当重要的领导岗位职务,由于各种主观和客观因素的制约和影响,在同等经历、智力、能力水平的情况下,总会有一些同级、同职的人员落选。某人的升职必然对那些落选的同事在心理上产生一定的压力和影响,这种压力和影响即"涟漪效应",对于具有不同信念和价值观的人来说,将会产生不同的结果。

④采用外部选拔制,将有利于防止过度使用康乐部内部尚不成熟的人才。康乐部由于内部人力资源的相对稀缺性,当康乐部的业务迅速发展,组织机构急需扩充时,康乐部人事部门往往"饥不择食"。为了满足岗位的需要,不得不削足适履,将一些尚不具备条件的人员推上领导岗位,这样做虽然解决了一时之需,但后果不堪设想。如果康乐部建立了规范化的人员招聘选拔机制,采用外部选拔的模式,可以较好地解决这一问题。

⑤采用外部选拔制可以不断地补充企业的人才之需,也是加强康乐部人力资源的战

略性管理不容忽视的重要支撑点。康乐部想从人力资源的困境中解脱出来,必须制订长期的人力资源战略,并将外部人才选拔制作为重要的战略支撑点,才能实现战略目标,获得积极的成效。

外部选拔制作为康乐部人力资源补充的重要模式,其优势和长处是不容置疑的,但在采用这种模式时,应注意以下几个方面。

①通过外部招聘选拔人才,一般需要采用多种渠道和途径,例如使用报纸刊登招聘广告,参加人力资源洽谈大会等,这些活动都需要支付一定的费用从而加大了招聘的成本,特别是高级人才的选拔成本会相对高一些。

②在外部选拔招聘过程中,康乐部投入的时间、精力和费用存在着差别,可能会出现选才不当的情况。因此,康乐部在实际招聘中必须建立健全外部招聘选拔的制度,确立明确的程序和标准,严格把关,才能选取合格的人才。

③从外部引进的人才由于其社会背景和具体经历不同,一般来说,对新任的岗位需要有一个适应的过程。特别是对企业文化的认同和融合难度会大一些,这方面不如内部升补制。

④康乐部采用外部选拔的模式,必然会对在岗的员工带来一定的压力和影响。不仅其升职晋级受到威胁,而且有可能失去工作岗位。这种模式容易使员工缺少归属感和安全感。

（2）内部升补制

内部升补制是依托康乐部内在的劳动力市场,通过康乐部内部的人力资源部门选择或公开招聘等方法,根据现有员工的学历、知识水平、任职资格、工作业绩、岗位适合度以及实际能力提拔聘任符合岗位要求的合格人才的一种模式。具有以下优点。

①采用内部升补制的方式,满足康乐部人员的需求,补充工作岗位的空缺,有利于保持内部员工的稳定性,激发康乐部内部员工的积极性,鼓励员工积极进取,努力工作,认真学习,不断增强自身的竞争优势。

②康乐部从内部选拔聘任人才,可以有效地防止在识人、用人方面可能出现的失误。康乐部采用内部选拔聘任人才的模式,一般是根据员工过去的实际工作绩效,以及通过对任职资格、知识水平和实际能力的综合评价,最后做出人事决策。因此,这种方式将在识人用人方面比外部选拔制具有更大的优势。

③采用内部升补制,可以相对地节约通过外部劳动力市场招聘所需要支付的各种费用。

④由于康乐部的一些重要岗位空缺是通过内部选拔制来实现的,新就职的人员一般对康乐部内外环境和条件比较熟悉,不仅"地熟",占有一定的"天时地利",而且还"人熟",具有"人和"的优势。这些因素有助于他们迅速进入角色,充分发挥其应有的作用。

内部升补制作为康乐部人力资源补充的重要模式,其优势和长处是不容忽视的。但在采用这种模式时,应注意以下几个方面。

①内部升补制一个明显的缺陷是"近亲繁殖"。一个师傅带出的徒弟往往很难突破原有的思维模式和传统的框架。

②采用内部升补制,容易使企业内部人员的结构出现板块现象。由于人员的接替基本上按照层级阶梯递进,其结果是这种"团粒结构"往往保持康乐部经营活动的全局性以

及总体利益一致性的大敌。

③正是基于上述原因,内部升补制可能会造成康乐部领导层缺少思想碰撞的火花,缺乏竞争意识和创新精神。

④如果康乐部人才的补充完全依赖于内部升补制,在康乐部高速发展时期,不可避免会出现"低能高聘,以次充好"或"营私舞弊,以售其奸"的现象,甚至可能造成康乐部领导层拉帮结派不团结的情况出现。

康乐部人才由于是从内部选拔的,这就不可避免地产生"涟漪效应",犹如一石激起千层浪,在候选人群中出现思想、情绪上的波动,特别是在康乐部选拔提升的对象有失众望的情况下,这种波动将会更加严重。所以,康乐部在采用本模式填补工作岗位空缺时,一定要注意采取相应的对策和措施,扬长避短,充分发挥其积极作用,防止并克服其缺陷或不足。

总之,人才的聘任是康乐部人力资源管理的起点,是保证康乐部经营活动正常运行的重要前提,无论康乐部内外环境和条件有何不同,康乐部以哪一种聘任模式为主导,都需要认真对待。只有通过全面深入的分析研究,精心设计,精心实施,才能充分发挥它在康乐部管理中积极的促进作用,取得令人满意的结果。

7.5　康乐部绩效考核与薪酬激励

7.5.1　康乐部绩效考核的含义与员工工作绩效的特点

(1)康乐部绩效考核的含义

康乐部员工的工作绩效,是指员工经过考评的工作行为、工作表现和工作结果。康乐部员工工作绩效的高低直接影响整体工作效率和效益。康乐部的绩效考核,就是按照一定的考核标准,在一定的期间内,科学、动态地衡量员工对岗位职责的履行情况,以确定其工作成绩的有效管理方法。绩效考核通过全面、客观、公正地评价员工的工作绩效,能够使员工的贡献与收益、责任与收益、风险与收益相对称,把康乐部的整体利益和广大员工的个人价值融为一体,建立长期的激励机制,促进整体运营效率的提高。绩效考核作为康乐部人力资源战略的重要组成部分,是个人成长与发展的有效平台,最大限度地激发员工的积极性和创造性,使员工个人价值获得最大限度的实现,促进员工工作效率与综合素质得到整体提高,见表7.3。

表7.3　传统的人事考核和现代绩效考核的特征比较

比较内容	传统的人事考核	现代绩效考核
目的	1.总结过去的经验教训,不重视未来的改进 2.考核是为了对上级有所交代,注重形式 3.完成人事工作	1.总结过去的经验教训,重点在于提出未来的改进思路和方法 2.考核是为了完善组织的人力资源管理,注重内容管理 3.形成员工对组织的归属感,提高员工满意度

续表

比较内容	传统的人事考核	现代绩效考核
方法	1. 主观描述 2. 单向评定 3. 独立考核	1. 制订绩效标准,记录绩效,评估绩效 2. 双向沟通 3. 作为人力资源管理系统中的连续性考核
员工的权利	1. 员工不能了解考核结果 2. 员工不能提出要求 3. 员工没有提出问题、解释问题的机会	1. 员工有权了解考核结果 2. 要求员工提出建议,充分了解员工的要求 3. 让员工提出问题,并充分解释
上级主管考核方式	1. 居高临下,一言堂 2. 主管掌控整个考核过程	1. 平等沟通,互相交流 2. 员工参与整个评估活动
结果	1. 不了解员工的想法和要求 2. 没有获得建议 3. 下达未来的工作任务 4. 员工无所收获 5. 组织无实质性改进	1. 了解员工的想法和要求 2. 获得员工对组织发展的意见、建议和创新观念 3. 共同制订未来的工作目标 4. 员工增强自信心和满意感,获得发展的机会 5. 组织增强了凝聚力,提高了效率

(2)康乐部员工工作绩效的特点

员工的工作绩效具有多因性、多维性和动态性的特点。深入了解员工工作绩效的影响因素及其具备的特点,对设计有效的绩效考核方案,具有非常重要的意义。

1)工作绩效的多因性

员工的工作绩效不是由单一因素来决定的,而是受各种主、客观因素的影响。工作绩效是员工所面临的工作环境、员工自身的能力水平和对员工所提供的激励因素共同作用的结果。用公式表述如下:

$$P = f(E, A, M)$$

式中　P——绩效;

　　　E——环境;

　　　A——能力;

　　　M——激励。

其中,环境是影响员工工作绩效的外部因素,对保证员工工作绩效的实现起着不可忽视的重要作用。能力主要是指员工的工作技巧和能力水平,员工所在岗位的性质不同,所要求的工作能力也有所差别。激励主要是指由内部环境和员工本身工作态度所决定的员工的工作积极性。

2)工作绩效的多维性

工作绩效是员工工作结果的总称,包括岗位职责的履行情况和工作任务的完成情况等多个方面。在工作绩效的决定因素中,员工对所在岗位工作任务的直接完成情况构成其工作业绩的一个主要方面。同时,对员工工作绩效的衡量,还必须要考虑员工在所在岗位上的工作效率,员工与其他同事相互沟通和合作的情况。员工的绩效考核只有朝着多种维度、多个方面进行,才能够获得有关方面真实、有效的评价。

3)工作绩效的动态性

员工的工作绩效是一段时间内员工工作情况的综合反映。员工工作绩效的动态性主要体现在两个方面:一是员工工作绩效的内容随着康乐部的不断发展和员工工作内容的不断调整,体现出了动态性的特点;二是员工基于岗位职责的工作表现具有动态性特点。鉴于员工工作绩效所表现出来的动态性特征,对工作绩效的考核,也应该体现动态性的特征。

7.5.2 康乐部员工绩效考核作用

(1)为员工的薪酬调整、奖金发放提供依据

绩效管理会为每位员工提供一个考评结论,这个考评结论无论是描述性的,还是量化的,都可以为员工的薪酬调整、奖金发放提供重要的依据。这个考评结论对员工本人是公开的,并且要获得员工的认同。所以,它作为依据是非常有说服力的。

(2)为员工的职务调整提供依据

员工的职务调整包括晋升、降职、调岗,甚至辞退。绩效管理的结果会客观地对员工是否适合该岗位作出明确的评判。基于这种评判而进行的职务调整,往往会让员工本人和其他员工接受和认同。

(3)为上级和员工提供一个正式沟通的机会

考评沟通是绩效管理的一个重要环节,它是指管理者(考评人)和员工(被考评人)面对面对考评结果进行讨论,并指出优点、缺点和需要改进的地方。考评沟通为管理者和员工创造了一个正式的沟通机会。利用这个沟通机会,管理者可以及时了解员工的实际工作状况及深层次的原因,员工也可以了解管理者的管理思路和计划。考评沟通促进管理者与员工的相互了解和信任,提高了管理的穿透力和工作效率。

(4)让员工清楚企业对自己的真实评价

虽然管理者和员工可能经常会见面,并且可能经常谈论一些工作上的计划和任务,但是员工还是很难清楚地明白康乐部对自身的评价。绩效考评是一种正规、周期性对员工进行评价的系统,由于评价结果是向员工公开的,员工就有机会知道企业对他的评价,这样可以防止员工不正确地估计自己在组织中的位置和作用,从而减少不必要的抱怨。

(5)让员工清楚部门对他的期望

每位员工都希望自己在工作中有所发展,员工的职业生涯规划就是为了满足员工自我发展的需要。但是,仅仅有目标,而没有进行引导,也往往会让员工不知所措。绩效管理就是这样一个导航器,它可以让员工知道自己需要改进的地方,指明员工前进的航向,为员工的自我发展铺平了道路。

(6)部门及时、准确地获得员工的工作信息,为改进康乐部决策提供依据

通过绩效管理,康乐部管理者和人力资源部门可以及时、准确地获得员工的工作信

息。通过这些信息的整理和分析,可以对康乐部的招聘制度、选择方式、激励政策及培训制度等一系列管理决策的效果进行评估,及时发现决策中的不足和问题,从而为改进决策提供有效的依据。

7.5.3　康乐部员工绩效考核体系设置与结果反馈

(1)康乐部员工绩效考核体系设置

"绩"主要指履行岗位职责阶段的业绩,包括业务工作数量、质量、改革、创新等方面取得的成果,是企业和员工完成年度生产经营目标的具体体现。"效"侧重反映员工履行岗位职责过程的能级,包括道德品质、敬业精神、学识智能、技能体能等方面的表现,是反映和调整企业现状,优化员工结构的依据。

1)对员工考核实行人员分类、内容分解、逐项测评的办法

考核具体内容见表7.4。

表7.4　考核具体内容

考核对象	考核内容	
	业绩考核	效能评估
高级管理人员	年度主要目标	决策和授权能力
	经营管理目标	计划组织协调能力
	管理技术创新成果	培养创新人才和效率
一般管理人员	工作目标和控制	沟通和写作能力
	业务创新和动态管理	财务管理的规范和技巧
	贯彻任务目标结果	问题的解决和分析能力
服务人员	工作数量和质量	劳动技能和敬业精神
	工作态度和效率	责任和团队精神
	出勤和安全纪录	接受培训和遵章守纪
后勤人员	工作数量和质量	工作数量和质量
	工作态度和效率	工作态度和效率
	出勤和安全纪录	出勤和安全纪录

2)绩效权数设置

针对岗位管理目标的不同,各种对象和岗位的绩效考核内容应有所侧重,可区别设计简单劳动岗位和复杂劳动岗位、管理人员、服务人员和后勤人员的绩效考核权数,具体分配见表7.5。

表7.5　绩效考核权数示例

考核对象	复杂劳动岗位		简单劳动岗位	
	业绩	效能	业绩	效能
管理人员	55	45	65	35
后勤人员	65	35	75	25
服务人员	60	40	70	30

为了平衡被考核单体因考核者主观掌握上的偏差,如环境、组织、个人以及伦理、情感等,避免人为因素影响结果的公正性,使相同的考核等级或分数具有可比性,上一级管理人员在调整考核单体内部的考分时,要按照严者加分、宽者减分的原则进行。

(2)康乐部员工绩效考核结果反馈

员工的考核情况经管理部门汇总并对其绩效进行评估后形成的考核结论,应肯定成绩、找出差距,由主要考核人将合理的评价反馈给员工本人,进行一次开诚布公的谈话,以激发其热情,发现自己的价值,同时促使其反思。形成客观的认识、避免矛盾和误解的积压,并且明确今后的努力方向。

①绩效考核的结果要体现人才的资本价值,与员工个人的提拔任用、工资晋级、培训进修、下岗淘汰直接挂钩。员工只要仍然在企业工作,激励和约束的力度就将对其职业生涯和能力发展产生持续和足够的刺激作用,这种激励和约束对于大多数员工来讲将表现为遵纪守法、积极进取、努力开拓的态势,少数人则会陷入逆水行舟、不进则退的尴尬境地。其结果是,形成把最恰当的人放在最合适的位置上使用的局面。

②考核要以人为本,反映员工最本质的现象和事实并突出两个重点。一是以反映岗位业绩为重点,就是在考核内容上突出"绩";二是以评估员工能力为重点,也就是在评价体系上突出"效"。

7.5.4　康乐部员工薪酬激励

(1)薪酬与激励

薪酬管理在现代康乐部的人力资源管理中是不可或缺的,先进的薪酬制度有效吸引、保留和激励员工,从而在保持康乐部的长期稳定发展和增强竞争力方面具有重要的作用。因此,确立什么样的薪酬观念对康乐部科学的薪酬管理制度的建立不仅是必要的,而且是至关重要的。

(2)康乐部薪酬观念

其应基于以下观念建立薪酬管理体系。

①建立双赢的薪酬,康乐部通过薪酬发放能达到激励员工的目的,而员工也能通过薪酬的获得体现自身的价值。如果职工获得的是与自己价值相配的薪资,那么自身价值得到认可,自我满足与自豪感得到提升的同时,对康乐部的满意度和忠诚度也会相应地随之

增强,而职工的这种满足度和忠诚度回馈给康乐部的是在工作中所展示的敬业、勤业、乐业、奉献。

②建立富有竞争力的积极的动态薪酬。同一行业的两个康乐部对同一目标下的工作职责和范围要求会有所不同,因此,在同行业康乐部之间存在"同名不同酬"的现象。但是,如果一个康乐部平行相比于同行业的其他康乐部,薪酬差距太大,甚至居于末流,康乐部不及时调整薪酬政策,那么必将陷入人才流失、竞争能力下降的险境。因此,采取积极动态的薪酬政策——通过合法的手段及时掌握同行业各职位的薪酬水平及相关信息,并对信息进行科学分析,在调查分析的基础上再根据市场的变化及时调整薪酬政策。

③有一整套科学的康乐部岗位评估体系、员工价值评判标准支持。对康乐部员工来说,不同岗位体现不同的价值,代表不同的薪金水平,因此,康乐部通过一些方法如参照法、分类法、排列法、评分法、比较法等对康乐部内部的岗位进行科学评估是保证康乐部薪酬公正的重要前提。另外,康乐部对职工价值的不同判断也直接决定着员工从事不同的职位,从而领取不同水平的薪金。因此,康乐部对员工价值评判的科学与否也决定康乐部薪酬的公正性。

④人文化的薪酬是康乐部实现人力资源管理无缝隙的重要保证。人文精神是一种普遍的人类自我关怀,它表现为对人的尊严、价值、命运的维护、追求和关切,对一种全面发展的理想人格的肯定和塑造。而人文精神普遍表现在人的一切活动中,它关注的是人类价值和精神表现。人文化的薪酬就是指康乐部的薪酬应体现出康乐部对员工的尊严、价值的尊重,能够表现出对健全人格的崇尚。

7.6　康乐部人力资源培训与开发

人力资源培训与开发是康乐部人力资源管理的一个重要内容。从员工角度来看,培训可以帮助员工充分发挥和利用其个人潜能,更大程度地实现其自身价值,提高工作满意度,增强对康乐部的归属感和责任感。从企业来看,对员工的培训和开发是应尽的责任,有效的培训可以有效提高员工的工作效率和经济效益,增强康乐部的市场竞争能力。

7.6.1　康乐部人力资源培训目的

(1)注重人格的培养

人格培养要经过千锤百炼。缺乏应有的人格锻炼,就会在商业道义上产生不良的影响。

(2)注重员工的精神教育和人才培养

对员工精神和常识上的教导,是身为经营者的责任。培养员工的向心力,让员工了解康乐部的创业动机、传统、使命和目标。

（3）培养员工的专业知识和形成正确的价值判断

没有足够的专业知识，不能满足工作上的需要，但如果员工没有正确判断事物的价值，也等于乌合之众，无法促进康乐部以至社会的繁荣。只要随时培养判断价值的意识，就会有准确判断。这样，做事时就能尽量减少失败。鼓励员工不断努力，相互学习，探讨如何才是正确的价值判断。

（4）训练员工的细心程度

细心体贴看起来似乎是不足挂齿的小细节，其实是非常紧要的关键部分，往往足以影响大局。因为在日新月异的现代世界，如果人们犯了一点儿差错，就可能招致不可挽回的局面，所以这种体贴而用心的表现是至关重要的。

（5）培养员工的竞争意识

无论政治或商业，都会因为比较而产生督促自己的力量，一定要有竞争意识，才能彻底发挥潜力。康乐部不仅要为当前贸易造就竞争强人，而且要为21世纪培养人才。

7.6.2 康乐部人力资源培训内容

培训内容取决于康乐部的发展战略和阶段性任务。康乐部内部培训包括以下几个方面。

①新员工的培训，包括康乐部文化的培训、工作程序和业务流程的培训、康乐部背景和历史的培训、康乐部内部法律事务的培训。显然，这绝不是几天时间介绍、讲解所能完成的，上岗培训、企业文化培训、轮岗培训应为一周的时间，尤其是文化培训为全脱产封闭式培训。

②岗前资格培训，包括岗位要求的知识和技能培训，康乐部的员工进入岗位，就应先接受一个月的初步培训，一部分时间在各部门学习，另一部分时间在培训中心学习。针对有潜力的员工可以设置初级经理培训，包括管理、领导才能、交流、行政、认知和技术能力等课程，分别在课堂学习，在岗位培训实习。

③转岗培训根据具体情况，包括管理和技能的培训，如果康乐部的员工即将走上经理岗位，要接受领导才能培训，其中包括用较多程序来测试和提高其能力。

④特定技能培训，根据企业的具体需要而定。在康乐部，沟通就是一个全员培训项目，康乐部的员工无一例外地参加。员工意识到沟通就是一项基本技能，仅仅在理论上知道还不够，需要能够做出来。个人优秀还不够，还要团队优秀，康乐部优秀，才是更高的境界。因此，只有培训和练习，才能在日常行为和工作中成为规范和准则。培训也是生产力，它通过提高管理水平、提升人才素质、传播企业文化直接促进生产力的发展，同时，也是科研生产进一步发展的推动力。现有的培训体系和结构，以及方式方法有许多问题值得反思。

7.6.3 康乐部人力资源培训效果评估

培训效果评估，主要包括以下4个层面。

（1）反应层面

需要评估以下几个方面：对培训内容、讲师、方法、材料、设施、场地等的评价，要有总体的评价，询问员工感觉怎样？但是这样容易产生一些问题，比如以偏概全、主观性强、不够理智等。因此，还必须有涉及以上内容的更细致的评估方法。

（2）学习层面

主要评估方式有考试、演示、讲演、讨论、角色扮演等。这个层面评估的优点是对培训学员有压力，使他们更认真地学习，对培训讲师也有压力，使他们更负责、更精心地准备课程并进行讲课学习。

（3）行为层面

主要评估方式有观察、主管的评价、客户的评价、同事的评价等。这个层面评估的好处是培训的目的就是改变学员的行为，因此，这个层面的评估可以直接反映课程的效果，可以使高层领导和直接主管看到培训的效果，使他们更支持培训。

（4）结果层面

康乐部或学员的上司对最关注并且可量度的指标，如质量、数量、安全、销售额、成本、利润、投资回报率等，与培训前进行对照。

案例分析

掉下来的美甲

某天，一家酒店卡拉OK包房的服务员在为顾客端酒水上桌时，不慎把假指甲落在了盘子上。那是一只十分漂亮的假指甲，掉在盘子上十分醒目，服务员想去补救时已经来不及了，顾客十分不满，进行了投诉。酒店经理对此十分生气，要求以后酒店卡拉OK厅的一线服务人员不许再戴假指甲、假睫毛、假发等，这种"一刀切"的做法又招致了许多服务员的不理解。

现在，假指甲、假睫毛、假发等十分流行，许多服务员也追赶时尚潮流"武装"自己。但是，这些东西有时会带来令人意想不到的意外，并会给顾客带来不必要的不愉快。

康乐部经理在讲究个性、讲究形象的今天，如何避免这样的事情发生？

分析：

①康乐部经理首先应该制订仪容仪表和言行规范，对员工的仪容仪表要求做出具体的规定，并规定奖惩措施。

a. 发式。头发应保持整洁，按时修剪。男员工发长不许盖过耳部及衣领，胡须每天刮净。女员工头发应梳理整洁，不得散乱或披肩，长头发必须扎束或者盘发，不得梳理怪异发型及染怪异发色，不得留男士发型。

b. 化妆。女员工面部化淡妆、口红淡薄，不要浓妆艳抹，化妆时不要使用怪异的颜色，不提倡使用香水，特别是不许使用浓烈的香水。手指甲应经常修剪，指甲要短于指尖，除涂无色指甲油不得使用其他化妆品。

c. 饰物。颈部不得戴项链等饰物，不准戴手镯，手表应尽量用衣袖遮住，不准戴耳环等悬垂物的耳部饰品,可戴直径小于一厘米的耳钉。除按摩员外,其他岗位员工允许戴普通戒指一枚。

　　d.着装。必须穿工服上岗,穿衬衣或者短袖的员工,应统一将上衣下摆收入裤(裙)内。工牌应佩戴在左前胸上衣兜口处。不允许光脚穿鞋,穿短裙的女员工应配穿长筒袜。皮鞋每天应擦亮。

　　②康乐部经理应该建立相应的岗前检查制度,部门主管、领班要行使相应的检查职权并承担相应的责任。

　　③建立相应的培训制度,员工入职前应该进行必要的入职培训,岗位对于员工仪容仪表的要求包括个人容貌、服饰和卫生等方面,让每个员工了然于胸。在日常工作中,对服务员注入美的意识,将企业的审美文化通过培训和管理灌输给服务员,与服务人员的审美趋向一致,获得服务人员的认可。

本章问题及讨论

　　1.康乐部现代人力资源管理的内涵是什么?

　　2.康乐部人力资源管理的基本原理有哪些?

　　3.简述康乐部人力资源管理体系的构成。

　　4.康乐部人力资源规划的流程是什么?

　　5.如何进行康乐部人力资源需求预测?

　　6.康乐部招聘的途径和方法有哪些?

　　7.如何进行康乐部员工的职务分析与设计?

　　8.康乐部员工内部选拔的途径和方法有哪些?

　　9.简述康乐部员工绩效考核体系。

　　10.康乐部人力资源培训的具体内容是什么?

第8章 酒店康乐部的服务质量管理

【学习目标】

通过本章的学习,了解酒店康乐部服务质量的含义和内容,熟悉影响酒店康乐部服务质量的因素和康乐部服务质量的基本原则,掌握康乐部服务质量的主要内容。

【学习重点】

在了解康乐部服务质量管理理论的基础上,熟悉康乐部服务质量管理的内容,熟练掌握提高康乐服务质量的方法和途径,能对康乐部基本工作进行有效管理。

【主要内容】

1.康乐部服务质量管理理论
2.康乐部服务质量管理的基本原则
3.影响康乐部服务质量的因素
4.康乐部服务质量的管理内容

8.1 康乐部服务质量管理理论

8.1.1 康乐部服务质量的含义和概念体系

(1)康乐部服务质量的含义

康乐部服务质量是指为满足顾客的需要,部门与顾客之间接触的活动以及康乐部内部产生的结果。康乐部服务是以顾客为中心展开的,服务质量是衡量消费者服务期望满意度的重要指标,即酒店康乐部所提供的服务是否满足消费者的期望。康乐部服务质量主要包括康乐设施的保养维护、服务时间与速度性、服务人员的态度等。服务质量的好坏直接影响酒店的声誉、形象、管理水平和经济效益。因此,必须对酒店康乐部的服务进行严格的质量管理。

（2）服务质量感知模型

格罗鲁斯提出了感知服务质量的三维度模型,认为感知服务质量由技术质量、功能质量和企业形象3个部分构成。但1984年其在著作《一个服务质量模型及其营销含义》中,对该模型进行了修正,将其简化为技术质量和功能质量两个维度,企业形象则发挥过滤作用。良好的企业形象将对顾客感知的服务产生积极影响,不好的企业形象将对顾客感知的服务产生消极影响。该模型强调服务质量是顾客的主观感知,并认为服务质量取决于顾客期望的服务与实际感知的服务进行比较后的结果。其中,顾客期望的服务主要受企业营销、口碑、形象和顾客需求等因素影响,而顾客感知的服务则受服务的产出和传递过程的影响(图8.1)。

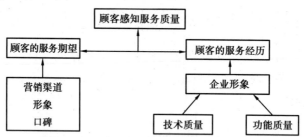

图8.1　格罗鲁斯顾客感知服务质量模型Ⅱ

（3）服务质量差距模型(5GAP模型)

服务质量差距模型也称5GAP模型,是20世纪80年代中期到90年代初期美国营销学家提出的。5GAP模型专门用来分析质量问题的根源,其核心为感知服务差距(差距5),即顾客期望的服务与顾客所经历的服务之间的差距。要解决这一问题,就要对以下4个差距进行弥合:①管理者认识的差距,即不了解顾客的期望;②质量标准差距,即未选择正确的服务设计和标准;③服务交易差距,即未按标准提供服务;④营销沟通的差距,即服务传递与对外承诺不相匹配(图8.2)。

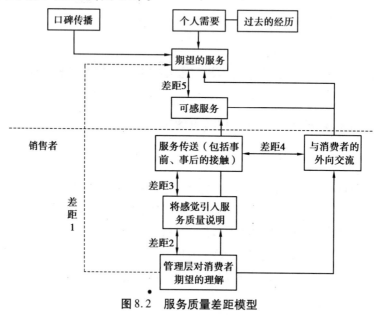

图8.2　服务质量差距模型

（4）服务质量模型（SERVQUAL 模型）

SERVQUAL 为英文"Service Quality"（服务质量）的缩写，该词最早出现在 1988 年美国市场营销学家一篇题目为《SERVQUAL：一种多变数的顾客感知的服务质量度量方法》的文章中。该模型是目前从顾客角度出发评价服务质量最有影响力的模型，其核心为服务质量取决于用户所感知的服务水平与用户所期望的服务水平的差别程度，用户的期望是开展优质服务的先决条件，提供优质服务的关键就是要超过用户的期望值。

SERVQUAL 将服务质量分为 5 个层面：有形性、可靠性、响应性、保障性、移情性。每一层面又被细分为若干个问题，通过调查问卷的方式，让用户对每个问题的期望值、实际感受值及最低可接受值进行评分，并由其确立相关的 22 个具体因素进行说明，然后通过问卷调查、顾客打分和综合计算得出服务质量的分数（图 8.3）。

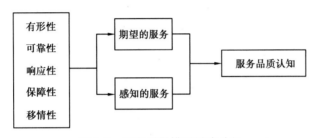

图 8.3 服务质量模型影响过程

8.1.2 技术质量和功能质量

（1）康乐部技术质量

酒店康乐部技术质量主要是指康乐部能够提供顾客什么，以及康乐部服务带给顾客的价值，如康乐部为顾客提供种类齐全的康乐设施、良好的康乐环境等。技术质量的高低，在很大程度上决定了服务质量的高低。如果顾客来到酒店康乐部，服务员热情好客，服务细致，但是康乐设施严重失修，水电不能用，空调不能用，顾客也不会感到满意。

（2）康乐部功能质量

酒店康乐部功能质量主要是指康乐部如何向顾客提供服务，以及顾客接受服务的感觉，即顾客对服务的认知态度。例如，顾客在享受美容按摩时，服务人员的态度等。功能质量的好坏关键取决于顾客的感觉，无论服务人员如何工作，顾客的感觉都是主观性居多。因此，在功能质量中，主观因素占据相当成分，功能质量的变数相对较大。

8.1.3 康乐部"服务质量之轮"

酒店康乐部服务质量的管理是康乐部服务绩效、康乐部员工和服务质量三者相互作用的过程。员工是影响服务的重要因素，服务质量又将直接影响绩效，绩效再反过来激励员工士气（图 8.4）。

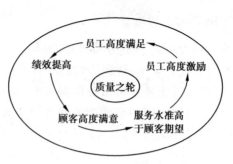

图 8.4　服务质量之轮

8.1.4　康乐部服务质量控制

服务质量是衡量消费者服务期望满意度的重要指标,即酒店康乐部所提供的服务是否符合消费者的期望。换言之,康乐部服务质量是指酒店在有形和无形产品的基础上提供的服务适合和满足宾客需求的程度,也就是说,酒店以康乐设施场地活动等有形产品为依托所提供的服务对客人物质和精神需要的满足程度,即客人享用服务时获得的感受和满意程度。

服务质量主要包括服务设施的平时保养维护、服务时间与速度性、服务人员的态度等。为了提高酒店康乐服务的服务质量,满足不同客户的消费需求,必须加强服务人员的训练与专业技能的培训,加强对服务人员的监督,授予一线工作人员更大的处理权与判断范围,以技术、教育与质量为导向挑选服务人员,塑造员工的荣誉感与质量感,掌握服务人员接洽业务的服务质量与绩效。

8.2　康乐部服务质量管理的基本原则

（1）以顾客为中心

以顾客为中心是现代服务的基本原则,酒店康乐部无疑要把顾客的感受、想法、意见等作为自身改进和完善的标准,在提供细致服务的同时最大化地满足客人的需求。

（2）全方位服务

细致周到的服务是酒店康乐部的核心,如何将这种服务做到全面化、系统化就显得尤为重要。全方位服务应是连贯的细化服务,顾客可以在有限的空间范围内体验多种享受。

（3）高效灵活

现代社会与服务质量并存的就是服务效率,高效而优质的服务才是一个酒店康乐部赖以生存的根本。随着时代的发展,人们对服务的要求越来越高,衡量标准也越来越多,如果只注重内容而没有效率和方法,也称不上优质的服务。

（4）安全可靠

安全可靠是顾客享受所有服务的前提,人身安全、财产安全、环境安全、设施设备安全等各方面的工作直接决定接下来的一切服务能否成功。因此,安全原则尤为重要。

8.3　影响康乐部服务质量的因素

影响酒店康乐部服务质量的因素包含两个方面的内容,即硬件部分和软件部分。硬件部分主要是指康乐部提供的设施设备和环境氛围;软件部分主要是指康乐部员工的素质和服务文化。

（1）设施设备

酒店康乐部的设施设备是客人享用康乐服务的前提和保证,它包括设施的先进程度、舒适程度、方便程度、安全程度和完好程度。康乐设施性能要达到康乐企业经营服务的要求和符合产品设计的寿命,康乐设备要符合国际和国家的安全卫生标准,应有防止事故发生的各种装置及安全服务,如自动报警、自动断电、自动停止等。健身房应配急救药箱、氧气袋及急救用品等,对健身过程中出现身体不适的客人及时进行照顾,所有的康乐设备都要严格按卫生标准进行清洁和消毒,康乐设施外观应与康乐项目相协调,符合时代潮流,注意客人使用的适用性和易操作性,从而提高客人的满意度。

（2）环境氛围

康乐部提供的产品不能仅限于满足客人对于康乐服务的基本需求,而要整合各个要素形成满足顾客个性化需求的氛围,顾客从中获得难忘的体验。康乐部环境氛围的深度营造也会激发顾客强烈的感情认同,顾客获得独特、难忘、持久的感受,从而形成顾客忠诚。康乐部环境氛围主要包括装修的色彩氛围设计、声音氛围设计、灯光氛围设计以及员工的着装设计。对康乐部 SPA 馆来说,这里是让客户身心放松的地方,因此,可以播放以休闲放松、调节情志为主的音乐,更能让顾客有放松康乐之感。

（3）员工素质

员工素质是现代化企业综合竞争力的原动力,包括服务态度、服务效率、专业技能等多个方面。酒店是一个特殊行业,它所提供的产品就是服务,而酒店的康乐部更是如此。因此,员工良好的职业道德、强烈的服务意识、良好的沟通交流能力等一系列因素直接影响康乐部的服务质量。

（4）服务文化

酒店的服务行业属性决定了服务文化在其竞争力中举足轻重的地位。康乐部独特的娱乐休闲属性又决定其服务文化在运营管理中的重要性。康乐部服务文化包括情感化服务、精细服务、语言服务、超值服务、方便性服务等。顾客到康乐部消费,服务本身就是主要产品之一,顾客消费其他产品,也需要得到高质量的服务,所以,服务管理是康乐部服务质量管理的生命线。高质量的服务,需要高素质的员工来实施,并且要匹配相应的设施、服务制度、服务项目与创意、服务仪式、服务行为、服务情感表现等。因此,高质量高品位康乐部服务会形成特有的文化。

8.4 康乐部服务质量管理内容

8.4.1 酒店康乐服务质量的内容

酒店康乐服务质量的内容包括有形的服务质量和无形的服务质量。有形的服务质量是指康乐部提供的有形产品,主要包括酒店的康乐设施、设备的质量和康乐项目的质量;无形的服务质量是指酒店提供的无形产品,主要包括劳务质量和环境质量。

(1)康乐设施、设备的质量

康乐设施、设备质量是客人享用康乐服务的前提和保证,包括设施的先进程度、舒适程度、方便程度、安全程度和完好程度。康乐设施性能要达到康乐企业经营服务的要求,符合产品设计的寿命。康乐设备要符合国际和国家安全卫生标准,应有防止事故发生的各种装置及安全服务,如自动报警、自动断电、自动停止等。健身房应配急救药箱、氧气袋及急救用品等,对健身过程中出现身体不适的客人及时进行照顾。所有的康乐设备都要严格按卫生标准进行清洁和消毒。康乐设施外观应与康乐项目相协调,符合时代潮流,注意客人使用时的适用性和易操作性,还要贴合舒适的装修环境,提高客人的满意度。

(2)康乐项目的质量

现代消费观念认为,高星级酒店是一个包罗万象的小社会,可以享受到各方面的乐趣。有足够经营场地和条件的高星级酒店,应最大限度地使康乐部项目更加多姿多彩,可以把传统康乐项目与创新康乐项目结合起来,康乐项目之间要努力实现相互配套,进一步满足客人的多样化和整体需求。例如,开设室内康乐项目,包括保龄球、台球、乒乓球、壁球、羽毛球、棋牌、舞厅、迷你室内电影、卡拉OK等,也可以开设户外康乐项目,包括网球、高尔夫球、游泳池、温泉水疗、室外游乐项目等。

康乐项目必须突出自己与众不同的地方和优势,同时还要把独特的健康休闲氛围渗透到酒店的各个方面,使酒店的个性和风格更加突出。酒店可为女性设置专属楼层,配套瑜伽设施和化妆品,专业美容美体、艺术美甲、美发护发等,为女性提供闲适又舒缓的体验。

(3)劳务质量

康乐部的劳务质量主要包括康乐员工的形象和素质、管理水平、服务技能和服务态度等。

首先,经营管理人员应具备系统的康乐管理知识和专业知识,能够设计出最优的具有可操作性的服务程序和作业方法,使服务人员的动作、语言规范、时间限制等都有量化的服务标准,康乐服务质量具有可衡量性;还要建立严格的服务质量管理制度,以便根据服务质量标准及时监督、检查、衡量、评估服务质量水平,对不符合质量要求的服务行为制订改进措施。

其次,服务人员要做到服务态度最优化、服务技能专业化、服务效率高效化、服务方式灵活化、服务细节人性化,让热情待客、殷勤服务有形化。以服务方式灵活化为例,高星级酒店都有各自习惯的服务方式,客人也有自己习惯接受的服务方式,服务方式灵活化就要求酒店尽量按客人习惯接受的方式提供服务,这样就能在标准化、规范化服务的基础上提供个性化服务,从而达到超越客人期望的目标。

最后,针对康乐部的特征,康乐部还应配备专业康乐师、相关的教练指导、健康咨询师等,因为现在大部分康乐项目的操作和服务都具有较强的专业性,配备专业康乐指导人员能为客人提供正确的指导性服务,对某些特别专业的项目还可以开办培训班向客人提供技术上的服务,这些也是康乐部高品质服务的体现。

(4)文化质量

康乐产品与文化的融合是酒店康乐业发展的必然趋势,也是一种更高层次的竞争手段。经营者应把注意力转向提高康乐产品的文化品位和文化内涵,突出产品的知识化特点,充分体现产品文化价值的作用,坚决避开低级趣味和康乐消费中的不法行为。结合中国酒店原有的特长,再结合康乐项目文化性,康乐部的经营管理实现一种高品位的提升。例如,羽毛球运动除了全面锻炼身体,还可以开展羽毛球文化探源、历史、经典赛事、故事等为主题的活动,羽毛球运动塑造成培养良好道德风尚、陶冶情操、交流友谊、创造和谐的文化产品,羽毛球的文化逐步内化为人的内在精神气质。又如,高尔夫深厚的文化内涵是基于 500 年来所形成的高尔夫礼仪和规则,是一种历史的延续和进步,高尔夫的经济价值正源于其文化内涵。这项文明高雅的运动有着绝佳的交际交流的文化职能,使人们身体平稳和协调,保持平和的心态,体现人与自然的融合。在运动过程中,体现公平、诚实、和谐、信任以及对自身潜能的追求,还必须考虑场上策略的运用。再如,可以借助酒店的多功能厅举办小型音乐会、画展、书法展以及各种文化交流活动,进一步体现康乐部甚至整个高星级酒店的文化层次。可见,借助文化的亲和力,康乐产品中的文化因素与消费者的价值观念可以结合起来,满足客人对康乐活动更高层次的需求,也可以使企业能在竞争中立于不败之地。

8.4.2 提高服务质量的方法和途径

(1)合理使用、维护和更新康乐设施设备

酒店康乐设施设备是康体项目服务的载体,同时,设施的质量也是体现酒店康体服务水平的重要指标,所以,科学合理地使用康体设施就显得尤为重要。首先,合理使用并建立专门部门对设施进行维护,可以保证并延长设施的使用寿命。提高设施的使用效率,就能减少设施更新、更换导致的资金浪费;其次,按照正常的使用标准,科学合理地更新设施,有利于从根本上提高康体项目服务质量,提高酒店的消费档次。

(2)建立严格的服务质量管理制度

酒店可以根据《旅游饭店星级的划分及评定》服务质量评定标准关于康乐服务的部分,制定酒店康乐服务质量标准及操作规范。酒店除了要求康乐部员工严格按照康乐服务标准及操作规范对顾客服务,还要对员工进行有针对性的培训(定期或不定期),如沟通能力培训、技能培训、技巧指导性培训等。

(3)开通顾客意见反馈渠道

为了确保酒店康乐部朝着健康的方向发展,康乐部不仅要提供完善的设施、高雅的环境,还要因人而异地向人们提供指导、咨询,开通顾客意见反馈渠道,酒店需要站在顾客的立场而不是从企业的角度了解顾客的需求和期望,用科学的方法分析自身的服务是否满足顾客的需求。

(4)个性化服务创新

创新包括两个方面,即项目创新和服务创新。酒店经营者应对那些康乐形式单调,内容不受消费者青睐的项目加以改造,使其更符合客人的需要。康乐部只有不断推出区别于竞争对手的特色产品才能吸引更多的顾客,并最终得到市场的认可。酒店可以从服务方面进行创新。例如,酒店康乐服务员引导团队客人进行有规则的比赛,其他客人可以消费另外的康乐项目,从而提高酒店的收益。

案例分析

美容中心的预约电话

某五星级酒店的两个楼层正在改造装修客房,为了提高这一特殊时期的客房入住率,酒店承诺在楼层改造装修期间,美容、健身、桑拿服务价格均给予8折优惠。一天上午,住在该酒店1714房的苏女士打电话到美容中心预约美容,11点钟苏女士到了美容中心,美容完毕后,服务员小李递上了账单,苏女士一看就很生气,径直去找大堂副理,对美容中心没有实现酒店的承诺给予她相应的折扣优惠表示十分不满。苏女士说,她是通过酒店的电话预约的,很明显,服务人员应该知道她是住店客,应该主动在账单上打折,她对五星级酒店服务人员出现这样低级、疏忽的错误感到气愤。大堂副理十分理解苏女士的心情,立即向苏女士道歉,承认由于酒店方面的信息沟通和对员工的培训不力而伤害了她。康乐部经理也诚恳地向苏女士当面认错,并主动在账单上打了6折。苏女士对此表示满意。

分析:

本案例反映了员工在移情性和响应性这两个维度方面做得还不够,美容中心服务员没有主动站在顾客的立场上,把顾客的利益放在第一位,从而使顾客产生了遭受不公平待遇后对酒店不满意的心理。服务人员应该站在顾客的立场,设身处地为顾客的需求和利益着想,公平地对待每一位顾客。同时,康乐部在管理上也存在空缺,酒店有楼层在维修改造,势必会给顾客带来一些不便,因此酒店承诺美容中心等部门给予顾客优惠,此举措是为了提高顾客感觉中的消费价值,吸引顾客入住客房,从而达到提高酒店整体效益的目的。那么,相关部门就应该注意到酒店的这一促销措施,并通知到每一个员工,强调必须照此执行。显然,美容中心没有工作到位。因此,康乐部要加强管理,加强部门、管理者与员工、员工与顾客等方面的沟通,加强管理人员的现场督导,提高员工的素质及工作能力和应变能力,严格按照酒店各时期的一切规章办事,既要坚持原则,又要灵活应变,力求把服务工作做得尽善尽美。

本章问题及讨论

1.康乐部服务质量管理的概念是什么?

2.康乐部服务质量管理的原则有哪些?

3.康乐部服务质量管理主要包括哪些内容?

4.如何提高康乐部服务质量管理水平?

5.影响康乐部服务质量的因素是什么?

6.如何对康乐部的服务质量进行管控?

第9章　酒店康乐部的财务管理

【学习目标】

通过本章的学习,了解康乐部财务管理的重要性,学习财务管理的基本知识,掌握康乐部财务管理的内容和方法,营业收入管理的方法,掌握成本费用的类型以及如何进行成本费用控制等内容。

【学习重点】

新型的财务管理观念,以及财务管理的内容、营业收入管理的方法、成本费用控制管理是本章学习的重点。

【主要内容】

1. 新型的财务管理观念
2. 财务管理的主要任务
3. 财务管理的主要内容
4. 财务管理的方式方法
5. 营业收入的管理方法
6. 成本费用的主要内容
7. 成本费用控制管理方法

按照一般的管理规律,酒店或康乐企业的财务管理都是由专职的财务部门管理,康乐部作好配合。但是有的企业,特别是在康乐部独立经营核算的企业或外包经营企业,财务是由康乐部直接管理的。

9.1　康乐部财务管理理论概述

9.1.1　财务管理的概念

财务管理是以货币价值的形式,通过计划、控制、考核、分析,对企业经营活动进行综合管理的一种方法。从管理学的角度来说,财务管理也就是按照资金运行规律,正确处理与各个方面的经济利益关系,挖掘资金潜力,以保证企业实现较好的经济效益。康乐企业为了完成服务工作任务,必须具有一定数量的物质财产,如康乐设备、房屋建设、原材料等是完成服务工作任务的保障。在商品生产和商品交换的条件下,企业的各种物质财产都要用一种特殊价值来呈现——货币,而各种物质财产的货币表现形式追根溯源就是企业的经营资本。在企业经营的过程中,资金不断地运动周转并与各方面产生一定的经济关系,这种关系包括企业同财政、银行以及企业主管各个部门之间的资金转接和信贷关系;企业与消费者之间的等价交换关系;企业与其他企业、经济部门之间的商品交换和货币结算关系;企业同职工之间的分配关系以及企业内部各个部门资金管理的权责关系等。一般来说,以上各种经济关系统称为财务,它对企业的资金使用效果、成本、费用及盈利都有直接或间接的影响。因此,企业各个部门必须加强对资金运动进行管理和监督。

9.1.2　新型的财务管理观念

（1）知识化理财观念

知识经济最根本的特征以及其存在和发展的基础是知识资本型经济。知识经济社会,起主导作用的资本已不再仅仅是金融资本,还包括知识资本。在知识经济时代,酒店行业的经济效益越来越决定于知识和技术。知识与其他生产要素相比,可以重复使用,具有明显的报酬递增特征。知识经济时代康乐部的竞争力和发展力,更取决于它的知识资本拥有量。与此相适应,未来的康乐部财务管理将是一种知识化的管理,其知识含量将成为决定财务管理是否创新的关键因素。因此,酒店财务管理人员必须牢固树立知识化理财观念。

（2）信息理财观念

在现代市场经济中,信息成为市场经济活动的一种重要媒介,一切经济活动都必须以快、准、全的信息为导向。随着知识经济时代的到来,信息在以数字化技术为先导,信息高速公路为主要内容的新信息技术革命的推动下得到传播。处理和反馈的速度大大加快,使交易、决策可在瞬间完成,经济活动的空间变小,所谓的“媒体空间”和“网上实体”随之出现。因此,在知识经济时代,未来康乐部的财务管理人员必须牢牢树立信息理财观念,具备全面、准确、迅速地搜集、分析和利用信息,进行财务决策和资金运筹的能力。

（3）人本化理财观念

人本化理财观念要求充分协调主体之间的财务关系,主要包括以下几个方面。

1）重新确立财务管理目标

人本化理财观念的树立要求康乐部重新审视和确立自己的财务管理目标。首先,要实现财务目标的多元化:财务目标不仅要考虑财务资本所有者的资本增值最大化,债务人的偿还能力最大化,政府社会经济贡献最大化,社会公众的社会经济责任和绩效最大化等财务要求,更要考虑人力资本所有者的薪金吸入最大化和参与企业税后利润分配的财务要求。其次,要实现财务责任社会化:在知识经济时代,康乐部要全面考虑资本投入者的财务要求与自身履行社会责任时的财务要求,并在这两种财务要求之间谋求平衡。这样既有助于酒店实现其经营目标,又有助于其在社会大众中树立良好的形象。

2）建立多元化的财务主体

应进一步细分和多元化康乐部的理财主体。其大致可以分为两大类：一类是指与酒店拥有正式、官方或者契约关系的理财主体，包括财务资本所有者（股东）、人力资本所有者（经营者和员工）、政府、顾客等；另一类包括社会公众、环境保护组织、消费者权益保护组织及所在社区等。这些利益相关者及其财务要求都应当被看作康乐部理财的重要内容，其中第一类是最主要的。

3）建立反映知识资本价值的财务评价指标

随着知识经济的到来，建立对知识资本价值进行评价的财务指标已是必然趋势，它有两个方面的作用：一是反映康乐部今后的发展潜力及趋势；二是反映酒店存在的缺点和潜在的风险。酒店康乐部的管理者、投资者、债权者、员工等利益相关者，必须关注反映酒店的知识资本价值财务指标，以了解某些有价值的东西，或发现一些在酒店中潜伏的危机，作出科学的决策。

（4）风险理财观念

随着我国经济快速发展，在酒店行业的竞争将更加激烈的形势下，酒店应树立风险理财观念，应对不断扩大的风险，酒店所面临的风险也在不断地扩大。风险理财观念的树立，将有助于酒店有效地防范和规避各种风险，实现企业的平稳运营。风险理财观念的树立主要体现在以下几个方面。

1）强化风险管理

首先，财务管理人员应具有及时发现风险、防范风险的能力。强化财务管理人员的风险意识，及时调整财务人员适应新环境的知识结构，使他们能够具有及时发现风险、防范风险的能力。其次，提升投资决策的科学性和可靠性。充分利用信息网加强调查研究，运用科学方法对投资项目进行预测，提升投资决策的科学性和可靠性，减少和避免因投资失误给酒店带来的风险损失。

2）促进竞争与合作相统一

随着信息的网络化、科学技术的综合化和全球经济的一体化时代的到来，必然要求各酒店康乐部进行相互沟通、交流与协作，实现资源共享。因此，酒店财务人员在进行酒店财务决策与日常管理中，一方面要善于抓住机遇，在激烈的市场竞争中从容应对风险，趋利避害；另一方面，要灵活处理好与其他酒店的合作关系，做到竞争与合作相统一，以增强酒店自身及其他酒店抗风险的能力，使各方的利益达到和谐统一。

9.2　康乐部财务管理的任务

通俗地讲，康乐企业财务管理的任务就是管好、用好资金，通过对资金的科学合理利用，提高利用率，降低经营成本，正确分配收益，为经营决策提供依据。具体分为以下几个方面。

（1）管好用好资金，完成企业总体目标

企业总体目标的实现要在正确执行国家政策、经济法规、财经纪律的前提下，根据企业的经营目标，管好用好企业的财务资金，做好财务计划，合理组织资金运动，使资金运动与企业经营相适应。

（2）正确分配利润，及时缴纳税款

企业在进行分配收入时，要正确处理好国家、企业和员工的利益关系。在计算成本、计算收入的基础上，合理分配利益，及时上缴属于国家应得的部分，同时保证属于企业和职工应得的利益。

（3）降低成本，增加积累

企业要加强经济核算，加速资金周转，在保证服务质量的前提下，降低成本费用，增加合理的资金积累。

（4）参加经营决策

经营决策是企业管理的首要环节，决策正确与否对经营效益的好坏起着举足轻重的作用。因此，财务部门必须掌握资料，测算指标，提供可靠数据，参与企业的经营决策，保证经营效益。

（5）加强财务监督，执行财务制度

财务监督是利用价值形式对企业经营活动进行监督。具体来说，财务部门通过控制财务收入和分析，检查财务指标进行监督。企业要实行严格的财务监督，加强法治观念，维护财经纪律，保护企业财产安全。只有加强财务监督，控制财务收支，才能及时发现和制止违反制度规定和财务纪律的行为。

9.3 康乐部财务管理的内容

财务管理是对资金运动的管理。资金在运动过程中要经过不同的阶段，采取不同的形态，产生消耗，取得收入，并且取得盈利，这样就形成财务管理的具体内容。财务管理的内容主要有以下几个方面。

9.3.1 资金管理

（1）筹资管理

酒店筹资构成主要有两种，即自有资金和借入资金。自有资金主要包括资本金、资本公积金和留成收益。借入资金主要有长期负债（长期借款、长期债券、融资租赁、营业租赁）和短期负债（应付货款、商业承兑汇票、短期借款、票据贴现、抵押担保借款等）。

酒店筹资管理的主要内容即资金筹措和对筹集资金的管理，资金筹措重点考虑的是筹资方式的选择，酒店康乐部在选择筹资方式时主要根据资金成本进行筹资决策。

（2）投资管理

投资管理的主要任务是对投资项目进行财务评估和投资风险管理。

（3）资产管理

康乐部的资产主要有长期资产、流动资产、递延资产和其他资产等类别,对康乐部的资产进行管理要求做到既保证各类资产数量的完整,又保证资产质量的完整,确保资产处于良性运行状态。

9.3.2 成本费用的管理

成本费用的管理就是对服务过程中发生的人力、物力、财力的消耗进行管理,即对成本管理要进行成本预测,编制成本计划,监督成本核算,控制成本形成,分析成本计划完成情况和搞好日常管理。康乐部成本费用管理是经营管理尤其是财务管理的重要内容。酒店经营活动的一切支出最终都要从成本费用上得到反映。成本费用作为经营耗费补偿的最低界限是制订酒店价格的依据,是影响酒店康乐部经营预测和决策的重要因素,其控制与管理是否有效、成功,将直接影响酒店的盈亏,决定酒店经营效益的高低,反映酒店经营管理水平。因此,酒店经营管理和财务管理的一项重要任务就是要通过预测、计划、控制、核算、分析和考核等途径强化成本费用发生的各个环节,使成本费用管理达到预计的目标,不断降低成本费用,提高成本费用管理水平和经济效益。

9.3.3 营业收入、税金、利润管理

营业收入是对资金消耗(成本费用)的补偿,收入减成本费用支出的差额就是利润,它是资金使用和企业经济活动的最后成果。营业收入管理的主要内容:在市场调查和销售预测基础上,编制销售计划,开展日常管理,监督企业销售合同执行情况和商品发展情况,及时办理结算。盈利管理的主要内容:正确计算和缴纳各项税金,正确分配盈利,完成上缴任务,分析各盈利指标完成情况等。酒店营业收入管理主要是对酒店营业收入进行内部控制,要求设计出适合酒店内部控制的技术方法。税金核算与缴纳要求酒店按照国家相关规定进行管理。

9.3.4 财务分析

酒店财务分析主要包括酒店业务经营活动分析和酒店财务状况分析,前者是对酒店经营过程进行全方位的财务审视,尤其在对酒店财务运行现状调查的基础上分析酒店财务管理过程中的问题,找出酒店与其他酒店或全行业平均水平的差距,并提出改进的措施。酒店财务状况分析主要是着眼于酒店长远的财务发展战略,即对酒店的财务结构、资产结构、资产与负债及所有者权益的关系进行深入分析,提出酒店长期发展的财务战略。

9.4 康乐部财务管理的方法

酒店财务管理的方法常见有财务计划、财务预测、财务决策、财务预算、财务控制、财务分析和财务审计7个方面。

财务计划是指编制财务计划的过程。计划过程主要包括搜集信息资料,根据已掌握的资料提出不同的计划方案,通过对方案的评估和筛选作出决策,然后再对所选择的方案进行可行性的分析和研究,定案后就成为企业的执行计划。因此,计划程序是由这些若干步骤组成的,这种审编定案的方法就是系统分析的方法。

财务预测是对酒店未来的财务状况作出的预计,常见有以下两种方法。

①定性预测法,即判断预测法,其中包括意见汇集法(主要判断法)、专家小组法和德尔菲法(专家调查法)。

②定量预测法,包括趋势外推法(时间序列预测法,可以分为简单平均法、移动平均法、指数平均法和季节系数法)、因果关系法(销售比百分法)和统计规律法。

财务决策包括筹资决策和投资决策。

财务预算包括业务预算(即营业收入预算、成本费用预算、税金预算和利润预算)和财务预算(包括编制预计资产负债表、预计损益表和预计资产状况变动表)。

财务控制包括收入控制和成本费用控制。

财务分析包括业务经营活动分析和财务状态分析。

财务审计包括资金审计、收支审计和经济效益审计。

9.5 康乐部营业收入管理

营业收入管理对康乐部的经营水平具有非常重要的影响,营业收入是康乐部经营最主要和最直接的目标。因此,做好营业收入管理工作是康乐部营业管理的重要环节。

9.5.1 康乐部营业收入的分类

现代康乐企业或酒店康乐中心的营业收入各种各样,按不同的分类方法可以分为很多种。为便于营业收入的管理与控制,现将各种分类介绍如下。

(1)按收入来源分类

这是按照现代康乐企业或酒店康乐部的经营项目进行分类,将经营收入分为主营项目收入和辅助项目收入。企业或部门可按照经营的主次项目划分收入来源。

例如,某企业以经营桑拿浴为主,则这个企业的收入来源可分为以下几个方面。

1)主营项目收入

主营项目收入包括桑拿收入、按摩收入、搓澡收入、吸氧收入等。

2）辅助项目收入

辅助项目收入包括餐厅收入、酒水收入等。

（2）按服务对象分类

1）团体收入

顾客以团体形式使用康乐企业或酒店康乐中心服务项目而给企业带来的收入。

2）零散收入

顾客以个人或小批量形式使用康乐企业或酒店康乐中心服务项目而给企业带来的收入。

（3）按计价方式分类

在计算顾客消费额时，采用不同的计量单位，会产生不同的计价方式。

1）计时收入

这是按照顾客的消费时间收费而形成的收入。麻将房、健身房、氧吧等以出售设备使用权的形式经营的项目，采用计时收费的方式更为合理。

2）计量收入

这是按照顾客使用服务项目或消费产品的数量收费而形成的收入。例如，保龄球馆一般是以"局"为单位进行收费的。

3）计人次收入

这是按照顾客消费的人数和次数为计量单位形成的收入。例如，做一次美容收费××元。

（4）按结账时间分类

1）预收结账收入

这是指顾客在康乐消费之前预先支付一定的金额，在实际消费时冲减。例如，会员入会一次交清一定金额，在之后的消费中持卡签单冲账，享受折扣优惠。

2）即时结账收入

这是指顾客在消费开始或结束时，康乐部立即得到并可即时支配的康乐营业收入。

3）赊销签单收入

这是指顾客可以在消费结束后结账，甚至可以延迟一段时间，可以这样的方式结算，仅限于有良好信誉的顾客或者团体客户。

9.5.2 康乐部营业收入管理的基本原则

①康乐部在营业过程中的各个环节都必须有专人负责，处理每项经济业务时，必须有明确的职责分工。

②企业各级人员必须获得批准和授权，才能执行有关的经济业务，并且账目、钱财、实物三项职责严格分开。

③建立完善的营业收入制度、严密的营业收入控制程序，建立和执行科学合理的复合

和核对制度。

9.5.3　康乐部营业收入的管理方法

康乐企业的项目结构和形式的不同以及经营过程中每个顾客的消费结构和消费过程的差别,给营业收入的管理带来一定难度。康乐营业收入大多是无形的服务产品的销售收入,比有形的产品销售收入更难控制,加上收款人员直接接触现金,这又进一步增加了管理的难度。管理人员应熟悉和掌握营业收入的管理方法。

(1)建立明确的目标管理体系

康乐部营业管理的最重要环节就是确定企业收入的总目标,即总投资额加目标回收额,并根据不同时期康乐市场客源及价格等方面的变化情况,编制切实可行的年度营业收入指标、月盈收入指标以及每天的营业收入指标。管理者应定期检查指标完成情况,及时调节修正,使营业收入的管理做到有的放矢。

(2)设计科学的收费管理单据

营业收入管理单据的设计一般包括单据的格式、内容、联数等。设计康乐部营业收入管理表单,应包括所需要的全部管理内容,表单联数和编号要符合管理要求,还应注意简洁明了,避免复杂。此外,表单的设计也应尽量规范、美观,便于保管。

(3)科学地设计收款地点

在设立收款地点时要统筹兼顾,既要方便顾客交款,又要便于管理和节省人工。活动项目多、客流量大、顾客情况复杂的康乐企业以及向社会开放的酒店康乐部,可以考虑设置多个收款台,甚至每个康乐项目都设有收款台。一些高档酒店或是度假村的康乐部,现在一般采用的是一次性收款结账的方式。这种方式是在每个活动项目设立台账,将顾客在本项目消费的情况记录下来,请顾客在账单上确认签字,最后把这些账单送到总收银台汇总。顾客消费结束离店时,再一次性向顾客收取全部费用。

(4)设立科学的收款程序

康乐部通过各康乐项目的销售收入达到盈利目的,一般可以分为以下三个收款渠道:一是现金收款;二是信用卡受理;三是转账支票受理。此外,新媒体时代还有微信和支付宝等多种支付方式。下面主要以现金、信用卡和转账三种收款方式为例进行介绍,具体程序如下。

1)现金收款程序

询问并核对顾客消费情况,向顾客通报收费价格。在接到交来的现金时,应先点清数额并向顾客说出具体金额,检验无误后将钞票放入收银箱。按照顾客的要求和交款的数额,交给顾客票据,如顾客索要收据,则应该据实开具。

2)信用卡受理程序

首先,要确认是否属于本企业所接受的信用卡,辨别真伪。其次,核对有效日期、注销名册和签名。最后,将信用卡插入刷卡机操作,待刷卡完毕后将信用卡连同账单一起交给顾客。

3)转账支票受理程序

①检查转账支票以确认其是否有效。

②指导顾客正确填写支票内容。

③要求持票人出示身份证,在消费账单上签字并留下单位电话号码。

④将支票存根连同发票一并交给顾客。

⑤填写收入点存表。

（5）对营业收入进行有效的控制管理

首先,应建立良好的监督机制,做到收款环节人人负责。每班钱款交接应有严格的签字接收手续,并建立核查员统计核查制度。其次,要对现金进行严格管理,尽量减少现金的交接次数。交款时必须至少三人在场,工作结束后缴纳现金营业款必须在规定的地点进行。

（6）加强稽核管理

稽核是对账目的核对计算。一般情况下,稽核人员的职责主要是监督和检查收款员的工作,负责查对核算收款员的账目,并负责票据以及代用币的清理查收。加强稽核管理能堵塞很多收款方面的漏洞。在实际中,还应与其他制度和措施结合起来进行管理。

9.6 成本费用控制管理

成本费用控制管理是酒店管理的重要内容之一,关系到酒店的整体效益和长远发展。成本关联财务、物资、生产三大核心业务,是酒店管理的中心枢纽。酒店最大的目标是获取最大的利益,而成本费用的控制则是有效提高企业盈利的重要途径之一。进行有效的成本控制管理,不断优化酒店康乐活动的成本结构,有利于带动和促进整个酒店管理水平的提高。

9.6.1 成本费用的概念

成本费用是指康乐部为了获得经济效益,在生产经营、管理和提供劳务的过程中所支出的各项费用。现代康乐企业或酒店康乐部成本费用的高低,会直接影响企业的经济效益和服务质量的高低,关系到企业的经营成败。成本费用是企业制订产品价格、收费标准的重要依据,是衡量企业经营管理水平的重要财务指标。

9.6.2 成本费用的分类

康乐企业或酒店康乐部的成本费用是企业在经营过程中发生的各种必要的消耗,根据经营管理的需要,成本费用主要包括营业成本、营业费用、管理费用和财务费用四大部分。

（1）营业成本

营业成本是指企业在经营过程中发生的各项直接支出,主要包括以下几个方面。

①企业直接消耗的原材料、燃料等材料,如酒吧的酒水等原材料。

②商品进价成本,分为国内购进商品和国外购进商品进价成本。国内购进商品进价成本是指购进商品原价;国外购进商品进价成本是指进口商品在购进中发生的实际成本,包括进价、进口税金、购进外汇价差、代理进口手续费等。

③其他成本,是指企业出售无形资产、存货的实际成本。

（2）营业费用

营业费用主要是指企业在经营过程中发生的各项费用,如运输费、宣传费、水电费、差旅费、折旧费、修理费、部门员工的工资、福利费、工作餐费等各项费用。

（3）管理费用

管理费用主要是指企业、管理部门为组织和管理经营活动而发生的费用以及由企业统一负责的费用,如行政管理部门员工的工资福利费、服装费、办公费、行政活动费、工会经费、职工教育经费、培训经费等。

（4）财务费用

财务费用是指企业为筹集经营所需资金等而发生的一般财务费用,包括企业经营期间发生的利息净支出、汇总净损失、金融机构手续费、加息及筹资发生的其他费用等。

9.6.3 成本费用控制管理

成本费用控制是一项系统工程,包括控制主体、控制对象、控制目标、控制手段和受控系统运行状态等要素。控制主体主要指企业的各级人员,控制对象主要指过程中劳动耗费,控制目标主要是确保企业成本管理目标的实现,控制手段主要是指对影响控制的各种因素的管理手段,受控系统运行状态主要是指成本管理系统内部资金耗费状态的变化。

（1）分口管理

企业成本费用分口管理也称为归口管理,是指在统一计划、分工负责的原则下,根据费用开支经济内容和企业内部各职能部门的分工,将各项费用开支分别划归有关的职能部门管理。

（2）分级管理

企业的成本费用分级管理是指根据统一领导、分级管理的原则,在分口管理的基础上,各职能部门把分工管理的费用指标再分解成为若干小指标,结合岗位责任制的要求,逐级落实到所属小组,直至职工个人,不断提高员工的成本核算意识。

（3）费用定额管理

企业成本费用定额管理是指某项费用,规定一个绝对金额作为定额掌握开支,执行时支出不能超过这个定额数,如达到定额后财务不予支付,即绝对定额指标,或可用指标形式实行定额,是否超过指标作为衡量执行指标好坏的尺度。

（4）成本分析

企业应结合康乐部的经济活动,对部门每季度、月度的成本费用进行分析,研究影响部门成本费用的各项因素和成本费用控制的薄弱环节,提出改进的措施和方法,制订详细的成本费用控制制度和相关表格(表9.1),严格控制在计划范围内正常开支,保证计划目标的全面实现。

表 9.1　康乐部饮料标准成本和售价记录表

文件名		康乐部饮料标准成本和售价记录表					
电子文件编码		CYFW 166				页　码	1-1
瓶酒代号	饮料名称	每瓶容量		每瓶成本	每盎司成本	每杯酒量	每杯成本	每杯售价
		毫升	盎司					

　　上述管理方法是相互配合、互为补充的,在实际工作中,应根据企业的规模和特点、组织结构的设置,以及管理工作的需要灵活运用。

本章问题及讨论

　　1.阐述财务管理的概念。

　　2.阐述对新型财务管理观念的认识和理解。

　　3.简述财务管理的内容。

　　4.简述营业收入管理的方法。

　　5.成本费用包括哪些内容?如何进行成本费用的控制管理?

第10章 酒店康乐部的安全与卫生管理

【学习目标】

通过本章的学习,了解休闲娱乐安全的发展过程和表现形态,认识康乐部安全与卫生管理的重要性,了解康乐部安全事故产生的原因,掌握康乐部安全事故的预防方法及安全事故的处理措施,熟悉各康乐项目卫生管理规定和卫生管理标准。

【学习重点】

康乐部安全事故的预防处理方法及措施以及各康乐项目卫生管理标准为本章学习重点。

【主要内容】

1. 休闲娱乐安全概述
2. 康乐项目安全管理
3. 康乐项目卫生管理

10.1　休闲娱乐安全概述

从安全的本义理解,安全即平安、无危险、不受威胁、不出事故。因此,安全可相应地分为人身安全、财产安全、心理安全、名誉安全等。从旅游业运行的环节和旅游活动的特点来看,旅游安全贯穿于旅游活动的六大环节,可相应分为饮食安全、住宿安全、交通安全、游览安全、购物安全、娱乐安全六大类。康乐部安全属于娱乐休闲安全的一部分,因此本部分将对消费者在休闲娱乐企业整个活动中的安全问题进行概述。

10.1.1　休闲娱乐安全表现形态

(1)犯罪

由于给消费者带来创伤的严重性和影响的社会性,犯罪成为最为引人注目的旅游安全表现形态之一,在休闲娱乐企业中大量存在,具有特定的规律和特点,可分为侵犯公私财产类犯罪,危害人身安全犯罪,性犯罪及与毒品、赌博、淫秽有关的犯罪三大类。

（2）火灾与爆炸

火灾与爆炸往往会造成严重的后果,如基础设施破坏、财产损失等,甚至造成整个休闲娱乐企业设施系统紊乱。

（3）游乐设施安全

康乐设施设备安全事故等。

（4）旅游活动安全

攀岩、探险、走失等。

（5）疾病（或中毒）

异地性、旅途劳累和食品卫生等问题诱发的各种疾病。

（6）其他意外安全事故

地质灾害等。

10.1.2　休闲娱乐活动安全管理现状与问题

尽管休闲娱乐安全地位重要,但由于影响的巨大性与负面性,休闲娱乐企业不愿主动公开甚至极力掩盖,涉及范围的广泛性和复杂性致使管理部门的统计与管理存在"真空地段"和漏洞,造成的伤害容易被受害旅游者片面夸大,普遍存在的"报喜不报忧"现象和新闻媒体报道的不及时使社会公众对安全问题缺乏全面客观深入的了解。因此,休闲娱乐安全问题极易"失真",表现出重要但又易被掩盖的尴尬现状。

因资料获取困难,对休闲娱乐安全现状的统计与描述比较困难。总而言之,休闲娱乐安全没有引起应有的社会关注,其管理存在诸多问题,且现状不容乐观,安全问题时有发生。

（1）安全管理机构已逐步建立,但政出多门

根据国家有关政策和法规,酒店康乐部安全管理政出多门,涉及多个部门,如公安、消防、食品卫生、文化旅游、安监等部门。主管机构由于多而分散,往往容易对休闲娱乐安全管理带来"三不管"地带,造成休闲娱乐安全管理的低效。

（2）新开发特殊康乐休闲项目尚未纳入安全管理范畴

康乐业发展使一些颇受欢迎又对安全需求较高的参与型、探险型特殊康乐项目,如蹦极、漂流、空中滑翔、热气球观光等迅速兴起。由于管理法规、措施相对于经营实践的滞后性,有些新兴项目尚未及时纳入安全管理范畴。例如,至今尚无类似蹦极、滑翔、热气球安全管理办法。加之地方和企业急功近利的短期行为,安全事故的发生也就在所难免。

（3）游乐设施设备老化使安全隐患客观存在

康乐业是较早与国际接轨的行业之一,能够较及时地引进或利用高新技术创造的成果。例如,现代化的声光电、防盗系统等,但因折旧年限、资金问题,康乐设施设备尤其是大型设施老化问题较为严重,加之部分设施设备难以确认安全使用年限,安全性难以得到保障。

10.2 康乐部安全管理

随着康乐经营的发展,康乐项目的设施规模不断扩大,项目种类越来越多,康乐经营管理中的安全工作也越来越重要。在中国,有些康乐企业的投资者和管理者一味地强调只要搞好服务,其他问题就会迎刃而解。他们强调的服务是指服务员对顾客的直接服务,把直接服务与间接服务割裂开来。这种观点是片面的,所谓服务并非单一形式,而是由许多环节、许多内容共同作用于顾客的整个服务过程。保证顾客安全也是服务的内容之一,而且是最重要的服务内容。

酒店康乐部安全事故类型(表10.1)主要表现为3个方面。

表10.1 酒店康乐部安全事故类型

事故类型	常见安全问题类型
消防安全问题	火灾(烟头起火、表演喷火、电器火灾)、爆炸
治安刑事问题	打架斗殴、麻醉抢劫、顾客醉酒、盗窃、黄赌毒、闹事
其他意外事故	游泳池溺水身亡、顾客浴区烫伤、健身扭伤、跑步机摔倒、酒后桑拿引发疾病等

安全事故的发生原因主要可以从两个角度来考虑,一是顾客角度;二是酒店角度。本文将主要从酒店角度出发,归纳酒店康乐部安全事故产生的原因,主要有4个方面:设施设备质量问题、设施设备保养维修工作不到位、顾客使用设施设备方法不当、康乐部服务与管理工作不到位。

(1)设施设备质量问题

康乐设施设备质量问题主要包括两种原因:一是实施设备自身质量存在问题;二是实施设备安装时施工质量不合格留下的安全隐患。

据不完全统计,目前全国200多家大中型游艺机、游乐设施生产厂家,只有70多家取得了生产合格证,多数企业不具备生产条件,但仍在继续进行无证生产。国家技术监督局、建设局等部门联合组织对全国大型游艺机、游乐设施大检查结果显示,当前正在使用的游乐设施设备大部分存在老化、陈旧等问题,且有部分无证产品或自制产品。在设计和配置上存在不合理现象。

2015年2月20日,陕西省商州金凤山游乐园因一个"狂呼"游乐设施在停止运行后突然发生倒转,导致一个乘坐游乐设施的17岁女孩被从高空甩出身亡;4月6日,河南省长垣县铜塔寺商业街庙会,"太空飞碟"游乐设施在设备升高2米后发生旋转杆断裂事故,造成1人骨折,18人轻伤;4月9日,内蒙古自治区呼和浩特阿尔泰游乐园,"高空飞翔"游乐设施突发故障,6名游客悬在空中近2个小时后被成功救下;5月1日,浙江省温州市平阳县昆阳镇龙山公园游乐场"狂呼机",由于操作人员在未确保游客已经做好安全防护的情况下,贸然启动设备,造成坐在设备里的1名男孩升上高空后被甩出坠落,而摆锤型的设

备另一侧则撞到躲避不及的游客,导致 2 人死亡 3 人受伤。2017 年 7 月 28 日,美国俄亥俄州哥伦布市举办的俄亥俄州展销会发生事故,1 台游乐设施发生故障,导致至少 1 人死亡,7 人受伤,其中 3 人伤势严重。2018 年 4 月 21 日,河南省许昌市西湖公园一名男子在游玩"飞鹰游乐"设施时,因安全锁扣脱落,造成高空坠落,经医院抢救无效死亡。2019 年 8 月,印度古吉拉特邦艾哈迈达巴德的一个公园发生惨剧,场内的大型游乐设施"大摆锤"在运行过程中突发故障从高处坠落,造成 2 人死亡至少 27 人受伤,其中 15 人受重伤。

由上述现象可以分析得出,游乐设施设备质量问题造成的事故,恶性事故所占比例较高,同时也非常频繁。因此康乐设备的选购、引进、安装及维护等环节一定要严格控制好质量关。

（2）设施设备保养维修工作不到位

康乐设施设备使用需遵循特定的方法和程序进行定期保养及维修工作,如果不注意保养维护也难免造成事故。例如,壁球厅的四壁大多是由三面硬墙壁和一面玻璃幕及玻璃门构成,壁球的运动量和动作幅度都较大,打球的顾客随时可能撞上玻璃,很容易将玻璃撞裂,造成安全事故。因此,要经常检查和维修玻璃幕墙,如发现松动、开胶、螺栓与玻璃间的弹性衬垫破损等现象,一定要及时维修,避免造成顾客伤害等安全事故。

（3）顾客使用设施设备方法不当

顾客因使用方法或活动方式不当等都有可能引起安全事故,包括准备活动不充分、身体状况欠佳、技术水平欠佳和未按操作规定控制设备等方面。很多康乐项目是由运动项目转化而来的,有些活动较剧烈,需顾客提前做好各项准备活动之后才可以参加,否则就有可能造成安全事故。顾客身体状况欠佳及不符合游玩标准时,应注意不要参与危险性和刺激性强的项目。患有心脑血管疾病的个人不宜参与过山车之类的刺激性项目,而且也不宜较长时间蒸洗桑拿。部分顾客在参与康乐项目时较为随意,不按操作规程使用,同样容易引发安全事故。

（4）康乐部服务与管理工作不到位

康乐活动过程中,康乐企业应做好相应的管理和服务工作,由于保护不当、操作失误、维持秩序不当和提示不显著、不及时等管理、服务工作不到位也会引起严重的安全事故。一些康乐项目运动量较大,且存在一定的不安全因素,应采取适当的保护措施,如游泳馆深水区应配备救生员。蹦极、过山车等极限运动项目需服务人员严格按照要求进行操作。在容易出现安全事故的康乐项目服务点,服务人员应经常提示顾客,以降低事故发生率。

10.3　安全事故的预防

安全事故的发生给康乐活动带来极大的损失和影响,有效的安全预防工作可以减少很多事故处理带来的麻烦和损失,从而降低营业成本。安全事故的预防应主要从三个方面进行。

（1）增强安全意识，加强安全管理

1）加强对管理和服务人员的安全培训工作

康乐部全体工作人员都应强调以预防为主的安全管理原则和安全服务意识。提升安全意识的主要途径是培训，通过培训，服务人员认识到安全管理的重要性，认识到安全服务给企业、客人、服务员带来的益处，提高服务员贯彻以预防为主的安全管理原则的自觉性；通过培训，服务员了解并熟悉安全管理制度，并能提高处理安全事故的能力，培训内容应涉及设备安全、人员安全、消防安全和治安安全等方面。

2）加强对顾客的疏导服务

酒店属于人员密集型区域，若出现事故容易造成人员恐慌，发生拥挤、踩踏等事故。出现此类事故时，服务人员应特别注意加强疏导服务，维持现场秩序，以防止发生二次事故。在容易发生事故的时间及地点，服务人员应采取积极提醒等主动式服务行为，避免事故发生。某酒店游泳馆总结了13种容易引发溺水事故的现象，便于服务员进行提示服务，防止溺水事故发生。

①玩水滑梯者落入溅落池后站立不起来。

②游泳技能差的人误游到深水区。

③冲浪时惊慌失措者。

④恋人相拥在水中。

⑤大人背着小孩游泳。

⑥小孩独自游泳或独自在泳圈中漂流。

⑦老年人独自游泳。

⑧在水中忘情地嬉戏打闹者。

⑨体质较弱者独自游泳。

⑩随便跳水者。

⑪仰卧在大型泳圈里的成人漂流者。

⑫较长时间潜泳者。

⑬冲浪时仍坐在浅水平台的老人和儿童。

3）加强与企业安保、公安及消防部门的合作

安保部是大型酒店或康乐企业专门负责安全保卫的职能部门，全面负责安全保卫工作，包括营业场所的治安管理、企业财产安全管理和消防安全管理。安保部的工作与康乐部的工作有密切联系，康乐部为顾客提供服务需要安保部的协作与配合，在预防和处理安全事故时应接受安保部的指导和帮助，以便共同为顾客提供安全的服务。公安部门和消防安全部门是政府的执法部门，是制定治安管理制度和消防安全管理制度的权威机构，在检查治安保卫工作和消防安全工作及处理相关事故的工作中具有权威性，拥有执法权。康乐部在经营过程中接受公安及消防部门监督、检查、指导，这对维持正常营业秩序、搞好经营工作具有非常重要的意义。

（2）建立安全管理组织

安全管理组织主管一系列安全管理活动，其组建与效率发挥的情况，直接决定安全预

防工作的效果。安全管理组织一般由酒店总经理直接领导,各相关部门经理参加并分工负责,管理康乐安全事务。基层的各个班组另配备安全员,负责沟通安全方面的信息,宣传安全知识,形成一个垂直高效的安全管理组织体系。

(3)建立安全制度和安全管理体系

康乐部管理人员应特别重视安全管理,把安全工作放到重要的议事日程中,注意培养全员安全意识,并且应建立和完善各项安全制度,包括安全管理制度、全天候值班制度、定期安全检查制度、安全操作规程、安全事故登记和上报制度等。

建立完善的安全制度和管理体系首先要配备必要的设施设备,如防盗防爆设备、防盗报警装置、闭路电视监控器等。酒店场所人员较为集中,必须加强客人管理工作,加强安全巡逻检查,对员工制定明确的岗位责任制和行为准则,加强服务过程的管理和财务管理。

安全管理的最主要目的是保证客人的生命及财产安全和员工的安全。某些危险性的康乐活动开始前,应对顾客进行安全知识讲解和安全事项说明,并指导顾客正确使用设施设备,确保顾客能够掌握正确的动作要领。某些对顾客健康条件有要求,或不适合某种疾病患者参与的项目如桑拿浴,应密切注意顾客的安全状态,提醒顾客注意安全事项,及时纠正顾客不符合安全要求的行为。康乐部应保护员工的安全,加强员工的安全操作技术培训,开展经常性的安全培训和安全教育活动,建立安全检查工作档案。安全管理工作必须做到组织落实,建立完善的安全管理体系,包括安全操作保证体系、安全维护保证体系等。

10.4　安全事故的处理

(1)处理安全事故的原则

1)以国家法律法规和企业规定为准则

处理安全事故应以国家的法律法规为准绳,同时还应依照本企业的有关规定。这两者并不矛盾,因为企业的规定必须以国家法律法规为依据制定。

2)以人为本原则

以顾客为本的原则。在处理安全事故时应首先考虑顾客的利益,特别是顾客的生命和财产安全,还要考虑顾客的感受和心情。

3)兼顾三方面利益

在以顾客为本的前提下,兼顾本企业和员工的利益。

4)加强对员工的培训

①健身教练经培训获得红十字协会颁发的急救证书。

②所有员工培训游泳池救生技巧以及人工呼吸、心肺复苏等技巧。

③所有健身教练擅长游泳,必须保证2～3名教练持有国家救生员上岗证。

④所有员工愿意帮助客人,对客人的安全负责,客人在安全舒适的环境中运动。

⑤所有员工重视健康中心的安全问题,留意陌生人。

⑥参加所有紧急事件处理标准与程序的培训。

（2）停电事故的处理

停电事故可能由于外部供电系统引起,也可能由于企业内部设备发生故障引起,停电事故随时都可能发生。因此,企业须有应急措施。发生突然停电事故应作如下处理。

①当值人员安静地留守在各自的工作岗位上,不得惊慌。

②及时告知客人是停电事故,正在采取紧急措施恢复供电,以免客人惊慌失措。

③用应急灯照亮公共场所,帮助滞留在走廊及电梯中的人转移到安全地方。

④加强公共场所的巡视,防止有人趁机行窃,并注意安全检查。

⑤防止客人燃点蜡烛而引起火灾。

⑥供电后检查各电气设备是否运行正常,其他设备是否损坏。

⑦做好工作记录。

（3）物品报失的处理

①员工接到客人的报失报告后,应立刻向保安部或部门上级领导汇报。

②保安部接到报告后,应立刻派人了解情况。在了解情况时,应详细记录失主的姓名、房号、国籍、地址,丢失财物的名称、数量,以及型号、规格、新旧程度、特征等。

③尽量帮助客人回忆来店前后的情况,丢失物品的经过,进店最后一次使用（或见到）该物品是什么时候,是否会错放在什么地方。在征得客人的同意后,协助客人查找。

④如一时找不到客人报失的物品,请客人将事件经过填在"客人物品报失记录"上。

⑤及时与其他部门联系,询问是否有人拾到。如果客人的物品是在酒店或康乐企业范围以外丢失,应让客人亲自去公安部门报案。

（4）食物中毒事故处理

食物中毒以恶心、呕吐、腹疼、腹泻等急性肠胃炎症状为主,发现客人同时出现上述症状,应立即报告总经理及客房、餐饮、保安等有关部门经理。各有关部门经理接到报告后,按以下规范处理。

①对中毒者诊断和紧急救护,病情严重者,及时送往医院抢救。

②进行食品取样、化验,确定中毒原因。

③餐饮部对可疑食品及有关餐具进行专门控制,以备查证和防止其他人中毒。

④餐饮部负责,保安部协助,对中毒事件进行调查,查明中毒原因、人数、身份等。

⑤根据酒店领导的指示,通知公安机关和卫生防疫部门,保安部和餐饮部分别做好接待工作,并协助他们进行调查。

⑥客房部和销售部通知中毒客人的接待单位或家属,并向他们说明情况,协助做好善后工作。

⑦内部员工食物中毒,人事部负责做好善后工作。

（5）打架斗殴、流氓滋扰的处理

①主动巡查,注意疑点。对容易发生打架斗殴、流氓滋扰的区域（如大厅、舞厅、卡拉

OK 厅、酒吧等娱乐场所)要重点防范,并配备保安或加强巡查。

②舞厅、酒吧工作人员工作时要注意饮酒过量的客人,如有发现,应礼貌劝阻。员工一旦发现打架斗殴、流氓滋扰的情况,应立即制止并保护客人,同时报告保安部,并视情况有礼有节地进行劝阻。

③保安人员到达后,应将打架、斗殴双方带离现场,以保证企业正常秩序。将打架、斗殴双方带到保安部后,要分别了解情况,以防进一步冲突。对于一般轻微事件,保安部可进行调解,如属流氓滋扰,应报告派出所前来处理。

④检查店内的物品是否有损坏,如有损坏,应确定损坏程度及赔偿金额,以向肇事者索赔。

(6)客人死亡的处理

客人死亡是指客人在店内因病死亡和自杀、他杀或原因不明的死亡。发生这种情况应该遵从以下程序处理:

①发现者应立即报告,并保护现场。

②保安人员到达现场后,应向报告人问明有关时间、地点、当事人的身份、国籍、房号等情况,认真记录并立即向上级报告。

③发生自杀、他杀事件,应立即向公安机关报案,派保安人员保护现场,严禁无关人员接近,等待公安人员前来处理。若客人未死亡,则应及时送医院抢救。

④对于已经死亡的客人,安全部门值班主管要填写死亡客人登记表。死者是外国人,应通知所属国驻华使馆或领事馆。

⑤对于客人死亡的情况,除向公安机关和上级管理部门报告,不得向外界透露。

(7)客人意外受伤的处理

客人意外受伤是非常棘手的事情,必须根据具体情况区别对待。客人意外受伤主要包括擦伤或割伤、扭伤或拉伤、烫伤与烧伤、骨伤、溺水事故等意外伤害。酒店需要加强相关区域服务人员此类意外伤害应急处理方法及程序的培训工作,确保关键时刻保障顾客安全。

溺水事故易发生于康乐部室内外游泳池及水上乐园等区域,严重者往往导致溺水者死亡。一旦发生溺水事故,进行现场急救十分必要。其过程如下:

①立即清除口、鼻内的污物,检查溺水者口中是否有假牙。如有则应取出,以免假牙堵塞呼吸道。

②垫高溺水者腹部,使其头朝下,并压、拍其背部,使吸入的水从口、鼻流出。这个过程要尽快,不可占过多时间,以便进行下一步抢救。

③检查溺水者是否有自主呼吸,如没有应马上进行人工呼吸,方法:溺水者仰卧于硬板或地面上,一只手托起其下颌,打开气道,另一只手捏住其鼻孔,口对口吹气,约每分钟 16～18 次。

④在做人工呼吸的同时,检查溺水者的颈动脉,以判断心跳是否停止。如心跳停止,则应进行人工呼吸并进行体外心脏按压。方法:双手叠加对溺水者心脏部位进行每分钟 60～80 次的按压。

⑤迅速将溺水者送医院急救,送医院途中不要中断抢救。

（8）火灾事故的处理

发生火灾时,康乐部员工应该立即采取应急措施,以防止火灾扩大和蔓延。应急措施如下。

①当发现煳味、烟味、不正常热度时,员工要保持冷静与镇定,并马上寻找产生上述异常情况的具体部位,同时将发生的情况逐级上报。火灾情况紧急时,应马上拨打店内报警电话。报警时要讲清火灾的具体地点、燃烧物质、火势大小,报警人的姓名、身份和所在部门及职位。如有可能,应立即扑救,然后再报警。在扑救过程中,应注意保护现场,以便事后查找事故原因。如遇火情十分紧急,应立即打碎墙上的报警装置报警,同时使用本区域的轻便灭火器自救灭火。

②当值管理人员必须立即奔赴现场,组织员工参加灭火,视火情严重程度决定是否报火警,并组织客人疏散,对现场及附近的安全负责。关闭所有电器及通风、排风设备,撤离现场时不得使用电梯。

（9）对嫖娼卖淫的防范与处理

①发现线索及时报案,服务员要提高警惕,发现留客、介绍卖淫等违法犯罪活动,应及时向保安部或值班经理报告。

②发现嫖娼、卖淫活动的可疑分子,要采取有效方法加以打击。房务部应严格会客登记制度,服务员必须认真核对证件,然后填写会客单。将客人带进客房,但有卖淫、嫖娼嫌疑的人,采取明跟方法,促使其不敢在酒店继续逗留;发现有卖淫嫌疑的女性,应立即与保安部联系,并由专人监控,同时向值班经理汇报。女性去客房会客,时间超过24:00应报告值班经理,电话到访,催其离店。

③现场打击卖淫、嫖娼违法活动。既成卖淫事实者待其离开房间后,避开客人,将其带到保安部进行审查,通知值班经理后采取行动,事实确凿要报告公安机关。

（10）突发暴力事件的处理

突发暴力事件,是指发生在店内的抢劫、行凶等严重突发事件。

①一旦发生突发暴力事件,发现人应立即打电话通知保安部,报告时不要惊慌,要讲清案发现场情况。

②保安部接到报警后,应立即赶赴现场(必要时可携带电击器等器具),同时立即视情况着手处理。维护现场秩序,劝阻围观人员,保护好现场。

③向当事人、报案人、知情人了解情况,做好记录,并对现场拍照。

④派人看守犯罪分子,防止逃脱。保管好客人遗留在现场的物品,并逐一登记。

⑤公安人员抵达后,应将现场情况向公安人员报告,并协同公安人员做好有关善后工作。

（11）对精神病患者、闹事人员的防范与处理

提前防范此类人群是防止事故发生的重要方法。保安部负责巡视,对公共区域的可疑人员进行盘问,确保酒店及公共区域安全。发现可疑人员,采取观察、谈话等方式探明

来人是否有异常情况,同时应控制局面并予以妥善处理。酒店人员密切配合,组成内部防范系统,加强巡视。发现精神病人或其他闹事人员,具体处理办法如下。

①通过劝说或强制等办法制服来人,以免事态扩大。

②迅速将来人带入办公室或无客人区域,查明来人身份、来意、工作单位及住址。

③通知保安部或值班经理,必要时送交公安机关处理。

④尽量不惊扰客人,采取相应手段,将闹事苗头迅速制止,控制在一定范围,避免造成不良影响。

(12)对爆炸物及可疑爆炸物的管理规范

酒店员工发现爆炸物或可疑爆炸物,应立即打电话报告总机话务员,话务员接到报警,要问清时间、地点、情况,报案人姓名、部门、部位。话务员按下列顺序通知有关人员到场:一是保安部经理、工程部经理、大堂经理;二是总经理或副总经理、夜班经理;三是客房部经理;四是医务室和司机班。同时填写"爆炸物及报警电话记录"。

关闭附近由于爆炸可能引起恶性重大事故的设备,撤走现场附近可以搬动的贵重物品及设备。保安部立即组织人员去现场,以爆炸物为中心在附近25米半径内疏散人员并设置临时警戒线,任何人不得擅自入内。打电话向公安局报案,待公安人员到场后,协助公安人员排除爆炸物并进行调查。服务人员负责疏散报警区客人及行李物品,准备好万能钥匙、手电筒及布巾,以备急需。如果发生意外,参与抢救转运伤员,稳定客人情绪,安置疏散人员。

10.5　康乐部卫生管理

随着康乐经营的发展,康乐项目的设施规模不断扩大,项目种类越来越多,特别是在新冠疫情下,康乐经营管理中的卫生管理工作也越来越重要。康乐部卫生管理关系到顾客的卫生安全,也关系到企业的声誉和形象,在很大程度上影响康乐经营。

康乐部卫生工作的特点是工作量大,重复率高,各项目要求存在差异。工作量大是由于康乐部项目种类多、设备数量大,设施设备与顾客接触多。重复率高是由于顾客流动量大、设备使用频率高,有的设备每换一位顾客就要搞一次卫生(如按摩和美容等设备),同样的卫生工作每天都要多次重复。各项目要求存在差异是由于各项目在康乐内容、设备结构、使用方法等方面都存在很大差异,卫生要求和工作内容也不一样,有的地方需要对水质消毒,如游泳池;有的地方需要对器具消毒,如更衣室的坐垫、游戏机的手柄;有的地方需要对地面吸尘;有的地方需要用拖布擦拭;有的地方需要专用工具除尘和打磨,如保龄球道。下面,将介绍不同康乐项目的卫生管理制度。其中,卫生管理要求是规定服务员或专职的保洁员应该做什么和如何做;卫生质量标准要求做到什么程度和水平。本部分将上述规定和标准分别制定,便于在检查卫生情况时掌握标准。在实际应用中,部分企业将两部分内容合并在一起。

10.5.1 康乐保健项目卫生管理

康乐保健项目以桑拿浴室为例,其他保健项目的卫生管理参照桑拿浴卫生的相关规定要求。

(1)桑拿浴室的卫生清洁规定

①前台及服务台:地面每天吸尘,墙面每周除尘,服务台内外每天擦拭,皮面沙发擦拭,布面沙发吸尘,茶几擦拭,摆放的绿色植物喷水。

②更衣室:地面经常擦拭,更衣柜每天营业前消毒一次,营业中每使用一次,整理一次;更衣室每天消毒一次;客用拖鞋每天刷洗并消毒,梳妆台和梳妆镜经常擦拭,梳妆用品摆放整齐。

③沐浴室:墙面、地面无污迹,下水道通畅,室内无异味;淋浴器开关表面光洁,无水垢;洗浴用品台整洁,无污迹。

④桑拿浴室:墙面、地面无污迹、灰尘,桑拿室无异味。

⑤水按摩池:池底无沉积的污物,池壁光洁,池边无污迹。台阶无污迹,扶手光洁。池水消毒符合要求,游离性余氯0.3~0.5毫克/升,pH值为6.5~8.5,细菌总数每毫升不大于1 000个。水温符合要求,冷池10~12 ℃,温池25~30 ℃,热池40~45 ℃。

⑥卫生间:无异味,墙面、地面光洁;马桶、洗手池消毒符合要求;金属手柄光洁,无水迹、汗迹,镜面光洁明亮。

⑦按摩室:室内无异味,墙面、地面干净无尘,茶几整洁,把杆光亮,无汗迹;按摩床整洁,按摩布、浴布、毛巾都经过消毒,并且一客一换。

⑧休息室:墙面、地面无污迹、灰尘;沙发和茶几的木质部分和玻璃擦拭干净、无灰尘、无印迹,沙发面无灰尘、污迹;电视柜和电视机无污迹、灰尘,电视屏幕无静电吸附的灰尘,电视遥控器无污迹、汗迹。

(2)桑拿浴室的卫生清洁标准

①前厅及服务台:墙面及天花板整洁,无灰尘,无蛛网;地面地毯清洗、吸尘及时,无灰尘、无废弃物;服务台面干净光亮,服务台整洁,无杂物、垃圾;沙发无灰尘,茶几干净、光亮。

②更衣室:地面干净,无污迹、灰尘和积水;更衣柜摆放整齐,柜子内外擦拭干净,柜内无杂物和蟑螂;为顾客提供的毛巾、浴巾必须经过消毒处理,整齐地摆放在柜内。

③淋浴室:墙面和地面无污迹,下水道通畅,室内无异味;淋浴器开关表面光洁无水垢;洗浴用品台整洁,无污迹。

④桑拿浴室:墙面和地面无污迹、灰尘,桑拿室无异味。

⑤水按摩池:池底无沉积的污物,池壁光洁,池边无污迹;台阶无污迹,扶手光洁;池水消毒符合要求,游离性余氯0.3~0.5毫克/升,pH值为6.5~8.5,细菌总数每毫升不大于1 000个;水温符合要求,冷池10~12 ℃,温池25~30 ℃,热池40~45 ℃。

⑥卫生间:无异味;墙面和地面光洁;马桶和洗手池消毒符合要求;金属手柄光洁,无水迹、汗迹;镜子光洁明亮。

⑦按摩室:室内无异味;墙面、地面干净无尘,茶几整洁,把杆光亮,无汗迹;按摩床整

洁,按摩布、浴巾、毛巾都经过消毒,并且一客一换。

⑧休息室:墙面、地面无污迹、灰尘;沙发和茶几的木质部分和玻璃擦拭干净,无灰尘,无印迹,沙发面无灰尘,无污迹;电视柜和电视机无污迹、灰尘,电视屏幕无静电吸附的灰尘,电视遥控器无污迹、汗迹。

10.5.2 运动健身类项目卫生管理

（1）健身房卫生管理制度

1）健身房卫生清洁规定

①服务台及接待室:服务台台面擦拭干净,服务台物品摆放整齐,地面用拖布擦拭,墙面除尘,沙发、茶几清理、擦拭干净。

②更衣室:地毯吸尘,更衣柜用抹布擦拭,然后喷洒清新消毒剂,更衣座凳每天用消毒药液浸泡消毒。

③健身房:地毯吸尘,墙面除尘,器械用抹布擦拭,器械与身体频繁接触的部分如手柄、卧推台面等,每天用消毒药液擦拭。

④淋浴室:每天冲洗并消毒,淋浴器手柄擦拭干净。

⑤卫生间:每天冲洗地面、墙面、马桶,然后用消毒药液擦拭消毒,镜面、马桶盖、水箱手柄、洗手池手柄等都要用干抹布擦净。

⑥休息室:地面吸尘,墙壁除尘,沙发吸尘,电视柜、电视机、茶几进行擦拭,烟缸清洗,垃圾桶内的垃圾随时清除。

2）健身房卫生清洁标准

①服务台及接待室:天花板光洁无尘,灯具清洁明亮,墙面干净,无脱皮现象,地面无污迹,无废弃物;服务台面干净整洁,服务台无杂物;沙发、茶几摆放整齐,烟缸内的烟头及时清理。

②更衣室:地面干净无尘,无走路留下的鞋印;更衣室无卫生死角,无蟑螂等害虫,更衣室衣柜表面光洁,摆放整齐,柜内无杂物;为顾客提供的毛巾、浴巾等物品摆放整齐。

③健身房:天花板和墙面光洁无尘,地面干净,无灰尘,无废弃物;健身设备表面光洁,无污迹,手柄、扶手、靠背无汗迹,设备摆放整齐;光线柔和,亮度适中。

④淋浴室:墙面、地面无污迹,下水道通畅,室内无异味;淋浴器表面光洁,无污迹,无水渍。

⑤卫生间:墙面、地面光洁;马桶消毒符合要求,无异味;镜面无水迹,光洁明亮;水箱手柄、洗手池手柄光洁。

⑥休息室:墙面、地面无灰尘、杂物,沙发无尘,茶几干净,用品摆放整齐;电视机表面干净无尘,荧光屏无静电吸附的灰尘,遥控器无灰尘、汗迹;室内光线柔和,亮度适中,空气清新。

（2）保龄球馆卫生管理制度

1）保龄球馆卫生清洁规定

①发球区:用尘拖除尘,然后用地面抛光机打磨,每天一次。使用频率不高时可用尘

拖除尘,不必每天抛光打磨。

②球道:用专用拖除尘,然后用打磨机打磨,再用涂油机涂油,无涂油机的球馆可用油拖人工上油。

上述两项清洁要求是对美国宾士城 GS 10 硬质合成球道而言,如果是其他品牌或型号的球道,其清洁要求会有所区别。

③置瓶区:每天用除油拖除油,然后用除尘拖擦净。

④球沟及回球道盖板:每天用半干拖布除尘,每周一做彻底清洁。

⑤回球机:每天用抹布擦拭,每周二做彻底清洁。

⑥球员座椅:每天擦拭椅面和靠背,每周三做彻底清洁,包括擦拭椅腿及清理座椅附近的角落。

⑦记分台及电脑显示屏:每天擦拭。

⑧公用球及球架:每天擦拭,由晚班员工下班前操作。

⑨服务台:每天吸尘、擦拭,每周四做彻底清洁。

⑩公用鞋:每用两次喷一次消毒除臭剂,每晚下班前再统一擦拭、消毒一次。

⑪大厅地面:每天工作前用半干拖把擦拭,营业期间发现污迹随时清理,每周请绿化卫生管理部彻底清洗一次。

⑫布景板:每周五用尘拖除尘,然后用抹布擦拭。

⑬保龄球机房:每天用拖布擦拭一次,每周做一次彻底清洁。

⑭维修工作间:每天打扫卫生一次。

⑮置瓶机:每天擦拭机台总数的1/15,即每台机器每半个月擦拭保养一次。

⑯保龄瓶:每月用清洁剂擦洗一次。

2)保龄球馆卫生清洁标准

①发球区:平整光亮,无粉尘,无油迹(主要指球道涂油时,不要把球道油溅落在发球区)。

②球道:平整光亮,无粉尘,球道油的油膜厚度符合要求。

③球沟及回球道盖板:整洁无尘,无杂物。

④回球机:干净无尘,无污渍,无油腻。

⑤球员座椅:整洁干净,无污迹,座椅及其附近无杂物、无烟头、无饮料渍。

⑥记分台及电脑显示屏:保持干净,无静电吸附的灰尘,无手迹。

⑦公用球及球架:光洁整齐,无尘,无汗渍或污迹。

⑧服务台:台面干净整洁,台下无乱放的杂物和垃圾。

⑨公用鞋:鞋面无污迹,皮面颜色新鲜,鞋内无杂物,无脚臭味。

⑩大厅地面及墙壁:整洁无尘,无污迹,无杂物及垃圾。

⑪布景板:整洁干净,用手拂拭不应有明显灰尘,色彩鲜明。

⑫保龄瓶:整洁干净,无污迹。

⑬维修工作间:整洁干净,井然有序,地面无垃圾。

⑭置瓶机:无明显油污和灰尘,无杂物。

⑮室内场地:平整光洁,墙面、地面无灰尘、污物、废纸、杂物。

（3）游泳馆卫生管理制度

1)游泳馆卫生清洁规定

①打扫迎宾服务台卫生:擦拭台面镜面,整理抽屉、票箱,清理服务台地面及垃圾箱。

②打扫更衣室:营业前冲洗地面,营业中发现卫生情况不良,随时擦洗,营业结束清理更衣柜,并对更衣柜、凳消毒,清理垃圾桶。

③打扫泳池周围场地卫生:地面防滑砖每天先用清洁剂刷洗,然后用清水冲洗;营业前将躺椅、茶几擦拭一遍,烟缸洗净;营业中随时擦洗,垃圾桶及地面要经常清理。

④打扫强制喷淋通道和浸脚池卫生:强制喷淋通道需要每天刷洗,下水道经常清理;浸脚池每天营业前冲洗干净后放入新水并按规定的剂量投入消毒药。

⑤打扫淋浴室卫生:经常冲洗淋浴室,每天营业前用清洁剂刷洗地面和墙壁,经常清理下水道,注意补充浴液。

⑥打扫卫生间:冲洗地面,刷洗马桶和小便池,刷洗洗手池,并对马桶、小便池、洗手池进行消毒,擦拭镜子。

⑦打扫墙壁卫生:洗刷台阶、假山,擦拭窗台、通风罩,擦洗地壁。

⑧做好水质卫生处理:每天营业前用水下吸尘器吸掉水下污物,为加药泵添加消毒药,清除回水口的毛发及污物。

2)游泳馆卫生清洁标准

①室内整体环境:空气清新,通风良好,光照充足。室内换气量应不少于 30 立方米/人/小时,室内自然采光率应不低于30%。室内应保持 25～30 ℃,水温低于室内温度 2～11 ℃,室内相对湿度应保持在50%～90%。

②迎宾服务台:台面整洁干净,无灰尘,无杂物,台内无垃圾,无散乱的废票根。

③更衣室:地面干净,无污物,无鞋印,无水迹,无垃圾;更衣柜内外整洁,柜内无杂物,无顾客遗落物品,无蟑螂等害虫;镜面光洁明亮,无露水,无印迹。

④淋浴室:墙面和地面的瓷砖光洁,无污迹污渍,无水迹;下水道流水通畅,无堵塞现象;沐浴液补充及时。

⑤强制喷淋通道和浸脚池:墙面、地面无污迹,喷头喷水通畅,下水道通畅;浸脚池池壁无污迹,池水无污物,消毒药浓度符合要求,余氯含量保持 5～10 毫克/升。

⑥游泳池四周场地:地面无垃圾,无积水,无青苔;茶几、躺椅整洁干净,无污迹;垃圾桶外表干净,无污迹,垃圾桶经常清理。

⑦游泳池墙壁:墙壁、假山、台阶无污迹,无垃圾;窗台、通风罩无灰尘,无杂物;游泳池壁无水垢、无污迹。

⑧卫生间:地面无积水,无污迹,马桶内外无污迹,无小便尿渍,洗手池无污迹,无水垢;镜子光洁明亮,无水迹,无印迹;卫生间无异味。

⑨游泳池水质:水质清澈透明,无污物,无毛发;消毒药投放准确、及时,余氯含量保持每升 0.3～0.5 毫克,pH 值保持 6.5～8.5。细菌总数每升不超过 1 000 个。

⑩饮用水:无色透明,清洁卫生,符合国家饮用水卫生标准。

10.5.3　娱乐休闲类项目卫生管理

（1）歌舞类项目卫生规定与要求

①室内环境：顶棚、墙面及装饰物光洁明亮，无蛛网、灰尘、污迹、印迹。地面整洁，无废纸、杂物、垃圾和卫生死角。室内温度保持 21 ~ 22 ℃，相对湿度 50% ~ 60%。通风良好，空气新鲜，无异味，换气量不低于 30 立方米／小时，细菌总数每立方米不超过 3 000 个。

②舞厅、卡拉 OK 厅室内外过道整洁。

③各种机械设备摆放整齐，擦拭干净，无灰尘、污渍。

④客用杯具、餐具每餐消毒，未经消毒不得重复使用。

（2）游艺厅卫生管理

1）游艺厅卫生清洁规定

①室内环境卫生：每天营业前清扫并拖擦地面，营业中随时清扫地面，每周墙面除尘，每月天花板及其角落除尘，每天营业前将门、窗擦净。

②售币服务台卫生：每天清理、擦拭服务台面和玻璃围栏，将服务台抽屉内的物品摆放整齐，并将服务台下面清理干净。

③游戏机设备卫生：每天将游戏机外表擦拭干净，带荧光屏的游戏机屏幕要用除静电液擦拭，游戏机的手柄应每天用消毒剂擦拭，凳子和座椅用抹布擦拭，烟灰缸冲洗干净。

④麻将房的卫生：地面、墙面清扫并吸尘，麻将台面及椅子面吸尘，烟灰缸冲洗干净，麻将牌每天擦拭并消毒，自动洗牌麻将机除台面吸尘还应对机器内部吸尘。

2）游艺厅卫生清洁标准

①室内环境：天花板、墙面光洁，无蛛网，无灰尘，无污迹；地面平整光洁，无污迹；边角无废纸、杂物，无卫生死角。

②售币服务台：台面光洁平整，无印迹；玻璃光洁明亮，物品摆放整齐；服务台干净整洁，无杂物，无垃圾。

③游戏机设备：表面光洁，无尘土，无污迹；屏幕无静电吸附的灰尘，手柄消毒后符合检测要求。

④麻将房：天花板、墙壁清洁无尘，无污迹，地面无垃圾、痰迹；麻将台面平整干净，无灰尘、污迹；麻将牌无油污、汗渍，消毒后符合检测要求。

案例分析

重要的救生员

某酒店康乐部经理为节约人力成本，未按照安全规定在游泳池配置两个主要岗位——泳池服务员和泳池救生员。经理认为游泳池属于季节性较强的娱乐营业项目，没必要常年专设这两个岗位。酒店又在强调开源节流，200 平方米的游泳池最深处不到 2 米，不会出现危险。因此，只需要一名服务员兼做救生员及卫生员即可。于是，经理从康

· 139 ·

乐部的舞厅调来一名男服务员(略懂游泳),对其介绍服务程序及操作标准之后,该员工即上岗工作了。

　　某日下午,游泳池突然有人大叫:"有人溺水啦!"顿时场内乱作一团。经过大家七手八脚忙乱之后,溺水客人被救上来,但没有人能够正确、及时对其进行急救处理。医生赶到后,客人已经停止了呼吸。

　　分析:

　　①如何切实加强对游泳池的安全管理?

　　②康乐部应如何加强管理娱乐健身场所,并制定应急措施?

本章问题及讨论

　　1.导致酒店康乐部安全事故的原因有哪些?

　　2.酒店康乐部安全事故表现在哪几个方面?

　　3.从哪几个方面预防酒店康乐部安全事故的发生?

　　4.康乐部卫生工作的内容包括哪几个方面?

第11章　酒店康乐部的物资设备管理

【学习目标】

通过本章的学习,了解康乐物资的分类,熟悉康乐企业物资消耗的定额管理,掌握康乐企业物资的采购与消耗控制,了解康乐设备管理的特点和基本任务,掌握康乐设备维护与保养的程序和方法。

【学习重点】

康乐部物资采购与消耗控制,以及康乐设备管理的程序和方法为本章学习重点。

【主要内容】

1. 康乐部的物资管理
2. 康乐部的设备管理

康乐部的物资设备管理是康乐管理中的一项重要内容。本章将主要介绍康乐部物资及设施设备管理。其中,康乐企业提供服务是以设施和设备为条件的。康乐设备一般由康乐部负责管理,设施一般由工程部负责管理。康乐设备的质量水平除了取决于采购环节,还包括保养维修在内的管理环节。因此,加强设备管理对康乐企业很重要。

11.1　康乐部的物资管理

康乐部日常使用的物资设备用品,多数是单件价值不大的生活用品,这些低值的消耗品需要量大,如果不加强控制和严格管理,必然会造成大量浪费,给康乐经营管理和效益带来不利影响。

11.1.1　康乐物资的分类

康乐企业所需要的物资用品品类繁多,为便于物资管理工作,需要对康乐企业各种物资用品加以分类。

（1）供应用品

供应用品属于一次性消耗品，如卫生用品、化妆用品、文具用品等。

（2）食品及食品原料

食品及食品原料主要包括水产品、干鲜果品、调味品、各种饮料及罐头制品、酒水类、食用油及食品原料等。

（3）生活用品

生活用品主要包括顾客进行康乐活动时需要的部件或棉纺织品、运动鞋、吹风机、衣架等，这类物品属多次消耗品。

（4）工具材料

工具材料包括康乐活动用具（如球杆、球拍及各种球类）、清洁工具、五金工具、电料器材、水电暖配件、办公用品等。

11.1.2　康乐部物资管理的作用

康乐物资管理是指围绕康乐部物资材料使用价值的效用发挥而进行的计划、采购、保养和使用等一系列组织和管理活动的总称。康乐部的物资以消费品为主，数量多、价值大。因此，搞好康乐部物资管理对提高酒店服务质量，减少物资资金占用，加快资金周转，降低成本消耗，提高经济效益有十分重要的作用。

康乐部物资管理对一个酒店的经营关系重大，为康乐部的经营提供了基本保障。

（1）提升康乐部市场适应能力

根据康乐部的等级规格和接待能力，搞好物资用品配备，保证康乐部的等级规格与市场环境相适应。康乐部开业前就要根据其等级规格和接待能力，合理核定开办费的多少，它既是康乐部物资用品管理的起点和重点任务，又是保证康乐部等级规格，保证酒店康乐部的业务需要和客人消费需求的重要条件。

（2）为物品管理提供依据

康乐部所配备的物资用品，随着业务活动的开展逐步被消耗，获得价值补偿。消耗数量的多少直接影响服务质量和成本消耗，因此，必须根据各部门的特点和各种物资用品的实际情况，制订消耗定额，为物品管理提供依据。

（3）保证业务开展需要

康乐部物资用品在开业初期大多是成套配备的，其他物品数量按一定时间的需要量进行配备。业务受理过程中，物资用品计划都是根据业务发展需要编制月、季物品补充采购计划。做好康乐部物资用品保障管理，必须分类做好物品采购计划，掌握资金使用，在保障业务需要的前提下降低资金占用，加强资金周转。

（4）有效控制康乐部的成本费用

根据各部门业务发展需要，按消耗定额发放、使用物资用品，做好原始记录和统计分析,控制物资用品使用效果和成本费用消耗。

(5)加快康乐资金周转速度

合理制定储备定额,加强库房管理,控制物资用品的消耗。康乐部需要通过一定数量的物资用品储备,保证经营活动持续不断地顺利开展。合理制定储备定额,加强库房管理是物资用品管理的重要任务。根据各种物资用品的消耗量和采购供应情况制定储备定额,合理确定经济订货批量,完善各种物资出入库手续,既可以保证经营活动的需要,又可以控制物资用品消耗,减少损失,加快酒店资金的周转。

11.1.3　康乐部的物资采购与消耗控制

(1)康乐部物资采购

采购管理是从计划下达、采购单生成、采购单执行、到货接收、检验入库、采购发票收集到采购结算的采购活动全过程。对采购过程中的物流活动各环节进行严密跟踪与监督,实现对酒店采购活动执行过程的科学管理。

康乐部物资采购是按照既定的物资定额,在不同时间段内采购不同品种、不同数量的物资,以维持康乐企业的正常运转(图11.1)。

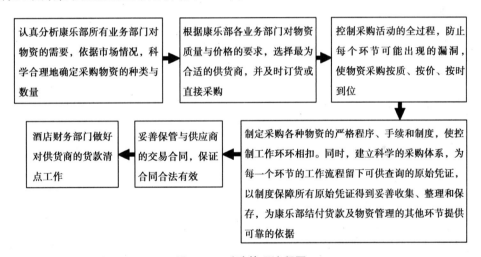

图11.1　采购管理流程图

1)采购管理的主要内容

通过上述过程,达到保障供应,以最小的投入,最理想的物资质量,最低的成本,在与供应商交往过程中确立最有利的竞争地位。

2)采购的基本程序

①确定采购程序。康乐部物资采购程序大致包括以下7个环节:各物质使用部门或仓库管理人员根据经营需要填写请购单;仓库定期核算各类物资的库存量,如库存降至规定的订货点,仓库向采购部门送请购单,申请订购;采购经理通盘考虑,对采购申请给予批准或部分批准;采购部门根据已审核的采购申请向供应商订货,并给验收、财务部门各送一份订货单,以便收货和付款;供应商向仓库发送所需物资,并附上物资发货单;仓库经检

验,将合格的物资送到仓库,并将相关的票单转至采购部;采购部将原始票据送到财务部,由财务部向供应商付款。

②选择采购方式。采购方式主要有以下4种。

a.市场直接采购:采购人员根据批准的采购计划或请购单的具体要求直接与供货商接洽,采购所需物资。

b.预先订货:酒店采购部根据康乐部采购计划或请购单的要求,选定供货商并与其签订供货合同,使之在规定的时间内将所规定的品种、规格和数量的物资送到康乐部的指定地点。

c.一次停靠采购法:选择一家实力雄厚,品种齐全的供货商,以批发价订购业务所需的全年物资,一次订货,分期到货。

d.集中采购:康乐企业集团常用的一种采购方法,被世界上许多非康乐企业所效仿。它是指两家以上酒店联合成立物资采购中心,统一为各康乐部采购经营和所需的物资,统一验收后分送到各康乐部。

③加强采购凭证管理。专人保管各类凭证,包括供货者的交货通知单、发票、运单、各种费用单据、订货合同、请购单、订货单等各类凭证,用于管理采购过程中出现的质量、索赔等问题,所有凭证装订成册并归档,便于酒店康乐部的管理及运营的制度化。

(2)康乐部物资消耗控制

康乐部供客人日常使用的物资品种多,数量大,使用频率高,如果管理不善,就会造成浪费,增加费用,污染环境。因此,康乐部应加强客用物品的管理,在保证满足客人实际需要及服务质量的基础上,控制客用物品的消耗,降低成本费用,减少环境污染。

1)康乐物资消耗控制原则

康乐物资消耗管理工作内容繁多,方式多样,无论用什么方法进行控制,都必须遵循以下原则。

①康乐成本管理必须遵守国家的有关规定。康乐部的成本高低不仅影响企业的利润,还会影响国家税收。康乐部在成本管理过程中必须遵守国家的有关规定,不该计入成本的支出不得计入成本,如不得将各种赔偿金、罚款及捐赠支出等计入成本。

②处理好降低成本与保证服务质量的关系。尽量降低消耗是一切成本管理工作的目标,成本不仅与部门利润有关,也与康乐产品质量有关。物资消耗控制必须以企业应有的服务等级规格、服务要求为依据。降低成本要在保证质量的前提下挖掘内部潜力,力求节约,减少浪费,而不是为了降低成本而采用劣质物品或克扣客人。

③康乐部的物资消耗管理必须实行全员管理,分级归口。成本的发生是一个逐步产生的过程,涉及康乐部所有人员,康乐部内部发生成本支出的各营业点之间独立性比较强,管理人员对具体的成本发生过程无法进行周全的管理。因此,康乐成本管理必须采用全员管理的方法,实行部门、班组、个人三级管理,分级归口,层层下达指标,层层进行考核,并将成本管理的责权利与每一个具体工作人员、服务人员联系起来,只有这样,成本管理才能真正行之有效。

2）康乐物资消耗控制

①控制消耗定额。根据康乐部业务量进行物资消耗定额，加强计划管理。在控制客用物资时，做到内外有别，即客人使用的物资，要严格按有关标准配备该补充的一定要补充，该更新的必须及时更新。内部员工使用的，要厉行节约，能修则修，能补则补，精打细算，在保证对客服务质量前提下尽量节约。

②制订客用物资的配备标准。制订客用物资配备标准是实施客用物资消耗控制的重要措施之一。客用物资配备标准主要包括康乐部客用物品的配备标准和库房客用物资的配备标准。合理的客用物资配备标准既能满足对客服务的需要，又不过多占用流动资金，还能避免不必要的损耗。

③加强日常管理。日常管理是康乐客用物资消耗控制工作中最容易发生问题的一个环节，也是最重要的一个环节。日常管理要做到康乐物资专人领发与保管，责任到人。建立并完善物资管理制度，在客用物资的保管、领发、使用和消耗等方面加以规范，并根据制度实施管理。

3）实现康乐物资科学管理

康乐物资管理不是单纯的物资储存、保管、领发，还包括预算、物资报损等一系列工作。建立科学合理的物资管理制度，有利于康乐管理人员高效工作与酒店的运营。

①建立物资档案制度。档案制度的建立，将整个康乐物资的流向进行清晰展示，各点所使用的物资品种、数量、规格等都有案可查，各点的使用情况、应配备的数量及库存都一目了然，为管理的实施打好基础（表11.1—表11.3）。

表11.1 康乐物资登记表

编号	名称	规格	厂家	价格	供货周期	最低库存量	备注

表11.2 物资配备表

编号	名称	规格	正常配备数量	每月配备数量											
				1月	2月	3月	4月	5月	6月	7月	8月	9月	10月	11月	12月

续表

编号	名称	规格	正常配备数量	每月配备数量											
				1月	2月	3月	4月	5月	6月	7月	8月	9月	10月	11月	12月

将康乐部所用物资用本表登记,编号与表11.1一致;每月配备数量填写为日常业务需求所补充的物资,并由经手人签字。

表11.3 物资登记卡

编号			名称		规格		最低库存量	
领取与发放								
1月	2月	3月	4月	5月	6月	7月	8月	9月	10月	11月	12月

该卡片每种物资填写一份,并放置在该物资相应位置,卡片编号及最低库存量应与表11.1一致。

②实行科学的物资管理程序(图11.2、表11.4)。

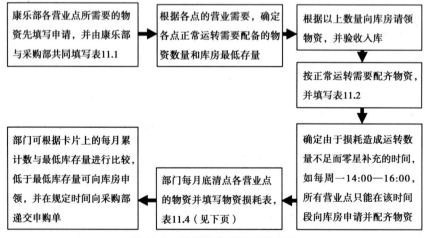

图11.2 科学的物资管理程序图

表11.4 物资损耗表

编号	名称	规格	单价	实际配备数	清点数量	损耗数	金额	备注

编号、名称、规格等与表11.3一致;实际配备数量＝正常运转数＋每月配备数;损耗数＝实际配备数－清点数量;金额＝价格×损耗数。

③制订一份全年预算及有关的分析数据报告(图11.3)。

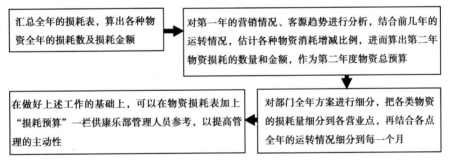

图11.3 制作分析数据报告流程图

11.2 康乐部的设备管理

顾客到康乐场所要获得物质与精神的享受,在很大程度上依赖于完善的设施设备。康乐设备管理水平将直接影响康乐部门的经营收益,熟练掌握康乐设备的基本性能,正确操作机器,了解设备管理的基本方法与程序是提高康乐产品质量、服务水平及经济效益的重要基础。

11.2.1 康乐设备管理的作用

(1)有利于提高服务质量

康乐企业是以出售设备的使用权和服务人员的劳务为主要经营方式的企业。康乐设备是员工为顾客提供服务产品的物质条件,是康乐服务质量的物质基础。没有完好的设备,康乐服务就无法正常提供,设备的完好程度对康乐服务质量产生重大影响。

（2）有利于促进经济效益增长

康乐企业的收费水平是建立在相应的设备条件和劳务条件之上的。只有完好的设备和令人满意的劳务，才能保持较高的收费水平，从增加收入方面促进企业经济效益的增长。设备维修费用是康乐企业的一项重要支出，做好设备管理工作，可以节约设备维修费用支出，降低营业成本，增加利润，从而促进经济效益增长。

（3）有利于树立良好的企业形象

舒适的消费环境，安全完好的康乐设备，是顾客进行正常康乐消费的必要条件。做好设备管理工作，为顾客提供舒适、安全的康乐消费服务，是增加客源、树立企业形象的重要手段。

11.2.2　康乐设备管理的任务

（1）合理配置康乐设备

康乐设备的配置应和酒店或康乐企业的档次、规模、客源层次相匹配。康乐经营是受市场规律影响的，设备的性能、豪华程度、完好状况是影响企业等级的重要指标，企业等级越高，其设备越豪华、先进，顾客的消费水平也就越高。因此，要根据企业的等级和规模、目标市场的需求和顾客的实际支付能力以及企业发展的要求，合理地选择、配置康乐设备，保证供应低消耗、及时维修高质量和安全生产少事故的康乐设备。

（2）制订和执行科学的管理制度

康乐设备购置大多是在开业前完成，在业务经营过程中，又要根据实际需要添置、更新或进行部分改造。康乐企业要建立科学的管理体系，制订完善的管理制度，促进员工做好设备保养维修工作，及时进行必要的改造更新，提高设备利用率。严格执行各项管理制度和技术操作规程，充分发挥工程技术人员的作用，合理使用康乐设备，提高设备管理的整体水平。

（3）加强设备更新改造

随着社会的进步和经济的发展，人们对康乐活动的需求不断提高。康乐企业必须不断对原有项目和设备进行更新改造，以适应市场的变化，充分发挥设备的综合效益，提高企业的竞争能力。否则，企业的经营就可能面临被动局面。康乐企业设备的更新和改造，一般应2～3年进行一次中修，3～5年进行一次大修。

（4）保证设备正常运行

由于康乐设备种类多，数量大，涉及面广，设备管理的工作量比较大。康乐企业要建立科学的管理体系，制订完善的管理制度，培养优秀的服务和维修人员，以保证设备在营业时间内正常运行。一般采用分级管理、分工协作、专人负责的方法。

11.2.3　康乐设施设备管理的特点

（1）管理效率要求高

康乐设备由于使用频率很高，导致设备容易损坏，使用周期缩短。这就要求设备保养维修管理效率高,否则会影响经营。有些设备虽然不是易损设备,但由于长时间运行,累计损耗会越来越大,且这类设备修理难度也比较大,如保龄球的球瓶复位系统、台球桌的石板部分、桑拿浴室的水处理系统等,这类故障应该尽快排除,更进一步地要求管理效率。

（2）设备更新周期短

康乐企业的设备在经营过程中的损耗有两种情况:一是有形磨损,即在使用时造成的机械磨损;二是无形磨损,即经过一定时间的经营,有些设备已经陈旧过时,虽然没有任何故障,但其使用价值已经降低。上述两种损耗达到一定程度,设备就应当更新。

受流行因素的影响较大也使康乐设备更新周期短。康乐客人的消费需求是享乐型的,必然会跟随流行时尚变化而变化。前几年流行的呼啦圈、跳舞机等,现在早已无人问津。

（3）设备管理和维修面广

一方面,康乐设备的种类多、数量大,各类设备的使用方法又有很大差别。设备及其零件的更换频率比较高,设备生产和使用所涉及的技术门类比较多,包括机械原理、自动控制、电子线路、计算机技术、电视技术、音响技术等,所涉及的知识面比较广,因此需要较多有较丰富相关知识的技术人才管理和维修。另一方面,康乐设备用于经营活动的全过程,设备管理和维修贯穿于经营活动的始终。只有掌握设备物质运动形态和价值运动形态的规律,制定设备管理制度,加强各部门、各班组、各环节的协作,才能管好、用好各种设备,提高设备管理水平。

11.2.4 康乐设备管理的程序和方法

康乐设备是康乐经营必须具备的物质条件,管理好这些设备是经营工作的一部分。管好康乐设备,除了要有较强专业技术的工作人员,还需要一套合理的程序和科学的方法。

（1）康乐设备管理的程序

康乐企业的设施设备管理与其他企业的设施设备管理一样,按管理的不同阶段可分为三个基本程序。

1）设备更新程序

设备的更新规划是指从设备更新的计划、决策、选型、订购到日常管理的运行程序,具体程序如图11.4所示。

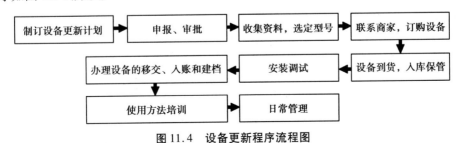

图11.4　设备更新程序流程图

2)技术改造程序

①收集整理在设备使用中所发现的结构、配套、安装等方面不适应经营需要的问题。

②召开由管理人员、使用人员、工程技术人员参加的设备改造研讨会,制订设备改造方案。

③设备改造施工。

④康乐部验收并转入日常管理。

3)设备报废程序

设备报废程序如图11.5所示。

制定设备报废的原则	国家指定的淘汰产品。
	损坏严重、无法修复的设备。
	已经超过使用期限、维修费用昂贵的设备。
	因事故损坏、且修理费用接近或超过原价值的设备。
	虽能运行、但有严重隐患、且修理费用昂贵的设备。
	虽能正常运行、且未超过使用期限、但盈利水平很差的设备。
办理设备报废手续	使用部门提出报废申请。
	工程部会同有关部门进行技术鉴定和确认。
	价值较高的设备,报请经理审批。
	将设备移出经营场地。
	在固定资产管理组办理销账手续。

图11.5　设备报废程序流程图

(2)康乐设备管理的方法

康乐企业的现代化设施设备是实现康乐企业豪华、舒适和一流服务的保证。管理好现代化设施设备,除了需要拥有较高专门技术、技能的工程技术人员和技术工人,还必须有一套严格、科学的检修、保养计划及细致、周全的岗位责任制。设备的正确使用和维修保养,是保证设备完好的两个不可忽视的环节,科学管理企业的设备,仅靠工程部门检修和保养是不够的,还必须制定相应的操作规程和管理制度。

1)建立设备技术档案

康乐设备的种类和数量都很多,使用范围广、维修量大,各类设备更新周期不一致。为加强管理,便于维修,降低损耗,延长使用寿命,必须建立设备档案。这项工作应由工程技术部、康乐部的相关人员共同负责。建立设备档案的工作分两步。第一步,对设备进行分类编号,一般采用三节编码法:第一节表示设备种类,第二节表示使用部门,第三节表示设备序号。例如,电子游艺机编号为F4-9-23,其中F表示电器类,4表示游艺机,9表示电子游艺厅,23表示设备序号。这样的编号便于检索和查对。第二步,将相关的技术资料整理归类,即将设备的品种、名称、规格、价值、数量、生产厂家、购买日期、使用部门、技术数据及使用说明书等有关资料按编号整理保存。

2）分类归口，制定科学的操作规程

各种设备在建立技术档案以后，要按部门分级归口，分片包干，将设备日常管理和使用层层落实，直到班组和个人。同时，应当制定统一的使用、操作、保养、维修制度规程，建立维修保养制度，并执行岗位经济责任制。一般由使用部门负责日常维护，工程技术人员负责日常维修保养，技术人员检查使用效果，保证顾客需要和业务经营活动的正常开展。

3）定期考核设备管理效果

康乐部的设备管理与各种设备技术性能的发挥，对业务经营活动的开展和企业经营效益有着十分重要的影响作用。因此，定期考核设备管理和使用效果，以评定康乐部的设备管理水平。主要考核内容有：

①设备完好率。康乐企业设备都是直接为顾客服务的，各种设备必须随时处于完好状态。可以用设备完好率考核设备管理的效率。如果在用设备的总台数为 M，完好设备的总台数为 m，则设备完好率 W 的计算公式为：

$$W = \frac{m}{M} \times 100\%$$

设备完好率的最佳值是 1，但出于各种客观原因，保持最佳值是很难做到的。因此，设备完好率应该趋向于 1，如果出现偏差过大，必须迅速组织修理，以保证正常营业。

②设备维修使用率。设备在使用过程中，每年都需要支付一定的维修费用，一定的经营条件下和时间内，维修费用越低，说明设备管理越好。设备维修的费用情况，可以用年度百元营业额的维修费用考核。如果用 Q 表示年度维修费用，Y 表示年营业额（单位为百元），则年度百元营业额的维修费用率 Z 的计算公式为：

$$Z = \frac{Q}{Y} \times 100\%$$

③设备有效工作度。设备有效工作度以时间单位考核设备管理好坏，它主要用于考核生产性设备。如果设某种设备应该工作的时间为 T，因损坏维修而不能工作的时间为 t，则设备有效工作度 R 的计算公式如下：

$$R = \frac{T}{T + t}$$

康乐企业的设备管理越好，有效工作时间越长，设备的有效工作度就越强。

11.2.5 康乐设备的保养与维修

康乐设备的保养与维修是设备管理的重要组成部分，直接决定设备的完好率和使用寿命，也影响企业的经营成本和整体经济效益。因此，康乐部的管理者要重视设备的保养与维修。

（1）康乐设备的保养

康乐设备在运转过程中由于经营环境的尘土及空气中化学成分、设备相对运动等因素造成运转状态变差，要求管理人员对设备进行有计划的清洁、润滑、检查、调整等工作，即设备的维护保养。通过建立保养制度,科学地安排保养时间和内容,并将每次保养列入计划,落实到每个员工的工作日程上,一环扣一环。管理方法比较严谨,并与设备管理的其他方法一起,构成康乐企业设备管理的大系统。康乐设备的保养一般分为日常维护保养和定期维护保养。

1)设备日常维护保养

康乐设备的日常维护保养工作由专业服务人员负责实施。按照工程部的有关操作规定和保养标准,在每天的服务工作中,对所管的设备进行规范的清洁、检查及必要的调整工作。一般的维护保养程序分为以下4个方面。

①保养工作人员:设备操作人员,大部分是服务员。

②保养部位:主要部位是设备的外部。

③保养时间:每天进行例行保养。

④具体工作内容:检查设备的操纵机构、变速机构及安全防护装置是否灵敏可靠;检查设备润滑情况,并定时、定点、定量加注相应的润滑油;检查设备易松动脱落的部位是否正常,检查附件、专用工具是否齐全;搞好设备及其周围的卫生。

2)设备定期维护保养

设备的定期维护保养是在日常维护保养的基础上,在设备运行了一段时间后对设备从更深层次进行保养,以便减少设备磨损,消除事故隐患,保证设备长期正常运行。定期维护保养的时间间隔长短根据设备的不同而定,一般可分为月保养、季保养、年保养等。定期维护保养的主要内容如下。

①彻底清洁、检查设施设备及其内部的管道。

②清除设备电机、接触器、继电器等处的积尘,并检查各电器线路,保证各处线路连接完好,无松动。

③彻底检查设施设备运转情况,为各机械传动装置添加润滑油或润滑脂,调整机械部件间隙,必要时更换磨损、老化零配件。

④对调整、更换零部件逐一进行记录,并由主管人员检查验收定期保养结果。

(2)康乐设备的维修

设备的维护保养和维修是两项既有联系又有区别的工作,其目的都是使设备正常运转,以满足经营需要。其工作内容是有区别的,维护保养是指设备尚在正常运行时,对发生的较小变化进行处理。修理一般是指更换可能发生故障的零部件和修复已经出现故障的设备。在设备运行过程中,即使维护保养工作完全按规定、计划进行,也难免发生故障,使用条件发生变化,如电压突然升高、违反规定的操作等,都可能引发故障。要使其恢复正常功能和运转,就必须进行维修工作,在康乐服务中,设备的维修可按规定修理日期和修理内容的复杂程度进行分类。

1)按规定修理日期分类修理

①标准修理法。标准修理法又称强制修理法或主动修理法。这种方法是根据设备零件的使用寿命,在修理计划中明确规定修理日期和调整、更换零部件等内容。设备经过规定的一段运营时间后,不管零部件的实际磨损及运转情况如何,根据标准工艺要求,都要

进行强制修理,零件也必须强制更换。标准修理法的优点是便于在修理前做好准备工作,组织工作简化,停机时间短;缺点是需要经常检测零件的磨损情况,增加维修费用等。这种方法一般适用于必须严格保证安全运转和特别重要的设备修理,如大型室外设备、桑拿设备、按摩设备、水处理设备等。随着检测手段的不断进步,这种方法有不断扩大应用的趋势。

②日常修理法。康乐设备在运行过程中,零部件磨损都有一个从量变到质变的过程,故障的产生一般是先有苗头的。康乐部的专业维修人员,在设备运行过程中应当经常巡查检测,及时发现、解决问题和消除事故隐患。日常修理法的优点是:对保证设备的安全运行,防止事故的发生能起到很好的作用,而且所需要的工作量也相对较少。适用于一般设备的修理,如台球设备、网球设备等。

③即时修理法。即时修理法是指设备发生故障,不能正常工作或完全停止运转后进行的修理。康乐设备发生故障是很难避免的,故障发生后应当及时查清产生故障的原因并尽快修复。修理工作结束后,必须认真填写修理记录表单,同时应由管理人员对修理工作进行检查、验收。这种修理方法虽然是一种被动的方法,但在现实中却是一种经常使用的方法。

2)按修理内容的复杂程度分类修理

①部件修理法。将需要修理的部件拆下来,换上事先准备好的部件。这种方法可以明显缩短停机时间,但需要储备一定数量的部件用于更换,占用一些资金。因此,这种方法适用于修理一些数量不多但属于关键性的设备。

②局部修理法。将整体设备划分成几个独立的部分,按顺序修理,每次只修理其中的一部分。这种方法的优点是可以把修理的工作量化整为零,以便利用较分散的时间,从而提高工效和设备利用率。它适用于一系列构造上相对独立的部分设备或修理时间比较长的设备。

③同步修理法。将若干台在功能上相互紧密联系而需要修理的设备,安排在同一时间段内修理,以减少分散修理所耗费的时间。这种方法常用于配套设备的修理,如保龄球的自动记分系统、回球系统、升瓶系统、置瓶系统,因为它们之中无论哪个系统出现故障,都会影响整条球道的运行。

本章问题及讨论

1. 试述康乐物资领发程序及其要点。

2. 实行康乐部物资科学管理的程序是什么?

3. 康乐部物资管理的作用有哪些?

4. 康乐部设备管理的基本方法有哪些?

5. 简要说明按修理日期分类的修理方法和按修理内容复杂程度分类的修理方法。

第12章　酒店康乐部的营销及公关管理

【学习目标】

通过本章的学习,了解营销管理的含义,熟悉酒店康乐部面向的市场对象,掌握酒店康乐部营销活动和公关活动的类型与方法。

【学习重点】

了解康乐部营销的基本特征,熟悉康乐部面向的市场,掌握康乐部一般采用的市场营销方式以及公关活动如何展开,能够对康乐部的产品、价格销售渠道、促销方式、广告、公共关系等进行系统的管理。

【主要内容】

1. 康乐部的市场定位与分析
2. 康乐部的营销管理
3. 康乐部公共管理
4. 康乐部会员制
5. 康乐部危机营销

12.1　康乐部的市场定位与分析

12.1.1　理论体系

对酒店康乐部而言,其营销方式主要有以市场为导向的 4Ps 营销组合策略,即产品策略、价格策略、渠道策略和促销策略。20 世纪 90 年代后期,为提升服务业的市场营销效果,在传统的营销体系基础上,根据服务业的特点提出一种新的市场营销策略 4Cs 营销组合策略,即顾客、成本、便利和沟通。4Cs 营销策略以消费者需求为导向,与以市场为导向的 4Ps 相比有较大突破,但依旧存在一些缺陷。针对其存在的问题,学者提出了以关系营销为核心的 4Rs 营销组合策略,即关联、反应、关系、回报。

12.1.2　市场分析

（1）康乐消费需求

1）休闲康乐需求

调剂生活方式，提高生活质量是现代人的追求，酒店康乐部所固有的娱乐、休闲等特点也正迎合了人们的这一追求。利用双休日、节假日朋友结伴，家庭联手，完全脱离每日都必须遵从的某种规律的精神压力，到完善的康乐场所充分享受自由，在运动中得到休闲娱乐，已成为人们生活的新时尚。

2）工作交际需求

康乐不仅使人追求身体娱乐放松，还可通过康乐活动达到工作交际的目的，康乐场所也成为现代人际交往的重要场所和社交平台，如在高尔夫球场上谈生意等。

3）放松消遣需求

随着社会经济的产生和发展，人们对康乐的需求越来越多，很多人到酒店康乐部不仅仅是获得身体健康，还要追求乐趣，使情绪得到缓解，如康乐部设置机械健身、瑜伽健身、有氧操健身等在不同程度上满足了顾客释放压力、娱乐消遣的需求。

4）攀比从众需求

人是社会的人，需要有一种归属感，总在不自觉地把自己归入某一类群体。因此，会在行为上与这类群体的行为一致，当归属群体中的大多数都进行了某些消费时，消费者也会不自觉地跟风消费，以获取更大的心理趋同感。康乐部在做营销工作时，要根据康乐部产品和服务的特点，选择恰当的营销方式，带动群体中部分消费者购买，促进消费者产生趋同需要，形成潜意识模型，刺激购买。

（2）康乐消费动机

1）健康的动机

随着生活水平的提高，人们越来越注重身体健康，注重高标准的饮食卫生，一些康乐项目具备保健的效果，如健身房、桑拿、SPA 馆等，消费者通过在康乐部体验锻炼身体，美容养生，使身心得到放松、休息和恢复。

2）求知的动机

消费者在康乐部培养多种兴趣，获得新的知识，掌握新的技能，增加新的阅历，如学会打高尔夫球、了解美容养生的常识、掌握感兴趣运动的玩法等，完善自身素质，提高个人声望和魅力，获得他人尊敬，发展自我潜能。

3）交往的动机

交往的动机是指消费者希望通过康乐部结交新的朋友，与志同道合的人交往，形成朋友圈，或者希望得到别人的关心、友谊、支持、合作与赞赏，是个体与他人接近、合作、互惠并发展友谊的内在需要。交往动机的产生不仅包括需要、兴趣、理想、信念、世界观等内在动力，也有他人的期望、要求、强迫、命令、激励、社会舆论、社会时尚、习惯势力等外在压力。

4)追求名气的动机

顾客对酒店康乐部的名气特别重视,喜欢高端、名牌产品。在这种动机的驱使下,消费者通过康乐部显示自己的身份和地位,从中得到一种心理上的满足。具有这种购买动机的顾客一般都具有相当的经济实力和一定的社会地位。此外,表现欲和炫耀心理较强的人,即使经济条件一般,也可能具有这种购买动机。一般而言,年轻人、收入水平较高的人常常具有这种购买动机。

12.1.3 市场定位

(1)年龄

按照消费者的年龄,酒店康乐部的营销市场可以分为少年市场、青年市场、中年市场和老年市场,年龄对于人们娱乐方式的选择有决定性的作用,不同年龄段的人的兴趣、爱好和身体条件不同,如老年人对溜冰和动感的迪斯科无法适应,也不感兴趣,而青少年对于节奏缓慢的垂钓、高尔夫球也不容易着迷(表12.1)。

表 12.1　不同年龄段消费者青睐的康乐活动

年龄阶段	心理特征	喜爱的康乐项目或服务
少年	追新求异,偶像崇拜,追求热闹,好玩,好胜	电子游戏、文娱室、足球、溜冰、划船
青年	追求个性,多元化,享乐,从众,攀比	酒吧、保龄球、台球、歌舞厅、游泳池
中年	压力大,收入水平较高,经验多,阅历深,独立,沉着冷静	美容美体、桑拿洗浴、高尔夫球、温泉水疗
老年	不赶时髦,追求实惠喜好安静,追求健康养生	棋牌室、垂钓

(2)文化水平

按消费者的文化水平,酒店康乐部的营销市场可以分为高品位消费市场和普通消费市场。文化程度较高的消费者倾向于比较传统、高雅、有品位的活动,如欣赏音乐、打高尔夫球、打保龄球等;文化程度较低的普通大众则更喜欢热闹、简单、没有太多礼仪规定的活动场所,如歌舞厅、棋牌室等。

(3)性别

根据消费者的性别,康乐部的营销市场可以分为男性市场和女性市场。由于生理上的天然区别,社会角色的不同以及性格心理的差异,男性与女性消费者对康乐项目的选择、购买心理、购买习惯以及对康乐部促销的反应也是不相同的。女性较倾向于美容、游泳、SPA类项目,而男性更倾向于健身、保龄球等项目。

(4)职业

不同职业的消费者收入不同,对于酒店康乐部项目的需求也不尽相同。一般工薪阶层如企业的普通职员更注重康乐服务和产品的实用性及经济性,高薪阶层如跨国企业高管、都市白领等较为重视自己的社会地位、个人形象,因此对消费环境的保障更为注重。

所以,对于不同职业消费者的不同需求,康乐部采取的营销手段也应当有的放矢。

(5)地域

不同的地域有不同的自然环境和人文环境,造就了人们不同的生活习惯和文化背景,人们对于康乐活动的需求也有较大的差异,如北方人喜欢去公共浴池泡澡,南方人则较少可以接受这种娱乐项目。因此,对于不同的地域,酒店康乐部的服务和产品应与当地风俗习惯等相融合,有针对性地进行市场营销。

12.2 康乐部的营销管理

12.2.1 康乐部营销管理的含义与作用

康乐部营销是酒店市场营销的一种,是酒店经营活动的重要组成部分,它始于康乐部提供产品和服务之前,针对消费者不同的消费需求,在适当的时间、地点,以适当的价格,通过适当的销售渠道,采取适当的促销策略,向目标客人销售一定的产品和服务的有计划、有组织的活动。其出发点是康乐部在深入了解和认识客源市场的基础上,通过产品创新和适当营销,不断满足客人的需求,以实现酒店的收入和利润经营目标。

酒店康乐部营销管理是指研究顾客的需要,对康乐部市场进行分析,开发康乐市场的潜力,对营销活动进行系统分析、执行和控制,增加酒店的收益,最终使康乐部实现其预设的经营目标。康乐部营销不仅仅是单一的推销模式,涉及的面广而深,包含了市场营销的调查,康乐产品的设计、开发和定价,产品推销,产品流通等方面的内容。

12.2.2 康乐部营销的类型与特点

康乐部营销根据不同的划分依据,有不同的营销类型,每种营销手段都有自己的特点,在实际操作中要因地制宜,根据具体情况采用不同的营销方式进行营销活动,也可同时采取多重营销方式对康乐部的产品和服务进行营销,以提高康乐部收入,提升酒店整体效益(表12.2)。

表12.2 康乐部营销类型与特点

划分方式	营销类型	特 点
按照营销渠道划分	直接销售系统	没有中间环节,结构简单 产销见面,便于信息交流 直接接收顾客反馈信息 无法适应社会化大生产
	间接销售系统	通过中间商组合再出售 为顾客提供便利 为康乐部节省销售费用

续表

划分方式	营销类型	特　点
按照营销目的划分	康乐部营销	康乐部整体营销 侧重开辟客户关系 树立康乐部整体形象
	康乐项目营销	传递某种康乐产品信息 受众范围较小 针对性更强
按照营销手段划分	人员推销	面对面洽谈业务,针对性强 有助于销售人员与顾客建立良好的关系 可当场购买,直接成交 市场面窄,人员素质要求高
	广告营销	树立、维护、改善酒店形象 宣传产品和服务 诱导消费,刺激需求 指导消费,培训顾客 投入资金大
	新媒体营销	内容更为详细、生动 不受时间、地点限制 易受舆论影响

12.2.3　康乐部营销活动的展开

　　康乐部在组织开展市场营销时,首先应该划定营销区域和范围,其次确定销售指标,再次确定合适的营销手段,最后是对营销人员的绩效评估。营销方式现代化从卖方市场到买方市场,从传统市场营销向现代化市场营销转变,即以生产者为中心转变为以消费者为中心;从价格竞争转变为服务竞争、品牌竞争,以此相适应。整体营销、服务营销、形象营销、网络营销等现代化营销观念和方式层出不穷,这就要求我们必须紧跟时代潮流,更新营销观念。

　　(1)服务营销

　　照顾好老顾客,留住新顾客是增强市场竞争力的重要手段。牢固树立顾客至上、一丝不苟的工作作风,只有竞争意识强,注重个性化服务,抓好延伸,抓好情感服务,才能赢得顾客。学者分析,一个满意的顾客平均告诉他周围的 3 个人,一个不满意的顾客平均告诉 8～12 人;留给顾客一个负面印象,往往至少需要 10 个正面印象才能弥补;当一个顾客的抱怨被圆满处理后,他会将满意的情形转告 5 个人;顾客对企业的忠诚值等于 10 次购买价值;开发一位新顾客所花费的精力和成本平均是保持一位老顾客的 5 倍;一个老顾客贡献的利润是新顾客的 16 倍。以消费者为中心,在满足消费者需求的过程中实现康乐部的利润,这种营销观念已经被越来越多的酒店接受,服务营销将逐渐受到青睐。

（2）产品组合营销

康乐部营销可根据酒店的销售要求，针对顾客的不同需要开发各种组合产品，吸引客源。公司、机关及商务客人组合产品，针对客人的特别服务，为其提供优惠，可免费提供一份水果拼盘，免费提供欢迎饮料，免费使用康乐部的设施和器材，免费参加酒吧、歌舞娱乐活动等；家庭康乐组合产品，如提供看管小孩服务，小孩可免费使用康乐设施；针对假期推出的周末组合产品、淡季度假组合产品等。

（3）互联网与新媒体营销

新媒体营销是基于特定产品的概念诉求与问题分析，对消费者进行针对性心理引导的一种营销模式，从本质上说，它是企业软性渗透的商业策略在新媒体形式上的实现，通常借助媒体表达与舆论传播使消费者认同某种概念、观点和分析思路，从而达到企业品牌宣传、产品销售的目的，具有体验性、沟通性、差异性、关联性的特点。

随着社会化媒体的广泛应用，网站、微博、微信、短视频、各类旅游网站等营销新形式层出不穷，新媒体营销占有的市场份额将越来越大。以互联网为代表的新媒体营销作为信息传播媒体比现有的其他任何媒体都更具有优势。新媒体营销有其显著的优点：首先，它突破了时空限制。网络可以向位于世界任何地方的用户提供全天候的商品信息，顾客无须离开家或在办公室就可以得到大量有关康乐部的产品和服务信息，可以把注意力集中于客观的判断标准，而无须面对销售人员，可以在网上预订。其次，及时得到顾客反馈信息。通过互联网大数据，营销人员可以知道有多少人访问他们的网站，在网站的具体网页上有多少人逗留，有多少粉丝关注他们的微博、微信，与顾客及时沟通交流，及时得到顾客的信息反馈，并据此改进产品、服务和广告。另外，消费者更加认同产品广告。比起传统媒体的广告，网络上其他消费者的评价，康乐部通过微博、微信或者 App 发布信息对产品进行推广，吸引潜在顾客，使潜在顾客转变为实际消费者。这里必须要提一下，短视频营销是内容营销的一种，短视频营销主要借助短视频，通过选择目标受众人群，并向他们传播有价值的内容，这样吸引用户了解企业品牌产品和服务，最终形成交易。短视频营销，最重要的就是找到目标受众人群和创造有价值的内容。其播放时间短，受众多，普及快，而且属于快输出方式，现在深受市场喜爱（表 12.3）。

表 12.3　新媒体营销类型与特点

营销类型	特　点
微博	及时、快捷、互动性强、时效性强
微信	点对点精准性强、关系强、曝光率高
抖音	一个专注年轻人的音乐短视频社区，用户可以选择歌曲，配以短视频，形成自己的作品
快手	用户记录和分享生产、生活的平台，具有故事性、交互性、说服力强、受众多、普及快
小红书	年轻人的生活方式平台，用户可以通过短视频、图文等形式记录生活点滴，分享生活方式，并基于兴趣形成互动，70% 用户是"90 后"
bilibili	（动画、漫画、游戏）内容创作与分享的视频网站，简称 B 站，现为中国年轻世代高度聚集的文化社区和视频平台

续表

营销类型	特　　点
门户网站	信息全面、权威性高
相关 App	更好的用户体验、持续性、信息全面、品牌建设、随时服务

康乐部营销不应局限在一个阶段,拘泥于一种模式,沉迷于一种状态,必须以最敏锐、最超前、最独创的嗅觉感官创造和设计适宜于康乐部经营发展的最佳经营模式,使康乐部经营更趋完善、先进和独特。

12.3　康乐部的公关管理

12.3.1　康乐部公关的含义与作用

公共关系是指某一组织为改善与社会公众的关系,促进公众对组织的认识、理解和支持,达到树立良好组织形象,促进商品销售目的等一系列公共活动。公关作为酒店的主要营销手段之一,在康乐部的经营活动中起着不可忽视的作用。酒店康乐部公共关系主要是指康乐部管理者从事组织机构信息传播,关系协调与形象管理事务的咨询、策划、实施和服务的管理职能,包括康乐部创建组织的成功,降低组织失败的影响,宣布变更等。管理者应当通过获得有益的大众宣传,建立与各种公共机构的良好关系,处理不利的偏见、谣传或者偶发事件,树立酒店康乐部良好的形象。

12.3.2　康乐部公关的类型与特点

（1）宣传性公关

宣传性公关主要是指康乐部借助各种传播媒介,如报纸、电视、网络等对康乐部进行宣传,以期达到宣传康乐部、树立康乐部整体形象目标的一种公共关系模式。其特点是主动性强,可信度高,传播面广,传播速度快,但仅局限于让消费者认识康乐部的产品和服务。

（2）交际性公关

交际性公关主要是指康乐部通过一定的人际交往促进康乐部产品和服务的消费,以沟通信息和塑造康乐部整体形象为目标的一种公共关系模式。其公关方式包括:招待会、宴会、专访、慰问、电话沟通等。这种公关方式具有直接、灵活、亲密、温暖、富有人情味的特点,能够使促销人员与顾客的沟通进入情感交流层次。

（3）服务性公关

服务性公关以康乐部提供热情、方便的优惠服务为主要手段,以赢得公众信任为目标,从而树立康乐部良好的整体形象。其公关方式主要有跟踪服务和优质服务。其主要特点是将康乐服务以实际行动体现在顾客面前,康乐部服务人员为顾客留下更深刻的印象。

（4）征询性公关

征询性公关主要是指康乐部通过舆论调查、征求公众意见等了解酒店康乐产品和服务的影响，为康乐企业收集各类相关信息，以加强与公众关系的一种公共关系模式。主要通过开办咨询业务、建立咨询服务电话和聘请信息进行。其特点是顾客广泛参与。

（5）社会性公关

社会性公关指以康乐部的名义组织举办或参与各种社会性、公益性、赞助性活动，在公益、慈善、文化、体育、教育等社会活动中充当主角或热心参与者，在支持社会事业的同时，扩大康乐部的整体影响，树立良好形象的一种公共关系模式。其具有公益性、文化性的特征，影响面大，不拘泥于眼前效益，重点在于树立组织形象，追求长远利益等。

另外，按照公共关系的特点将康乐公共关系促销分为建设性公关、维系性公关、进攻性公关、防御性公关和矫正性公关。

12.3.3　康乐部公关活动的展开

（1）媒体宣传

媒体宣传在酒店康乐部公关中一直起着不可替代的作用，消费者可以通过媒体宣传，得到大量的信息包括康乐活动、康乐产品和服务的预订和购买，一次成功的公关活动往往会使企业转危为安，使潜在顾客变为真正的顾客，一次失败的公关活动也有可能使潜在顾客彻底流失。媒体宣传类的公关活动主要有报纸、电视、广播、新媒体等，各有利弊，康乐部管理者应正确借助各类媒体力量，以树立良好的企业形象，收获最大的社会效益（表12.4）。

表 12.4　主要媒体宣传类公关活动的利弊

媒　介	优　点	缺　点
报纸	发行量大，市场覆盖率高； 影响广泛，传播速度快； 制作简便，费用较低； 易于作为资料保存； 可以反复多次阅读； 易被接受和信任	内容杂乱，不精美； 不引人注意； 时效性、灵活性较差； 形象表达手段欠佳
杂志	专业性突出； 针对性强； 印刷精美，形象突出	发行周期长； 传播不及时； 时效性、灵活性差； 读者范围小
广播	制作简便，成本低； 传播速度快； 信息量大，节目形式灵活	听众过于分散； 广播时间短暂； 难以记忆、存储； 内容不够生动具体

续表

媒　介	优　点	缺　点
电视	传播范围广,影响大; 生动丰富,感染力强	制作烦琐,费用高; 对观众缺乏选择性; 瞬间性,不易保存
新媒体	传播范围广,速度快; 成本低廉,经济实惠; 形式多样,生动活泼; 信息量大,交互感强	受众群体不均; 负面影响传播快

（2）赞助

赞助是一种战略性的公关行为,主要是以赞助活动为手段,扩大康乐部知名度,使之成为公共关系广告,增强酒店商业广告的说服力和影响力。康乐部借助活动对其品牌价值带来强化认知度和形象等直接影响,同时增加销售和利润,提高康乐部的知名度,树立酒店在社会公众中的美好形象。康乐部赞助活动的主要对象可以是体育事业,对体育事业的赞助不仅可以带动康乐部运动设施的利用率,而且可以最大限度地提高康乐部的知名度;也可以是文化事业,康乐部赞助社会文化事业,不仅可以培养公众的情操,提高民族文化素养,而且可以大大提高康乐部美誉度,提高酒店社会效益;还可以是社会福利和慈善事业,为社会分忧解难,是企业的义务,赞助福利和慈善事业,是酒店康乐部谋求与政府和社区两大公众的最佳关系,树立其在公众心中良好形象的最佳手段。

（3）专题活动

1）庆典活动

利用灯光音响设备、宽敞豪华的场地和训练有素的管理、服务人员,利用平时策划日常工作和组织演艺节目的经验,与当地文化部门、演艺市场建立良好的关系,以各类节庆为契机,开展各类庆典活动。元宵节举办花灯会、烟火表演,妇女节依托美容馆举办美容美发沙龙等,七夕节举办集体婚礼、烛光晚会等。

2）开放参观

定期组织公众来酒店康乐部参观,让社会各界了解康乐部的各种服务和设施设备、环境氛围、消费水平等,体验康乐产品和服务的生产过程,增强康乐部经营管理的透明度,加强公众对于酒店康乐部的认知感和信任感。在接待参观者时,康乐部应准备好各种宣传资料,设计合理的参观路线,保证康乐部正常工作不受打扰。

3）展销活动

对酒店康乐部来讲,参与一些大型展销会,给予康乐部很好的机会,可以对康乐部进行宣传。大型展会可以给康乐部增加知名度,带来新客户,同时也能更深入了解对手,更有利于康乐部的改进发展。此外,康乐部也可自己举办一些小型展销会扩大康乐产品和服务的影响力,提升酒店品牌。

4) 组织赛事

利用康乐部的硬件设施,在淡季可与当地体育部门、较知名的运动协会联合举办各种级别的赛事活动,提高康乐部利用率,增加酒店的知名度。举办冠名主办单位的××台球赛、小型的高尔夫球比赛、网球公开赛等。定期组织康乐部或者酒店的会员举办乒乓球赛、交谊舞大赛等。

(4) 公共关系调查

公共关系调查是指通过运用定性和定量的研究方法,准确地了解公众对组织的意见、态度和反映,发现影响公众舆论的因素,并从中分析和确定社会环境状况、组织的公共关系状态及其存在的问题,为组织制订切实可行的公共关系筹划方案提供客观的依据(图12.1)。

图 12.1 公共关系调查流程图

康乐部公共关系调查是康乐部全部公共关系工作的起点,它为公共关系目标的确立和公共关系计划的制订提供了基本依据,也为公共关系方案的实施提供了根本保证。公共关系调查需要运用各种各样的调查方法。有时要综合运用,有时可单独运用,比较常用的调查方法主要有蹲点调查法、追踪调查法、观察调查法、实验调查法、访谈调查法、专家调查法、文献调查法、问卷调查法、抽样调查法和民意调查法等。

12.4 康乐部会员制

12.4.1 会员制的概念和种类

会员制营销是针对优质顾客的关系营销策略。优质顾客来自酒店的忠诚顾客,他们具有较强的购买力和购买欲望。实施会员制,并不是简单地发展会员、打折优惠,而是要进行系统策划,实实在在为会员带来利益,并且发挥会员的作用。例如,可以通过建立顾客俱乐部、顾客联谊会、顾客协会等顾客组织和印发内部刊物等形式,加强酒店康乐部与顾客的沟通,让顾客交流消费体验,增加顾客的品牌认同感,酒店更加了解顾客的需求,从而不断改进服务。

12.4.2 会员制的内容

(1) 数据库的建立

酒店康乐部数据库的建立应包括现有的和潜在的顾客,将顾客每次入住酒店和康乐消费的详细情况记录在案,数据库的内容应当包括会员编号、会员入会时间、性别、年龄、职业、偏好等基础信息,也应该及时更新一年或者一个月会员来康乐部的时间、次数、常参与的康乐项目等登记,有助于康乐部发现每个顾客的不同消费需求和偏好。当顾客再次光顾时,康乐部就可以根据之前的记录为其提供相应的个性化服务,根据数据库提供的针对性信息,酒店在开展营销活动时可以做到有的放矢,降低营销成本(图12.2)。

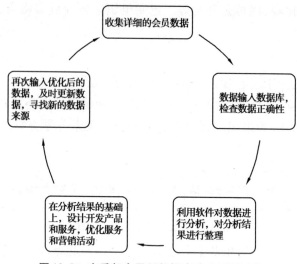

图12.2 康乐部会员制数据库建立更新过程

（2）给予会员个性化服务

在数据库建立的基础上,康乐部可以对会员提供个性化服务,这种服务贯穿顾客成为康乐部会员之后的整个过程,其主要特点就是可以为顾客提供有针对性、满足顾客需求的个性化服务。康乐部通过提供个性化服务,不仅满足会员在康乐活动方面的个人偏好,为会员提供各种方便,而且满足了会员被尊重的需求,显示了会员的社会地位,就可以刺激非会员成为会员,低级别会员升级为高级别会员。

（3）给予会员明显利益

会员制本身就是一种有效的营销手段,会员卡作为顾客身份的一种象征,康乐部应当为会员提供特殊服务,不仅有实际的价格优惠,还要在特殊服务上享有优先权和优惠待遇。给予入会1年的顾客9折优惠,入会2年的顾客8.5折优惠,3年以上顾客8折优惠;或者对累计消费达到一定金额的会员给予金卡、银卡,给予不同的优惠额度和额外服务。

（4）给予会员超值服务

康乐部可以给予会员超值服务,增加会员对于康乐部的认同感和亲切感,如一些免费服务:开设茶及饮食文化讲座、免费报纸、免费赠送少量特色饮食特产;为会员制造小的惊喜,如给感冒病人送姜汤,给过生日的会员送贺卡等;提供免费或低费延伸性服务项目,如修鞋补衣、托管婴儿、照看宠物等。

12.4.3 会员制的作用

康乐部会员制对增加康乐部收入、提高酒店经营效益等方面所起的作用主要表现在以下6个方面。

①获取会员顾客的详细资料,可以有针对性地为顾客提供定制的康乐产品和更为人性化的服务,提高顾客满意度。

②康乐部通过举办各种丰富多彩的活动,使会员结交新朋友,满足会员的社会交往需求,提升酒店形象。

③与顾客建立良好的关系,加强与顾客的沟通和交流。通过与顾客的交流与沟通,康乐部可以了解服务中存在的缺陷和不足,不断地发现顾客的新需求,从而有助于康乐部改进服务、把握市场的发展动态。

④培养顾客归属感,可以建立长期稳定的客户群,提升客户的忠诚度,让酒店锁定相当数量的忠实顾客群,成为康乐部拓展市场的基础,有利于增加企业的收入和利润。

⑤会员制中的等级制度有利于刺激顾客为了会员升级而购买更多的产品,有利于酒店现金流的流通。会员制一般都会给予顾客一定的优惠,比如消费积分奖励,积分越高的顾客将享受越高的折扣等。这样不仅降低顾客的支付成本,也有助于刺激会员为升级而购买更多产品。

⑥有助于降低营销成本。会员制有利于酒店掌握目标客户群,从而在进行营销活动时做到有的放矢,增加营销活动的效果。与顾客保持良好的关系,还有助于酒店获得良好的口碑,为酒店在顾客心中树立良好的形象产生促进作用,吸引更多的顾客。

12.5　康乐部危机营销

12.5.1　危机营销的概念

危机营销是指企业监控潜在的公关危机,控制及化解已爆发的危机,使良好的状态得以维持或恢复,最大限度地减少危机给企业造成的不良影响。

12.5.2　危机营销的作用与意义

康乐部作为酒店重要的部门,其危机事件的发生对于酒店的整体形象会有直接影响,危机出现时,如果处理不当,将给酒店带来很大的负面影响甚至导致酒店彻底失败。所谓危机营销,就是康乐部要把危机事故当作一个营销项目来做,用营销的思想、观念、方法与手段,力争将危险转化为机会,达到通过危机营销提升企业竞争力的目的。

12.5.3　康乐部危机营销的技巧

①组建危机处理的专门性机构。危机发生后应立即成立危机处理领导小组及办事机构。酒店主要负责人应亲自领导危机处理工作,涉及企业信誉危机和形象危机,应由公关部担当办事机构,切不可听之任之,不能面对消费者和新闻传媒的追问无人出面接待,或无人负责危机处理工作。

②主动出击,勇于承认错误。在处理危机时,首先是根据危机性质,主动采取措施,控

制局势,先不要急于追究责任而任凭事态发展。对于不良事件,要先承认错误,以稳定局势,控制事态发展。倘若强词夺理,推卸责任,往往会导致酒店信誉下降。

③及时公布真实情况。通过新闻媒体向社会公众说明事实真相,向受害消费者表示道歉并承担责任,将善后处理措施和结果及时向社会公众传播,并尽酒店所能减少受害者损失,必要时通过新闻媒介向社会公众发表谢罪公告。这种诚心诚意的态度与行为不仅有利于缓和酒店与公众的矛盾和问题的解决,而且变危机处理为争取客户的推销广告。

④与媒体建立良好的关系。危机爆发后,康乐部应主动向公众讲明事实真相,特别是新闻宣传更要坚持真实性原则,不必遮遮掩掩,否则会欲盖弥彰,不利于控制危机局面。记者或公众对酒店产生不信任感极可能加大危机处理难度。

⑤协同性原则。处理酒店康乐部危机必须有序进行,统一指挥,分工负责。无序状态只能造成更大的混乱,使局势恶化。对外宣传解释必须口径一致,不能相互矛盾或存有较大差异。否则,人们会怀疑其真实性。

⑥员工享有知情权。发布公告,稳定职员情绪,如果有条件,还应召开职工代表会或职工大会说明危机状况,使职工坚守岗位,树立走出危机的信心。增强透明度,动员酒店员工关注事态发展,发挥每一名员工的宣传作用和积极性,为酒店献计献策,共渡难关。这不仅会使员工在企业危机中经受特殊的锻炼,而且有利于防止危机再度发生。

案例分析

明天的康乐部

康乐消费市场日益表现出开放式的资源共享与沟通的发展趋势。聪明的经营者正在充分利用这场"开源革命",让消费者代替我们营销、分销,甚至促销我们的产品。某五星级酒店的康乐部设计了一个创意广告,在网络上投放了一个名为"明天的康乐部"的模板,请用户完成简单绘画,然后传递给朋友和该酒店,并进行评奖和抽奖活动。在此活动中,你可以将自己喜爱的某酒店康乐部的局部与该酒店康乐部相结合,进行装饰、美化和再设计,这一创意完成后必须以该五星级酒店和其康乐部的名称进行传播。

这次活动出乎意料地成功,人们以各种各样的方式,利用各种简易平台,对自己的设计进行宣传,不放过任何一个能够使他们的声音被听见的机会。这种传播方式使该酒店名声大振,许多人慕名前来,一睹康乐部的风采,并继续在网上发表见解,形成了一个较好的信息良性循环平台。

分析:

酒店康乐部消费群体是时尚而敏感的,走在时代前沿,他们不再盲目地相信广告和酒店的外部包装,他们的判断力开始更多地基于同类消费者之间的评价,即口碑。网络能够使口碑的传播速度一日千里,无论正面还是负面信息。消费者也开始学会在网络上表达看法,继续创造或者毁灭口碑。一度沉默的消费者,现在要求表达自己的想法,并且通过网络实现了这个目标。消费者持续、跨越时区、即时对品牌的反馈以及评价正在改变市场资讯的基本特性,而这一案例中该酒店的做法恰好迎合这一趋势,因此赢得了巨大的市场热情和成功。

本章问题及讨论

1. 什么是康乐部营销管理？

2. 酒店康乐部一般适宜采用哪些营销活动？

3. 请比较康乐部不同营销方式的异同。

4. 新媒体营销有哪些特点？

5. 康乐部进行公关活动的作用有哪些？

6. 康乐部公关活动有哪些类型？

7. 什么是会员制？酒店康乐部实施会员制有哪些现实意义？

8. 康乐部危机营销的技巧有哪些？

9. 现代酒店康乐部如何利用自媒体进行营销？

第13章 酒店康乐部的投诉与处理

【学习目标】

通过本章的学习,了解康乐部投诉的定义、投诉的原因、投诉来源和形式,掌握投诉处理技巧和艺术。

【学习重点】

康乐部顾客投诉原因的分析,康乐部投诉处理过程是本章学习的重点。

【主要内容】

1. 投诉的含义
2. 康乐部投诉原因
3. 康乐部投诉来源和形式
4. 康乐部投诉处理

13.1 投诉的含义

顾客投诉是指顾客对企业产品质量或服务不满意,而提出书面或口头上的异议、抗议、索赔和要求解决问题等行为。如今,人们投诉时,不仅意味着寻找缺点、表达不悦,甚至可能对企业进行起诉。

顾客投诉研究属于顾客满意或不满意研究的范围,而顾客满意或不满意是全面质量管理的重要内容。对任何一个想在市场上求得生存和发展的企业来说,顾客满意至关重要,它是重复购买、正面口碑效应和顾客忠诚度的决定因素。

13.2 康乐部投诉原因

13.2.1 顾客投诉原因分析

人们总是认为顾客投诉的主要原因是顾客对产品或服务感到不满,然而研究发现,顾客对产品或服务的主观不满意并不是顾客投诉的主要原因,客观服务失误在很大程度上更容易造成顾客投诉。

（1）主观不满意

研究发现,投诉的原因并不总是源于顾客主观的不满意,即产品或服务没有满足顾客的期望,平均只有大约15%的投诉可以用顾客不满意来解释。事实上,投诉与否取决于具体个人及具体情况。经历不满意的顾客在投诉前必然会考虑投诉能否减少他们的差别待遇,同时是否会出现任何消极的社会结果。即使实际上没有经历不满意,但由于个人意识的作用也可能产生消极的思想。因此,投诉的动机不仅取决于对投诉效果的预期评估,而且取决于对成本的考虑(即得失和机会成本)、相关影响因素(即关键人或集体所认定的投诉必要性)、投诉的难易程度(包括程序、技术和方便性)、顾客对投诉本身稳定性和可控制性的判断、顾客忠诚度等。影响顾客投诉动机的主要因素是赔偿效果,对顾客权益的保护及对投诉的信心在很大程度上会影响顾客的投诉意愿。

（2）客观失误与顾客投诉

Diane HalStead, Edward A. Morash 和 John Ozment(1996)发现,顾客投诉很大程度源于企业的客观失误,如产品质量、员工服务态度和质量问题,客观失误可解释1/3的投诉。分析了客观失误和顾客投诉之间的关系,证实了客观失误与顾客投诉之间具有更显著的相关性,并提出了关于客观失误和投诉的"光环效应"及"多米诺骨牌效应"理论。从广义来理解,企业的客观失误最终也会造成顾客不满意,因此与顾客主观不满意一样,也是造成顾客投诉的原因。

13.2.2 对顾客投诉的正确认识

一般来说,顾客投诉既有积极的一面,也有消极的一面,消极的一面可能影响康乐部的声誉。因为顾客通常在受到不公正待遇后,不仅进行投诉,而且不可能再光顾,甚至还会把这个不愉快的经历告诉亲朋好友。所以,如果忽视了顾客投诉或处理不当,将使康乐部失去顾客并且无法适应日益激烈的市场竞争环境。积极的一面是投诉像一个信号,告诉我们服务与管理中存在的问题。

①顾客投诉表明对我们是信任的,是充满希望的。顾客只有在相信或者希望能够解决他们的问题时才会投诉。我们不能让顾客的这种信任枉费,希望破灭。

②顾客的投诉可以使我们及时发现服务质量问题,举一反三,杜绝类似的情况再次发生。同时,各岗位也可以从这些事件中吸取教训,促进服务质量和管理水平的提高。

③顾客的投诉可以使我们及时发现设施设备、用具用品存在的问题。设施设备和用具的维护保养是康乐服务管理的重要环节,而顾客作为它们的直接使用者,所发现的问题可以成为第一手资料,为今后改进维护保养工作,再次选购有关设备物品,提供重要依据。

④顾客的投诉可以使出现问题的部门和有关个人真正认识到自己所犯的错误。面对顾客投诉的压力,许多平时通过内部协调难以解决的困难和问题往往会迎刃而解。

⑤投诉的顾客往往会再次光临本店。通过正确处理顾客的投诉,解决他们的问题,顾客真正实现了作为"上帝"的价值,获得了对服务的满足,从而愿意经常到本店消费。因此,服务与管理人员应该抓住这一有利时机,使顾客对本企业、本部门的优良服务留下深刻的印象,成为忠实的顾客。

13.2.3 最容易导致投诉的几个原因

(1)服务效率

这是最容易被投诉的问题,因此,服务人员听到顾客召唤,应该立即答应;听清顾客的吩咐后,应立即行动;不能满足顾客的要求,应及时说明原因;提供服务应该迅速、准确;对营业高峰期等候的顾客应进行特别照顾,妥善安排,并表示歉意。

(2)服务意识差

顾客到店消费,有理由要求得到较高的心理和精神满足,服务人员必须提供主动、周到的服务和保持热情、礼貌的态度。

(3)服务人员不礼貌

某些情况下,服务人员工作太忙而忽略顾客容易造成误会。所以,无论工作多忙,服务人员在遇到顾客时,都要使用服务用语问候顾客或者让路、示意顾客先行;与顾客讲话或者顾客与服务人员讲话时,服务人员应放下手中的工作,切忌边干边听;遇到自己无法满足顾客要求的情况,应该去找上级或者其他服务员帮助,务求使顾客满意。

(4)服务人员索要小费

某些情况下,个别服务人员变相收费(如暗示、索要小费)使顾客不满意而投诉。小费是国际上通行的顾客对服务质量表示满意的表达方式,但小费是由顾客主动给予,服务人员不能索要。因此,必须对收取小费的管理做出明确规定,做好这一环节的控制。

(5)顾客的失物无法找回

这是引起顾客不满意的一个方面,在工作中一定要注意让顾客保管好自己的物品。如果发生顾客丢失物品的情况,应积极协助顾客寻找。

(6)设备维修不及时

设备、用具损坏,服务人员没有及时发现和报修,甚至在顾客提出后没有及时通知维修人员或者维修人员不能及时赶到处理。

(7)用品不足

用品不足,顾客久换不补或者补不上。

（8）顾客受到骚扰

服务人员走错房间、认错顾客或者治安管理不善造成顾客受到干扰等。

（9）康乐设备、用具、用品、棉织品不清洁

不清洁事件会给顾客留下不好的印象，会让顾客认为康乐部的品质较低，故应避免。

（10）顾客的消费权益受到侵害

质价不符等商业欺诈行为。

（11）顾客提出意见和建议遭到拒绝

员工对顾客提出的意见或建议应虚心接受，即使认为顾客的意见不合理，也不要拒绝，因为这样会给顾客留下不好的印象。

13.3　康乐部投诉来源和形式

13.3.1　康乐部投诉来源

（1）来自顾客

顾客的喜怒哀乐会直接影响酒店的声誉和效益。一般来说，顾客的投诉总会事出有因，但可能因感情或情绪的影响而有所夸张。首先检讨自己为什么会造成顾客投诉，而不是与其在一些细节上纠缠。无论如何，顾客的任何投诉都应成为我们改进工作的最主要依据。

（2）来自社会

来自社会的投诉即舆论界的批评，尽管它对康乐部经济效益产生的副作用是间接的，但所形成的社会负效应及给康乐部声誉所造成的损失却是巨大的。树立好形象并非一日之功，而形象由好变坏则在一夜之间。

（3）来自上级

来自上级的投诉有的可能是转达顾客的意见，有的可能是上级发现问题。与前两类相比较，这类投诉更富有理性，也更具有针对性。因此，也就对工作更具有现实的指导意义。

（4）来自平级

来自平级的投诉往往容易被忽视，它所造成的压力远不及前三类，即便处理不好，后果一般也不会十分严重。然而，康乐部是一个有机的整体，应特别强调一种团队精神，如不能有效地处理好横向之间的关系，其结果会造成内部各个岗位的严重不协调和人际关系的极度紧张，最终导致利益受损。

13.3.2 康乐部投诉形式

（1）传统的分类和形式

不满意引起的投诉有可能导致顾客采取进一步的行为，也可能不会。前者被称为"有作为投诉行为"，如离开、声明、向第三方组织表达不满等任何可能的行为；而后者则被称为"不作为投诉行为"，即顾客没有进一步采取任何行动，他们试图忘记不满意的经历。赫希曼于1970年率先区分了这两种行为，其后学者大多沿用这种分类方法。此外，赫希曼还从理论上考察了3种不满意顾客可以做出的选择：离开（调换品牌、商店或商家）、声明（向商家投诉）和保持忠诚。

（2）顾客投诉的新形式

随着法律意识的增强，顾客投诉形式出现了更为激烈对企业声誉影响更大的第三方投诉形式。第三方投诉是指顾客通过政府部门、公众媒体、商会、消费者保护协会等第三方组织投诉有关企业。虽然采取第三方投诉行为的顾客为数不多，但这些投诉却有可能产生很高的诉讼费用，并严重损害公司的名誉。研究表明，顾客第三方投诉行为在下列情况下更容易发生。

①认为商家最初提供的赔偿不到位。

②很容易联想到诉诸法律或求助于其他正规组织。

③认为其他投诉方式的结果不能令人满意。

④因投诉而心情高度焦虑。

⑤对商业行为持消极态度。

网络已成为人们的生活工具甚至生活内容的一部分，电子邮件投诉变得日益普遍。传统通过信件、电话及亲自上门服务已被证明是有效的顾客投诉处理方式，这些处理方式能够提高顾客满意度，与顾客建立长期关系。

自媒体时代投诉方式更多、更为便捷，例如发微信朋友圈、微博等，因此现代康乐企业要十分注重这些新媒体的投诉方式，随时关注网络媒体的投诉。

13.4 康乐部投诉处理

13.4.1 处理投诉的原则

（1）真心诚意地帮助顾客解决问题

理解顾客的心情，同情顾客的处境，设身处地站在顾客立场上努力分辨和满足他们真正的需求，满怀诚意地帮助顾客解决问题。

（2）耐心听取顾客诉求，不与顾客争辩

接待顾客投诉，应让顾客将话讲完，认真倾听顾客的投诉，对顾客的遭遇表示同情，感谢顾客对康乐部的关心与信任,即使顾客情绪激动、产生误会,也不能与顾客争辩,用自己的文明影响顾客,获得顾客理解。

（3）不损害企业的利益

处理顾客投诉,也要注意维护康乐部正当利益和良好形象。不能为了讨好顾客,轻易允诺,给企业带来损失;不能当着顾客面,随意贬低部门其他员工;涉及经济问题赔偿,应慎之又慎。

13.4.2　一般投诉处理流程

①集中注意力聆听客人意见,保持目光交流。

②以点头、面部表情等方式表现出对客人意见的关注。

③不可随意打断客人的陈述。

④认真记录客人的陈述,表示对客人投诉的重视。

⑤客人说完后,代表酒店向客人道歉。

⑥如有必要,需询问相关问题,以确保正确理解客人的意见。

⑦根据情况迅速作出反应,尽力为客人解决问题。

⑧如果对当时情况无法给予具体的解决方法,询问客人:"女士/先生,对于这次事件我感到十分抱歉,我能为您做些什么吗?"

⑨对客人意见跟进解决后,给客人回复电话以确保完全解决。

⑩向当班主管或经理汇报客人投诉意见及所采取的解决方式。谨记,如能成功解决客人的投诉,95%的客人将再次光临本店。

⑪将客人或会员的房间号、会员卡号、姓名、电话、地址及投诉内容及时记录并通知经理(图13.1)。

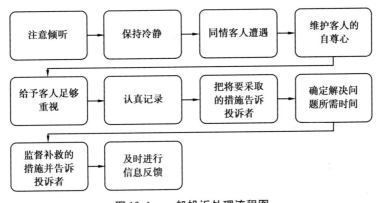

图13.1　一般投诉处理流程图

13.4.3　特殊投诉处理技巧

（1）特殊投诉

特殊投诉是指那些不同于一般情况的投诉:投诉的顾客身份特殊,投诉形式特殊,有些顾客在投诉时不通过常规渠道,不采用通常的方式,在投诉时对服务员侮辱谩骂,甚至动手殴打,有的顾客以投诉为借口破坏经营秩序,动辄在新闻媒体上鼓噪生事,有些顾客投诉的内容超出了常规,难以用常规方法处理。

(2)特殊投诉的处理技巧

对不同类型的客人投诉处理的技巧和方法有所不同。

1)彬彬有礼类的投诉顾客

彬彬有礼类的投诉顾客对自己的形象和言行非常关注,总是向对方显示出友好,很容易博得别人的好感。服务人员有时被表面现象所迷惑,认为这类顾客的问题比较好解决。其实,作为投诉顾客,他博得好感是为了实现其较高的期望值。这类顾客比较有耐心,其期望值很难被降低,属于比较难应付的人。处理他们的投诉,往往耗时耗力,拖的时间较长。

有时,怎么谈都没有进展,员工失去耐心,从而激化了矛盾。对这类顾客,始终坚持从正面谈的效果不好,往往需要另辟蹊径。

2)盛气凌人类的投诉顾客

盛气凌人类的投诉顾客自恃极高,很少把别人放在眼中,他们一般很讲究穿戴,有的时候还要带几个随从,表示自己高人一等。他们视一般服务人员为“下人”,认为与员工交谈有失身份,要直接与最高管理人员谈问题。

应对盛气凌人类的顾客,要满足他们与公司有关领导见面的要求,应该给足面子。在拒绝其无理要求的同时,可以安排专人跟踪他们的问题,提供主动服务。通过增加相互之间的信任感,逐渐降低他们的期望值,在条件成熟时,商谈解决问题的方案。

3)口若悬河类的投诉顾客

口若悬河类的投诉顾客常常滔滔不绝,旁若无人。不管谁是他的谈话对象,大部分时间是他在那里倾诉,其他人很难插得上嘴。他们不断宣泄心中的不满,倾吐不快与烦恼。这种宣泄丝毫不顾及别人感受,时间长了,极容易引起别人的厌烦。如果别人一旦表示厌烦,顾客会感到这是对他最大的不尊重,接下来将是更加滔滔不绝地宣泄。接待这种顾客,对人的耐心是一种考验。应对这类顾客,服务人员只能倾听,以最大的耐心倾听,表示理解,获取信任。

4)自以为是类的投诉顾客

自以为是类的投诉顾客性格固执,有时认识问题的角度比较偏执,如果再加上利益驱使,可能会是很困难的谈话对象。这类顾客往往性情急躁,不听你解释,但如果你不听他的道理会勃然大怒,甚至做出过激行为。应对这类顾客的投诉,服务人员有时会感到很无助,用常理或者常识劝说顾客,他们会听不进去,还会误解或曲解服务人员的好意。发生这种情况,最好是调整谈话对象,找顾客的亲属、朋友谈,或者找第三方协调。

这类顾客还往往比较暴躁,控制不住自己,易于动怒。对待这类顾客可以先让他们发泄,并耐心地讲解公司的相关政策。

13.4.4 投诉处理完毕后康乐部应采取的措施

①了解分析投诉形成的原因,涉及个人责任,按康乐部制度对有关责任人进行惩罚;

涉及康乐部制度存在漏洞,应查漏补缺,完善制度。

②迅速找到有关责任人所在部门,尽快执行康乐部制度。

③建立投诉善后机制(图13.2)。

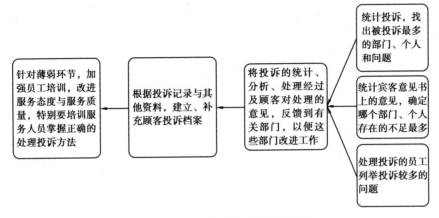

图13.2　投诉善后机制流程示意图

新闻链接

只收钱不确保正常服务？北京大成路九号酒店游泳馆引投诉

中新网2015年7月27日电　昨日下午,在北京某酒店游泳馆办理了次卡的罗女士向中新网生活频道投诉:酒店游泳馆不考虑自身接待能力不足,随意办理年卡,无法确保正常服务,损害了顾客利益。"本来带孩子游泳,但是该酒店游泳馆就凭'没空闲储物柜'一句话就不让进,只能干等,具体等待时间也说不知道。只管收钱不保证正常服务,这是一家负责的酒店的态度吗?"罗女士气愤地向中新网生活频道陈诉。

对此,中新网生活频道上午致电酒店游泳馆,对方否认存在接待能力不足问题,并表示一旦办理游泳卡原则上不再更退。

进入夏季,游泳馆成为很多家庭亲子消夏的好地方。但是,北京的游泳馆一直达不到普及的标准。酒店游泳池原本只对住店客人开放,现在看到这块"健身蛋糕"的商机,也纷纷开始对外营业,相应的服务质量则不一而足。昨日下午,罗女士一家来到酒店游泳馆,被告知女宾储物柜没空闲,她先生和孩子可以进去,罗女士必须等储物柜空出来才可以进去。询问等待时间,服务员就一句话:"不知道!"因为罗女士的先生不太会游泳,为了安全,带孩子下泳池必须由她陪护,她当即表示自己一家人衣物可放在一起,不用其他柜子。对此,酒店康乐部主管刘×态度很生硬:"酒店规定就是这样,大家都得等柜子!"

案例分析

案例1:

与顾客成为朋友

万先生喜欢交友,经常约朋友一起聊天。一天,万先生约几个朋友到一家新开业的酒店夜总会唱卡拉OK,大家无所不谈,相聚甚欢,不知不觉要了很多酒水,大家也都有些醉意,到最后结账时,服务员把账单拿给万先生,万先生很不高兴,问为什么消费这么贵,要求见经理,经过经理的耐心解释,万先生终于比较满意地结账,并成为这里的常客。

第二天班前例会上,夜总会经理特别以此为例,对大家进行了培训,解决的办法是这样的:首先,要知道顾客的心理,顾客本来玩得挺开心的,对这里的设备、环境和服务也比较满意,只是结账时觉得收费高,这时要求工作人员保持良好的心态,以微笑面对顾客,感谢顾客对这里的惠顾,在消费的过程中没有及时婉转地提示顾客消费情况。同时,征求顾客对硬件及软件的意见,然后请顾客过目账单是否有误,为表示诚意和歉意,送一个果盘,并在权限之内适当打折,最后互相交换名片,保持联系,顾客不再是顾客,已成为朋友。

评析:

一般夜总会几乎每天都有这种情况发生,与顾客交流要视其为朋友,顾客本来玩得挺开心,要想尽办法让顾客高兴而来、满意而归,不要让顾客留下遗憾,顾客嫌收费高是一方面,可以通过打折来解决。另外顾客不想在朋友面前失礼,因此顾客投诉不满意并不可怕,只要处理好这一环节,多一些沟通,坏事往往变成好事,至少多一次沟通交流的机会。

案例2:

丢失的电话本

2014年9月23日,一位姓周的先生电话投诉,他几天前在10楼棋牌室打牌时将一个电话本遗留在房间,事后,他打电话到酒店康乐部10楼询问服务员是否发现,当时服务员称电话本在服务台,待其前来领取时却说没有,顾客再次打电话来问,此时服务台说有。周先生于是派司机来取,却发现不是他那本。周先生非常气愤,提出投诉。据了解,当初服务员说有电话本,顾客来取时又说没有,是因为电话本在交接班时弄丢了。

处理:

向顾客表示歉意,虽然后来找到顾客的电话本并交给顾客,但顾客对康乐部的服务仍存有看法。

分析及预防:

对于顾客遗留物品的处理,服务人员同样需要认真对待,如果处理不当,甚至还会给服务工作带来很大影响,除了建立顾客遗留物品登记制度,服务人员还要注意详细登记物品名称、房间号码等,甚至还要登记型号等识别信息,避免在回答顾客查询时出现张冠李戴、混淆不清的情况。此投诉说明当班服务员没有工作责任心,工作不细致,未做好交接班工作,需要加强培训。

案例3:

顾客SPA后感染皮肤病,该不该赔?

一日,酒店大堂来了两位女士,要求见总经理。大堂副理经了解得知:这两位女士为SPA水疗的会员,一周至少光顾一次,且额外消费很高。两位声称在酒店使用水疗期间感染了皮肤病,并持医院病历及证明书,要求酒店赔偿。理由是酒店的游泳池和中药水疗及各种花式温泉浴并未对顾客实施体检,导致病源被带入公共区域,感染了其他顾客。一切问题来源于酒店的政策及管理,顾客要求酒店一定给出说法。

请问:

①大堂副理如何应对这两位女士?

②酒店对这两位女士提出的要求会如何处理?

处理:

①大堂副理态度和蔼,表明总经理外出公干,可全权代表总经理处理此事;表示关心顾客所反映的问题,说明此事酒店会高度重视并视实际情况处理。

②大堂副理请顾客到咖啡厅略坐片刻,送上免费茶水,告知顾客找相关部门负责人协同处理。

③大堂副理随即到康乐部,通知康乐部负责人并告知此事,检查康乐部的所有合法证件、卫生管理制度是否齐全。

④大堂副理了解是否曾经有过类似问题的反映,可能酒店有责任;没有,则此次是第一例,回头向顾客解释,可以肯定地回答酒店的游泳池经过卫生检疫部门检查,符合卫生标准,从来没有发生感染顾客的事件。

⑤大堂副理协同康乐部负责人向顾客进行说明,让康乐部负责人详细解说酒店所采取的预防措施,甚至现场观看都可以。

⑥大堂副理可以表态,酒店的设施设备和管理制度是合格的、健全的,顾客在酒店泳池内皮肤受感染缺乏事实根据,酒店没有责任,因此不予赔偿。

⑦鉴于顾客是常客,康乐部负责人在酒店政策允许的范围内(大堂副理也清楚这些政策,可以暗示或提示康乐部负责人)给顾客一些其他优惠,但并非作为酒店赔偿,而是对老顾客的回馈。

⑧如果顾客不接受以上处理意见,坚持酒店赔偿或见高层管理人员,大堂副理可以向上一级领导汇报整个经过,由上级决定最终哪一级管理人员出面。

⑨酒店对顾客的要求,一般是酒店不存在过错,不负赔偿责任,所以拒绝。另外,酒店要维护自身形象与声誉,如果顾客的要求不高,酒店可以接受,也可以适当让步,避免顾客向媒体或消费者协会投诉,或在自媒体上曝光。

案例4:

不能免费的足浴赠券

一位顾客到酒店大堂副理处投诉:顾客持酒店康乐部的足浴赠券到4楼消费,赠券写明免一人足浴。但消费时服务员没有说明只能洗中药足浴,向其推荐了鲜花足浴,结账时才知道不能免单,顾客认为酒店康乐部有蒙骗行为。

处理:

酒店大堂副理委婉地向顾客解释赠券使用操作程序,并联系康乐部经理,同意此券可以免费,顾客表示满意。

分析及预防:

消费者获得赠券或免费消费等优惠,再次消费时应当享受有关优惠,如果服务人员对赠券上的优惠内容不了解或忘记向顾客解释,往往会让顾客有被欺骗的感觉,原来因获得赠券所存在的好感也会消失殆尽,酒店的优惠活动效果也会大打折扣。即使需要向顾客推销其他服务项目,服务人员也应征得顾客同意,让顾客享受酒店优惠的同时增加酒店的收入。

案例5:

提前下班的足浴师

2015年2月,某酒店8425房足浴技师在服务过程中缩短服务时间,提前10分钟下点,导致顾客投诉并强烈要求给予5折优惠才愿意买单。

处理:

经调查,足浴技师确实是提前下点,属违规行为,请示上级后同意顾客消费给予5折优惠,同时对为顾客服务的足浴技师做出严肃处罚,并对足浴技师服务时间做出了明确规定。

分析及预防:

该现象以前也出现过,部门要抓好足浴技师的管理工作,钟房员工在足浴技师上点及下点时间方面要严格作好安排控制。从技师中推选出一名领班,主要负责做好技师业务培训及酒店制度等方面的管理,对私自提前下点的技师严抓严罚,保证诚信待客。

案例6:

不制热的空调

2015年12月,某棋牌室顾客投诉房间空调效果不好,吹的是自然风,不制热。

处理:

立即到房间检查,发现顾客未能掌握设备的正确使用方法而引起误解。检查发现设备是正常的,此时服务人员很巧妙地向顾客解释:"刚刚设备出现一点小问题,现已帮您调试好。"同时为顾客介绍空调开关如何使用及温度的调试。

分析及预防:

服务人员应该在客人进房间前将房间各种设备调试到最佳状态,顾客进房后提出异议应有技巧地向顾客介绍本酒店设备、设施正确的使用方法。即使是顾客错了,也要让顾客觉得不失面子,同时为顾客介绍正确的使用方法,也是延长设备设施使用寿命的一种有效途径。

案例7:

是鲜橙汁吗?

某日,水吧来了4位本酒店的住店客人,点了4杯鲜榨橙汁。服务员按规定时间将所榨的鲜橙汁迅速送到客人面前。当时客人处于半醉状态,其中两人还上了洗手间。客人从洗手间出来,大约过了20分钟饮用鲜橙汁,马上投诉"橙汁是苦涩的,不是新榨橙汁",要求退货或退款。事情反映到领班那里,领班当即进行了耐心解释,但客人酒后情绪难以控制,气粗声高一再坚持说橙汁不新鲜,同时要求见店方负责人。此事一时惊动了四座宾客。焦点为是鲜橙汁吗?

事情迅速反映到餐饮部陈经理那里。他马上赶到现场,4位客人你一言他一语,断定橙汁一事是店方过错,陈经理当时的态度是:

①客人对新榨橙汁的习性、口感特征缺乏了解,酒店不可能出售冒牌货。

②客人处于酒醉状态,且情绪激动,请他们换个地方交谈,解释已不可能。

③此事已惊动四座宾客,若不当场释疑必将对酒店声誉造成不良影响。所以,陈经理决定采取现场解释、转守为攻的办法。

处理:

陈经理平心静气地请其中一位看来较为清醒的客人到咖啡厅操作台处,让服务员马上再榨一杯鲜橙汁,并在客人面前展示。他诚恳地请客人品尝,同时有意找其他话题与客人交谈,大约过了20分钟,再请客人喝一口鲜橙汁。陈经理同时也请其他客人先后喝了这两种橙汁,客人疑虑顿消,因为客人亲眼见、亲口尝、亲身辨别,一切解释都不必要了。

分析及预防:

①酒店领导特别是餐饮管理者,必须储备各种商品知识,尤其对自己经营的食品、饮料都应有足够的了解,对其特征更须有分辨能力。

②餐饮服务工作由于存在生产与销售、消费与服务同时进行的特点,而宾客方面又存在众口难调的服务难度,酒店对此要有深刻认识和充分准备,很好地培训员工,包括了解服务范围内商品的特性。另外,管理人员还应有良好的个人涵养,如敏捷的反应、多谋善断、处变不惊。

③店方与客人争执、误解,必须审时度势,切不可针尖对麦芒,那样会使客人对酒店留下不良印象。

本章问题及讨论

1. 简述投诉的含义。

2. 简述顾客投诉的实质。

3. 顾客投诉的原因有哪些?

4. 结合新的投诉形式的出现,阅读相关文献,谈谈你对网络投诉的看法。

5. 结合本文介绍的案例,假设你遇到上述情况中的一种,你该怎么处理? 其中的要领有哪些?

6. 酒店如何利用自媒体手段处理投诉?

参考文献

[1] 李玫.康乐经营与管理[M].2版.重庆:重庆大学出版社,2009.

[2] 龙京红,齐天峰.康乐服务与管理概论[M].郑州:郑州大学出版社,2012.

[3] 万光铃,曲壮杰.康乐经营与管理[M].沈阳:辽宁科学技术出版社,1996.

[4] 杨敏,田芙蓉.康乐经营与管理[M].重庆:重庆大学出版社,2003.

[5] 房士林,曹文彬.康乐服务与管理[M].北京:中国商业出版社,2004.

[6] 张润纲.康乐管理规程[M].北京:经济科学出版社,2001.

[7] 刘哲.康乐服务[M].北京:旅游教育出版社,2001.

[8] 豪威.俱乐部运营[M].赵竞玲,阳效,译.北京:北京体育大学出版社,2005.

[9] 陈秀忠.康乐服务与管理[M].北京:旅游教育出版社,2006.

[10] 刘江海,胡国勇.康乐服务与管理[M].桂林:广西师范大学出版社,2014.

[11] 李玫.康乐服务与管理[M].上海:上海交通大学出版社,2011.

[12] 荆新,王化成,刘俊彦.财务管理学[M].7版.北京:中国人民大学出版社,2015.

[13] 雷石标.康乐服务与管理[M].北京:北京师范大学出版社,2011.

[14] 刘哲.康乐服务与管理[M].北京:旅游教育出版社,2012.

[15] 肖建中.会员制营销:忠诚客户开发与维护方案[M].北京:北京大学出版社,2006.

[16] 杨晓琳.康乐服务与管理[M].北京:中国铁道出版社,2009.

[17] 孔新华.康乐服务[M].上海:格致出版社,2008.

[18] 张智慧,谢玮,闫晓燕.康乐服务与管理[M].2版.北京:北京理工大学出版社,2016.

[19] 牛志文,周廷兰.康乐服务与管理[M].北京:中国物资出版社,2010.

[20] 费明卫,唐燕.饭店康乐服务[M].重庆:西南师范大学出版社,2014.

[21] 张庆菊,朱瑞明.康乐服务与管理[M].2版.北京:高等教育出版社,2008.

[22] 杨海清.康乐服务与管理[M].北京:对外经济贸易大学出版社,2010.

[23] 徐坚白.俱乐部的经营管理[M].沈阳:辽宁科学技术出版社,2001.

[24] 郑向敏,谢朝武.酒店服务与管理[M].北京:机械工业出版社,2004.

[25] 左剑.康乐服务与管理[M].3版.北京:科学出版社,2019.

[26] 阙敏.康乐服务[M].北京:中国人民大学出版社,2007.

［27］李仲广,卢昌崇.基础休闲学［M］.北京:社会科学文献出版社,2004.

［28］黄安民.休闲与旅游学概论［M］.2版.北京:机械工业出版社,2021.

［29］梁颖.娱乐设施经营管理［M］.杭州:浙江摄影出版社,1998.

［30］托马斯·古德尔,杰费瑞·戈比.人类思想史中的休闲［M］.成素梅,等译.昆明:云南人民出版社,2000.

［31］约翰·凯利.走向自由:休闲社会学新论［M］.越冉,译.昆明:云南人民出版社,2000.

［32］谢彦君.基础旅游学［M］.2版.北京:中国旅游出版社,2004.

［33］弗兰克·戈布尔.第三思潮:马斯洛心理学［M］.吕明,陈红雯,译.上海:上海译文出版社,2001.

［34］哈罗德·孔茨,海因茨·韦里克.管理学精要［M］.北京:机械工业出版社,2005.

［35］阿姆斯特朗.战略化人力资源·基础［M］.张晓萍,译.北京:华夏出版社,2004.

［36］赵黎明.旅游景区管理学［M］.3版.天津:南开大学出版社,2021.

［37］董观志.主题公园八大趋势［N］.中国旅游报,2009-12-28.

［38］邢瑞峰,缪丽丹.羽毛球运动历史沿革［J］.体育科技文献通报,2014,22(6):6-7.

［39］许斗斗.休闲、消费与人的价值存在:经济的和非经济的考察［J］.自然辩证法研究,2001(5):50-53.

［40］段卫平.丽江饭店人力资源管理研究［D］.武汉:武汉理工大学,2007.

［41］余晓艳,盛文明.新冠肺炎疫情常态化背景下人们生活方式变化的研究［J］.西安建筑科技大学学报(社会科学版),2021,40(3):42-47.

［42］纪如曼.西方"康乐"伦理思想概述［J］.复旦学报(社会科学版),2011,53(1):91-98.